Hallertau

Donaumoos, Spargelland Hopfenland

Lisa Aigner

GPX-Daten zum Download

www.kompass.de/gpx

Kostenloser Download der GPX-Daten der im Wanderführer enthaltenen Wandertouren. Mehr Informationen auf Seite 3.

AUTOR

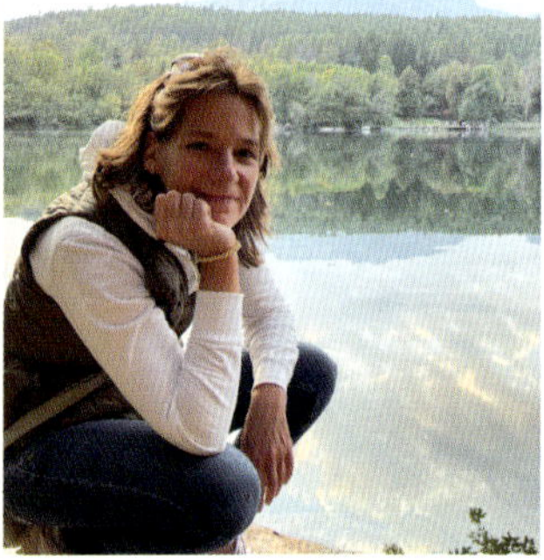

Lisa Aigner • geboren in München, ist in und mit der Natur aufgewachsen. Mit den Bergen vor der Haustüre war sie schon früh auf Schusters Rappen unterwegs. Während des Studiums der Ethnologie und Wirtschaftsgeographie hat sie dann die Leidenschaft für lange Wanderungen für sich entdeckt – sowohl in kleineren als auch größeren Gebirgen. Als freiberufliche Autorin für den KOMPASS-Verlag entdeckt sie für ihre Projekte immer neue Gegenden, auf die sie ohne ihre Arbeit nie gestoßen wäre.

VORWORT

Ungewöhnlich als Wandergebiet, aber dennoch spannend, mit herrlichen Natureindrücken und voller Höhepunkte – so lässt sich die Hallertau recht treffend beschreiben. Bekannt gemacht hat sie sicherlich ihr prächtig gedeihender Hopfen. Und das nicht nur in Deutschland: Der Hopfen wird inzwischen in die ganze Welt exportiert. Ein genaueres Bild zum Hopfenland Hallertau haben allerdings nur die Wenigsten vor Augen. Das ist nicht ganz verwunderlich. Da das Gebiet stark landwirtschaftlich genutzt wird, kommen wohl die Allerwenigsten darauf, hier auch einfach mal eine kleine Wanderung zu unternehmen, anstatt auf einer der verkehrsreichsten Routen von Nord nach Süd einfach nur daran vorbeizurauschen. So haben wir die Gelegenheit beim Schopf gepackt, dieses unentdeckte Kleinod zwischen München und Ingolstadt einmal genauer unter die Lupe zu nehmen. Dabei haben wir nicht nur die weiten Hopfengärten erkundet: Südwestlich von Ingolstadt erstreckt sich das scheinbar unendliche, Altbayerische Donaumoos. Rund um Schrobenhausen entdecken wir eine weitere bayerische Spezialität: den Spargel, der durch den speziellen, sandigen Boden seinen charakteristischen Geschmack erhält. Im Ilmtal treffen wir dann wieder auf ausgedehnte Hopfengärten und pittoreske Dörfer und Städtchen, ebenso wie im Städtedreieck Mainburg, Wolnzach und Au in der Hallertau. Ganz im Südosten des Wandergebietes, quasi vor den Toren zur Hallertau, streifen wir durch die Wald- und Auenlandschaften von Isar und Amper und entdecken dabei so manches Kleinod. Obwohl unsere neu entdeckte Wanderlandschaft von Hügeln geprägt ist, erlaubt sie dennoch bei fast allen Touren ein gemütliches Dahinspazieren bzw. Wandern, bei dem hinter jeder Kurve ein schöner Blick oder ein beschaulicher Rastplatz wartet. In diesem Sinne wünsche ich viel Freude beim Wandern und Entdecken!

ORIENTIERUNG MIT GPS

Für Navigationsgeräte und Apps haben wir auf unserer Webseite alle Touren im GPX-Format zum Download bereitgestellt:

www.kompass.de/gpx

Hier findet man alle weiteren Informationen. Einfach das richtige Produkt auf der Seite auswählen, die Daten herunterladen und auf das Zielgerät oder in die gewünschte App importieren.

Mehrwert mit Spaßfaktor: Ob vorab zur Planung, als Sicherheit für unterwegs oder zum Erinnern und Archivieren der gegangenen Tour. Die digitale Wanderroute ist in vielerlei Hinsicht wertvoll. Ein Blick auf die Daten hilft Neues zu entdecken und liefert Inspirationen für die nächsten Touren. Alle Wandertouren aus diesem Führer stehen im GPX-Format kompakt und genau zur Verfügung.

Was ist ein GPX-Track? GPX ist ein Datenformat für Geodaten. Das Wort GPS steht für Global Positioning System (Globales Positionsbestimmungssystem). Mit einem GPX-Track bekommt man die rote Linie, also den Wanderpfad, als geografische Koordinaten.

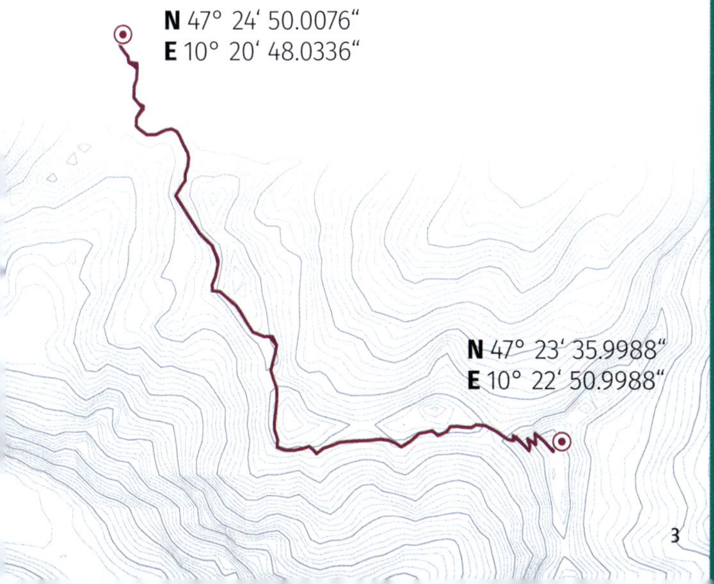

INHALT UND TOURENÜBERSICHT

AUFTAKT

ANHANG

km	h	hm	hm									Karte
8,5	2:20	170	170	✓	✓		✓		✓			
7,6	2:00	35	35	✓	✓				✓			
16	4:00	190	190	✓	✓							
11,8	3:15	190	189	✓			✓		✓			
10,8	3:00	220	220	✓	✓				✓	✓		
11	3:00	130	130	✓			✓		✓			
12,4	3:15	60	60	✓					✓			
3,5	1:00	30	30	✓					✓			
14,6	4:00	60	60	✓					✓			
11,1	3:00	160	158	✓					✓			
7,4	2:10	100	100	✓					✓			
10,5	2:50	90	90	✓	✓				✓	✓		
14,5	3:45	235	235	✓								
11,3	3:00	150	150	✓					✓			
23,9	6:20	135	105	✓	✓		✓		✓	✓		
12,7	3:15	70	70	✓			✓		✓	✓		
9,7	2:30	80	80	✓	✓		✓		✓			
13,5	3:30	185	185	✓	✓		✓		✓	✓		
12,2	3:20	80	80	✓	✓				✓	✓		

INHALT UND TOURENÜBERSICHT

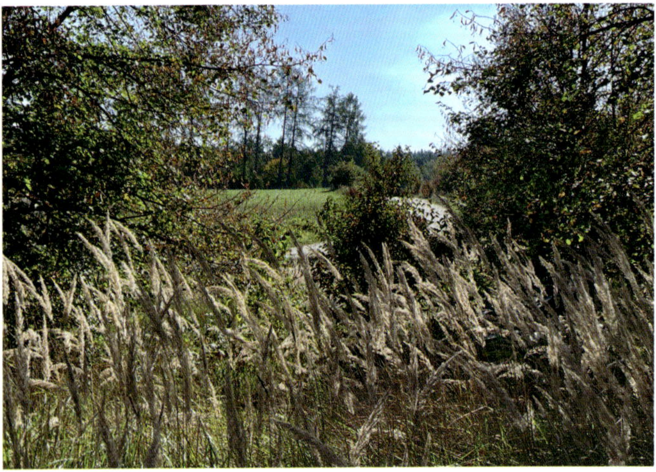

Im Naturschutzgebiet Isarleite

km	h	hm	hm									Karte
11,7	3:00	115	115	✓	✓				✓			
9,2	2:25	120	120	✓	✓							
11,6	3:10	165	165	✓	✓		✓		✓			
6,5	1:15	135	135	✓	✓							
9,3	2:30	191	191	✓	✓		✓		✓			
21,8	6:00	394	394	✓	✓				✓			
14	4:20	250	250	✓	✓		✓		✓			
9,6	2:30	190	190	✓					✓			
14,1	3:50	195	195	✓	✓		✓		✓			
15,5	4:05	310	310	✓	✓				✓			
13	3:20	245	245	✓					✓			
10,5	2:45	185	185	✓	✓				✓			

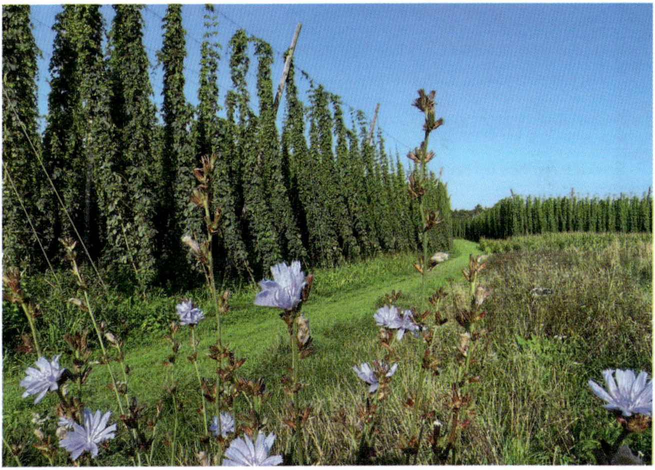

Malerische Hopfenlandschaft bei Geisenfeld

INHALT UND TOURENÜBERSICHT

km	h	hm	hm	P								Karte
12,2	3:15	190	190	✓					✓			
17	4:30	145	145	✓	✓							
4,9	1:25	70	70	✓					✓			
3,8	1:00	65	65	✓					✓			
16,2	4:30	250	250	✓	✓							
7,1	2:00	85	85	✓			✓		✓	✓		
13,7	3:30	215	215	✓	✓				✓			
10	2:50	185	185	✓	✓							
11,9	3:20	150	150	✓	✓				✓			
15,3	4:15	350	250	✓	✓				✓			
9,9	2:30	210	210	✓					✓			
15,4	4:15	300	300	✓	✓		✓		✓			
9,6	2:45	190	190	✓			✓					
11,4	3:15	195	195	✓	✓				✓			
10,8	3:00	225	225	✓	✓							
14,8	4:15	260	260	✓	✓		✓					
12,4	3:30	262	262	✓			✓					
5,3	1:45	117	117	✓	✓		✓		✓			
9	2:30	140	140	✓					✓			
13,5	3:30	60	60	✓	✓		✓					
12,5	3:15	60	60	✓	✓				✓	✓		
14	4:00	140	140	✓	✓				✓			
5	1:30	50	50	✓	✓				✓	✓		
14,2	3:50	120	120	✓	✓				✓			

GEBIETSÜBERSICHTSKARTE

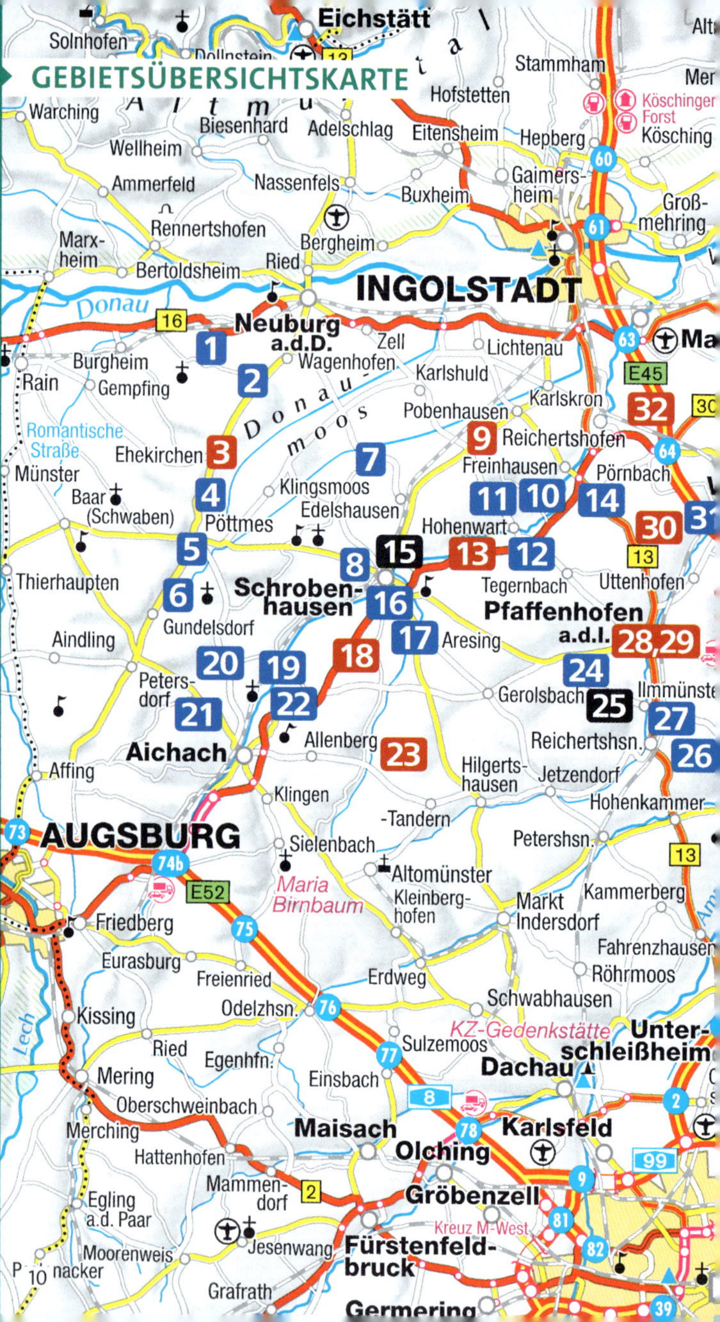

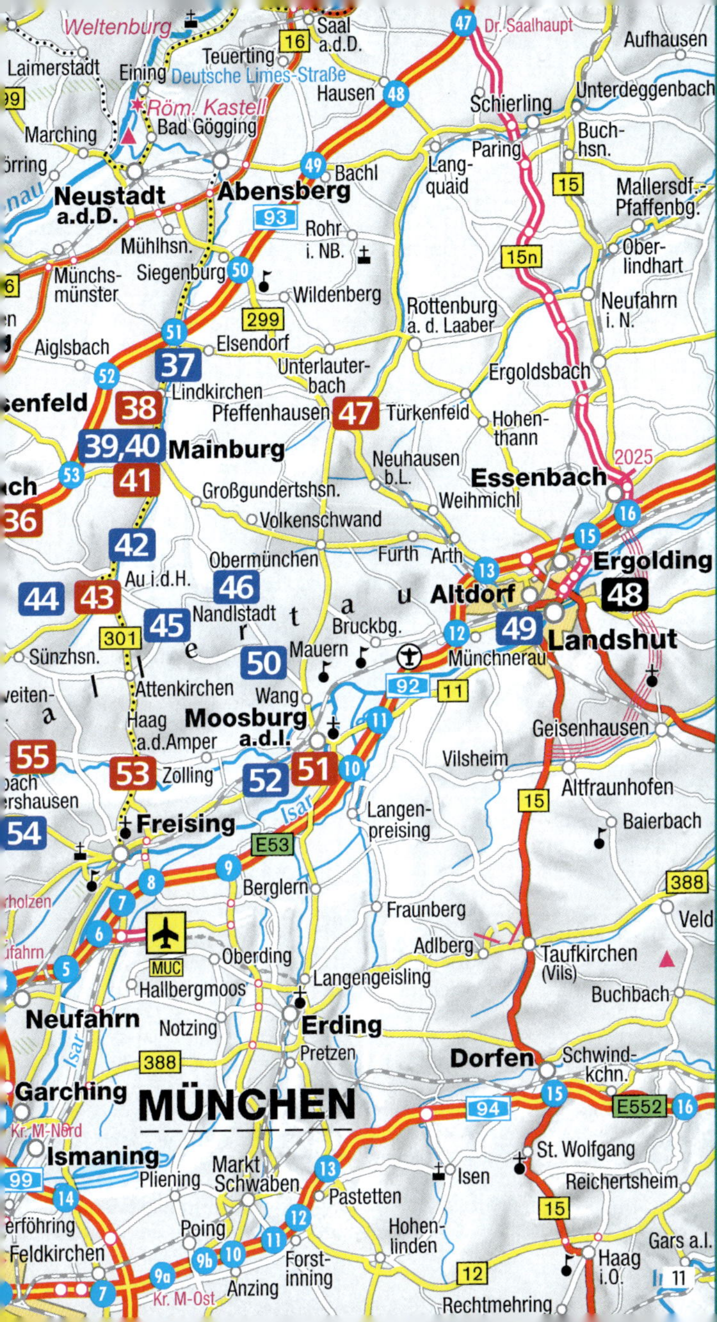

Weltenburg
Saal a.d.D.
Dr. Saalhaupt
Aufhausen
Teuerting
Laimerstadt
Eining
Deutsche Limes-Straße
Hausen
Schierling
Unterdeggenbach
Röm. Kastell
Marching
Bad Gögging
Buch-hsn.
Paring
Lang-quaid
Bachl
Neustadt a.d.D.
Abensberg
Mallersdf.-Pfaffenbg.
Rohr i. NB.
Mühlhsn.
Ober-lindhart
Münchs-münster
Siegenburg
Wildenberg
Neufahrn i. N.
Rottenburg a. d. Laaber
Aiglsbach
Elsendorf
Unterlauter-bach
Ergoldsbach
Lindkirchen
Pfeffenhausen
Türkenfeld
Hohen-thann
Mainburg
Neuhausen b.L.
Essenbach
Großgundertshsn.
Weihmichl
Volkenschwand
Obermünchen
Furth
Arth
Ergolding
Au i.d.H.
Altdorf
Nandlstadt
Bruckbg.
Landshut
Sünzhsn.
Mauern
Münchnerau
Attenkirchen
Wang
Moosburg a.d.I.
Haag a.d.Amper
Geisenhausen
Vilsheim
Zolling
Altfraunhofen
Isar
Langen-preising
Freising
Baierbach
Berglern
Fraunberg
Veld
Adlberg
Taufkirchen (Vils)
Oberding
MUC
Langengeisling
Hallbergmoos
Buchbach
Neufahrn
Notzing
Erding
Pretzen
Dorfen
Schwind-kchn.
Garching
MÜNCHEN
Kr. M-Nord
St. Wolfgang
Ismaning
Markt Schwaben
Isen
Reichertsheim
Pliening
Pastetten
Poing
Hohen-linden
Gars a.I.
Feldkirchen
Forst-inning
Haag i.O.
Anzing
Kr. M-Ost
Rechtmehring

DAS GEBIET

Unser Wandergebiet befindet sich im Tertiären Hügelland zwischen Donau und Isar. Felder, Wälder und viele kleine Dörfer begleiten uns durch das so genannte Donau-Isar-Hügelland, welches das Kerngebiet dieses Wanderführers ausmacht. Nordwestlich davon erstreckt sich das Altbayerische Donaumoos. Die Grenze unseres Wandergebietes bildet knapp darüber die Donau. Nach Osten hin zieht sich die Grenze über Ingolstadt und weiter nach Südosten über Geisenfeld bis nach Landshut. An Ilm, Isar und Amper verlaufen die südlichsten Wanderungen. Im Westen schließt sich der Kreis um die Aindlinger Terrassentreppe bei den Höhenzügen um Ehekirchen und Pöttmes.

HALLERTAU

Vielen ist die bayerische Kulturlandschaft auch unter dem Namen Holledau ein Begriff. Sie liegt im Tertiären Hügelland, das sich in zwei zusammenhängende Gebiete aufteilt. Getrennt werden sie durch den Unteren Inn. Es entstand zur Zeit der Tertiärbildung in den Alpen. Durch die Gebirgserosion wurde Sedimentgestein (Molasse) von den Flüssen nach Norden geschwemmt. Dort lagerte es sich ab und bildete die Höhen und Hügelzüge der Hallertau. Während der Eiszeit blieb das Gebiet jedoch eisfrei. Das Tertiärhügelland zeigt sich heute in Form von sanften Hügeln, die durch kleine Bach- und Flusstäler zerpflückt werden. Die lehmigen und sandigen Böden sind ideal für die Landwirtschaft. Besonders der Hopfen liebt die Hang- und Tallagen dieser Region, was die Hallertau zum größten Hopfenanbaugebiet der Welt machte. Die weit verstreuten Hopfengärten prägen das Angesicht der Hallertau. An den bis zu acht Meter hohen Hopfenstangen rankt sich das grüne Gold empor und ist auch noch von der A9 aus, die mitten hindurchführt, ein Blickfang. Vor den Toren von Abensberg ziehen sich die Hopfengärten über das Hopfendreieck Geisenfeld, Mainburg und Wolnzach bis nach Au in der Hallertau und Pfaffenhofen an der Ilm. Neben dem Hopfen, der praktisch in der gesamten Hallertau produziert wird, ist in einigen Regionen auch der Anbau von Spargel von großer Bedeutung. Die wichtigsten Anbaugebiete liegen rund um Abensberg, Schrobenhausen und Pörnbach. Die typischen, mit Furchen durchzogenen Felder prägen die Landschaft. Der Ernterhythmus ist gegenüber dem des Hopfen genau umgekehrt: Im Frühjahr und Frühsommer, wenn der Spargel gestochen wird, erscheinen die Felder fast „nackert". Das krautartige Gewächs, das so typisch für die Spargelfelder ist, treibt erst über den Sommer bis zum Herbst aus. So kann sich die Pflanze regenerieren.

GEISENFELD

In der Hallertau gibt es viele sehenswerte Städtchen. Neben Pfaffenhofen an der Ilm und Schrobenhausen hat es uns besonders Geisenfeld angetan. Schon von weitem begrüßen den Besucher die Wahrzeichen der Stadt: die Türme der Pfarrkirche mit dem ehemaligen Kloster und der massige Wasserturm. Erste urkundliche Erwähnungen des Städtchens

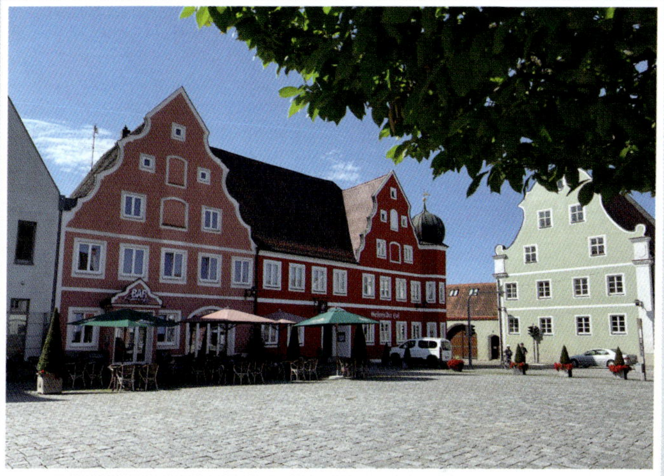

Der Stadtplatz von Geisenfeld

als Markt gehen auf das frühe 14. Jahrhundert zurück. Die Gründung des Klosters brachte dann einen erheblichen wirtschaftlichen Aufschwung. Das Kloster führte selbst einen großen landwirtschaftlichen Betrieb. Dafür wurden viele Handwerker benötigt, das Kloster avancierte zum Arbeitgeber des Ortes. Eine Handwerkersiedlung entstand: das Zentrum der Grundherrschaft der Abtei. Bis zur Säkularisation war die Abtei in Geisenfeld eines der größten und reichsten Klöster Bayerns. Die denkmalgeschützten Gebäude am Stadtplatz sowie die wuchtige, ehemalige Klosteranlage und das alte Rathaus lassen sich am besten bei einem historischen Stadtrundgang erkunden. Die roten Infotafeln, ganz in der Farbe des Stadtwappens, sind schon von weitem zu sehen und führen mit informativen Schautafeln durch die historische Altstadt.

DONAUMOOS

Die Niederung des Donaumooses südlich der Donau zwischen Pöttmes, Neuburg und Ingolstadt war einst das größte zusammenhängende Niedermoor Bayerns. Während der letzten zweihundert Jahre wurde es nach und nach trockengelegt, um den Bau neuer Siedlungen zu ermöglichen. Heute gibt es nur mehr drei Donaumoosgemeinden: Karlskron, Königsmoos und Karlshuld. Mit Hilfe von Entwässerung wurden die Flächen urbar gemacht und für die Landwirtschaft kultiviert. Zur Entwässerung wurden sogar Schleusen in Privatgrenzgräben errichtet, damit ja kein Tropfen Wasser verloren ging. Dies und die intensive Nutzung zur Torfgewinnung führten schließlich zu einer Absenkung des Geländeniveaus und zu einem erheblichen Bodenabtrag durch Winderosion. Pro Jahr sackt der Boden über einen Zentimeter ab. So hat das Moor in den vergangenen zweihundert Jahren um die drei Meter Torf eingebüßt. Gut zu sehen ist das am Moospegel bei Ludwigsmoos. Er zeigt die Höhe der Moorschicht aus dem Jahre 1836 an, und wie sich das Gelände seitdem durch die Kultivierung abgesenkt hat. So hat das Donaumoos seinen Moorcharakter fast vollständig eingebüßt und die für Niedermoore typische Vegetation wurde größtenteils verdrängt. Heute wird das Donaumoos vor allem für den Kartoffelanbau genutzt. Von der ursprünglichen Moorfläche wird gut ein Drittel kultiviert. Um die Äcker ziehen sich schmale Gräben, künstliche Teiche und weite Wiesenlandschaften. Charakteristisch sind die Straßendörfer, die teils Kilometer schnurgerade in eine Richtung verlaufen.

Leider ist es kaum möglich, das Gebiet ausgiebig per Pedes zu erkunden: Oft enden die Wege im Nichts oder weite Ackerflächen schieben sich dazwischen. Dennoch sind die Impressionen auch auf kürze-

Hopfen

Kaum zu glauben: Der Hopfen gehört zur Familie der Hanfgewächse. Der bekannteste Vertreter der Gattung ist der Echte Hopfen. Dieser ist es auch, der zum Bierbrauen verwendet wird. Beim Hopfen kann man sogar männliche von weiblichen Blüten unterscheiden. So werden die getrockneten Hopfenzapfen der weiblichen Pflanzen für die Arzneimittelherstellung verwendet. 95% des Hopfens dienen jedoch – meist in Form von Hopfenpellets – der Bierherstellung. Durch ihn erhält das Bier erst sein Aroma mit der charakteristischen Bitternote. Spätestens Ende Januar wird mit dem Drahtaufhängen begonnen. Dabei werden die Drähte, die den Hopfenpflanzen als Rankhilfe dienen, in Handarbeit an den Gerüstanlagen aufgeknüpft. Im April beginnt dann das mühevolle „Andrehen" per Hand: Dabei werden die zarten Triebe am Aufleitdraht befestigt. In dieser Zeit geht es auf den Hopfenfeldern zu wie auf dem Rummelplatz. Nach viel Liebe, Aufmerksamkeit und intensiver Pflege über den Sommer heißt es dann ab Ende August: Auf zum Hopfazupfa! Der Technik sei Dank muss nicht mehr jede einzelne Dolde von Hand gezupft werden. Traktoren mit Abreißgeräten transportieren die Reben zur Hopfenernte-Maschine auf den Höfen. Die Dolden werden maschinell von der Rebe getrennt und anschließend in der Hopfendarre getrocknet. In dieser Zeit ist die gesamte Hallertau erfüllt vom würzigen Duft des Hopfens. Der getrocknete Hopfen wird gepresst und von den Höfen abgeholt. In speziellen Verarbeitungsunternehmen wird er dann zu Pellets oder Extrakten weiterverarbeitet. Nachdem die Maschinen erst einmal wieder vollständig gereinigt wurden, ist die Verschnaufpause wahrlich kurz, denn das Hopfenjahr beginnt im Januar wieder von Neuem.

Spargel

Der Spargel ist neben dem Hopfen ein weiteres typisches Produkt der Hallertau. Ganz besonders liebt er die sandigen Böden rund um Schrobenhausen und Pörnbach. Aber auch Abensberg ist ein wichtiger Standort für den Spargelanbau. Spargelfelder sind rillenartig angelegt. Dabei wechseln sich Furchen und Erdwälle ab, wobei die Spargelstange in den schnurgeraden Erdwällen gedeiht. Vor der Ernte wird die Erde über den Pflanzen zu Bifängen mit Dammfräsen aufgehäufelt. Diese werden mit schwarz-weißer PE-Folie abgedeckt, damit der Spross weiß bleibt. Bei Grünspargel entfällt dies. Die Ernte selbst ist recht mühsam und wird in reiner Handarbeit vollzogen: Jede einzelne Spargelstange muss mit der Hand freigelegt und mit dem Spargelmesser abgeschnitten werden. Das Loch wird dann wieder mit Erde zugeschüttet und mit der Kelle glattgestrichen. Nach der Ernte wächst der Spargel im Sommer aus und bildet Kraut zur Regeneration. Sobald sich das Kraut im Herbst verfärbt wird es gemulcht und eingearbeitet. 6-7 Jahre bleibt der Spargel im Boden, dann muss ein neues Feld angelegt werden. Im Schrobenhausener Land wurde bereits im 19. Jahrhundert Spargel angebaut, jedoch nicht in diesen Ausmaßen, wie es heute der Fall ist. Seit den 50er-Jahren nimmt der Spargelanbau kontinuierlich zu. Von Mitte April bis 24. Juni dauert die Spargel-Saison, während der es auf den Spargelfeldern hoch hergeht. Dazu findet im April in Schrobenhausen das Spargelfest mit traditionellem Spargelmarkt statt. Ein schöner Anlass, um in dieser Zeit eine Wanderung rund um Schrobenhausen zu unternehmen.

ren Runden einmalig. Gerade im Herbst ist die Stimmung im Donaumoos mystisch, wenn die Nebelfelder über den Wiesen aufsteigen. Eine gute Anlaufstelle für einen tieferen Blick ins Donaumoos und seine Geschichte bietet die Umweltbildungsstätte Haus im Moos. Es gibt Einblicke nicht nur in die Geschichte der Natur- und Kulturlandschaft, sondern erzählt in seinen Ausstellungsräumen auch anschaulich vom Leben der einstigen Bewohner. Nicht zu verwechseln ist das Donaumoos mit dem Schwäbischen Donaumoos zwischen Ulm und Gundelfingen.

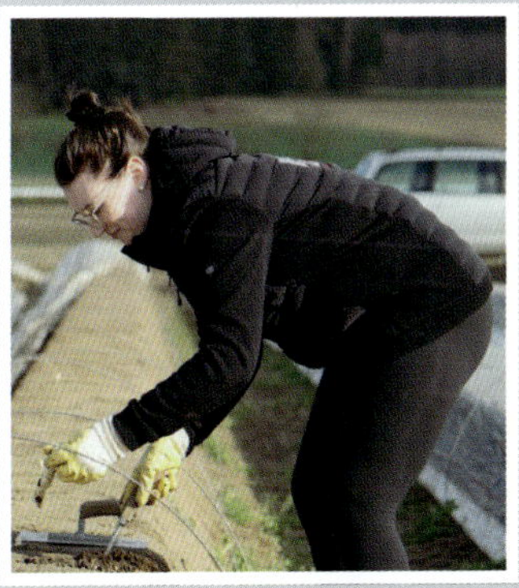

Spargelstechen auf dem Spargelhof Hainzlmair

ALLGEMEINE TOURENHINWEISE

SCHWIERIGKEITSGRADE

Das Hügelland der Hallertau gestaltet sich bei der persönlichen Erkundung doch als sanfter als vermutet. Die Höhenprofile erleichtern die Einschätzung für den Wanderer, ob er dieser oder jener Tour auch gewachsen ist. Manch kleinere An- und Abstiege sind aber auch aus dem Höhenprofil nicht ersichtlich, der Höhenunterschied ist aber ein guter Richtwert, um den Wanderer zu informieren, was ihn erwartet. Die Hallertau ist als Wandergebiet noch recht jungfräulich. Dementsprechend wenige Beschilderungen gibt es. Im Wittelsbacher Land rund um Pfaffenhofen und Scheyern jedoch gibt es einige hervorragend beschilderte Routen.

Die meisten Wege sind jedoch unbeschildert. Meist stellt das zwar kein Problem dar, doch sollten wir zur Sicherheit eine Wanderkarte dabeihaben, denn manchmal kann es vorkommen, dass die Wege aus diversen Gründen gesperrt sind. Eine Wanderkarte ersetzt den teuren Rat. Bei manchen Touren gibt es besonders knifflige Stellen, im Charakter der Tour wird aber nochmals darauf hingewiesen. Dieses Büchlein richtet sich an Familien mit Kindern. Die Touren sind daher oft ohne technische Schwierigkeiten zu bewältigen. Sie sind jedoch von ganz unterschiedlichen Längen, wobei hier die Eltern am besten wissen sollten, welche Wegstrecken sie ihren Sprösslingen zumuten können. Das Alter spielt dabei sicherlich eine Rolle, so kann man sich für Wanderungen mit kleineren Kindern getrost an den blauen Touren orientieren. Grundsätzlich gilt wohl: Je älter die Kinder sind, umso mehr kann man ihnen „zumuten". Die Wege selbst sind zum Großteil gut begehbar. Ordentliches Schuhwerk ist eine Selbstverständlichkeit. Die Richtungsangaben verstehen sich im Sinne der Gehrichtung. Mit Ausnahme einer Tour sind alle Wanderungen Rundwanderungen.

■ LEICHT

Diese Touren sind gut markiert und führen zum Großteil auf breiten, gut erkennbaren und bequemen Wegen mit nur mäßigen Steigungen. Die Gehzeit hält sich bei drei bis vier Stunden, es sind nicht mehr als 14 km zu bewältigen.

■ MITTEL

Auch diese Wege sind zumeist gut zu begehen, aber es kann auch mal länger und steiler bergauf oder bergab gehen. Schmale, wurzelige Pfade machen die Touren schwieriger. Die Länge schwankt hier zwischen 14 und 20 km und die Gehzeit kann bis zu 6 Stunden betragen.

■ SCHWER

Diese Touren zeichnen sich vornehmlich durch lange Strecken aus, also ab 20 km. Dementsprechend verlängern sich die Gehzeiten. Sollte die Strecke doch mal kürzer sein, dann besticht die Tour durch steile An- und Abstiege oder enthält Wegabschnitte, die aufgrund ihrer Beschaffenheit die Tour als eine schwarze Tour auszeichnen.

ZEITANGABEN

Die Zeitangaben sind Richtwerte, die sehr stark variieren können. Sie orientieren sich an einem durchschnittlichen Wanderer, Pausen sind

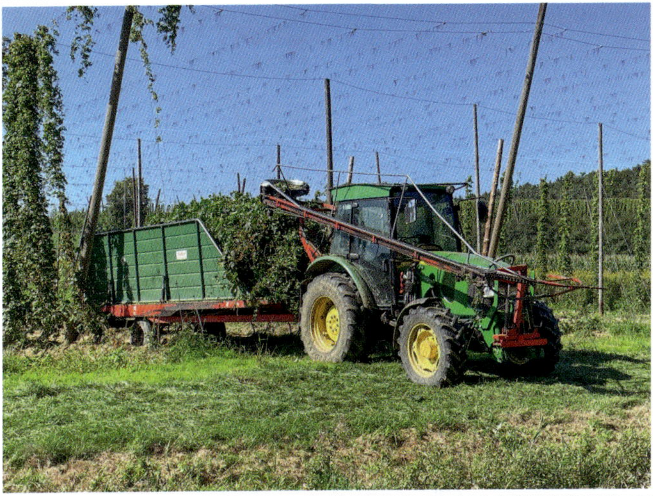

Bei der Hopfenernte Mitte September

berücksichtigt. Die Zeitangaben sind also **keine reine Gehzeit**! Generell und gerade auch mit Kindern sollte immer mehr Zeit eingeplant werden – besonders bei schönem Wetter, da es bei nahezu allen beschriebenen Touren wunderschöne Plätze gibt, an denen sich auch mal ein längeres Verweilen lohnt. Am besten ist es, die eigene Kondition bzw. die Kondition der Gruppe vorher abzuschätzen und sich dann lieber ein bisschen mehr Zeit zu nehmen, bevor man sich am Ende hetzen muss.

WANDERZEIT UND AUSRÜSTUNG

Die schönste Jahreszeit zum Wandern – nicht nur in der Hallertau – ist von Frühsommer bis Spätherbst. Hier gilt es zu bedenken, dass es im Sommer oft sehr schwül und heiß werden kann. Gerade in den Hopfenfeldern steht dann manchmal die Luft. Mitte Mai, wenn der Frühling bereits alles erblühen lässt, hat ebenso seine Reize wie Mitte Oktober, wenn der Herbst die Umgebung in goldene Farben taucht. Einige Wege kann man aber auch im Winter gehen, allerdings wenn es noch nicht allzu viel geschneit hat, denn bei viel Schnee kann es sein, dass mancher Weg nicht mehr ersichtlich ist. Sollte der Schnee noch ausgeblieben sein, so lässt sich's auch im Dezember noch gut durch die hügelige Landschaft wandern. Doch auch im grauslichsten Monat November haben wir schon wunderschöne Touren absolviert. Die Stimmung ist ganz außergewöhnlich, wenn der Nebel aus dem Tal und über den Wäldern aufsteigt. Bei unsicheren Wetterverhältnissen ist es immer angebracht, auch wenn die Sonne noch so schön vom Himmel lacht, Regenausrüstung einzupacken. In der letzten Zeit sind stabile Wetterlagen immer seltener und ein Gewitter kommt schneller daher als gedacht. Ich spreche hier aus eigener Erfahrung. Ein Rucksack mit Getränken ist auch nie verkehrt – auf vielen Touren gibt es keine Einkehrmöglichkeit. Zudem laden oft Sitzgelegenheiten am Wald- oder Wiesenrand zu einer schönen Pause ein.

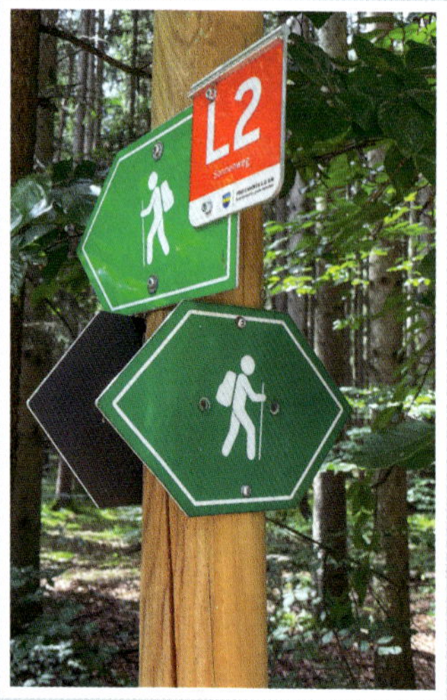

Sensationelle Beschilderung auf dem Panoramaweg Pfaffenhofen

BESCHAFFENHEIT UND BEGEHBARKEIT DER WEGE UND ORIENTIERUNGSHILFEN

Wie bereits erwähnt, kann man den Großteil der Wege gut begehen. Was jedoch unbedingt immer dabei sein sollte, ist eine Wanderkarte des Gebietes. Die Wegführungen sind zwar sehr gut beschrieben, aber – wie bereits erwähnt – nur selten beschildert. Im Frühsommer kann es durchaus einmal vorkommen, dass vom Bauern ein Weg gesperrt wurde. Damit soll verhindert werden, dass das Wild die jungen Triebe des Hopfens verspeist. Uns ist zum Glück nur einmal eine solche Wegsperrung in die Quere gekommen. Die öffentlichen Wege müssen zwar frei bleiben, manchmal sind sie aber so präzise mit Maschendraht abgesperrt, dass gerade mal noch eine Maus durchpassen würde. Dann ist es vielleicht doch in Erwägung zu ziehen, einen anderen Weg zu wählen oder einfach zurück zu spazieren. Manchmal werden Wege aber auch komplett aufgegeben und enden plötzlich mitten im Wald oder im Hopfenfeld. Die KOMPASS Karten sind dann stets ein verlässlicher Begleiter. Wer es ganz genau haben will, kann sich auch der Karten vom Landesamt für Digitalisierung, Breitband und Ver-

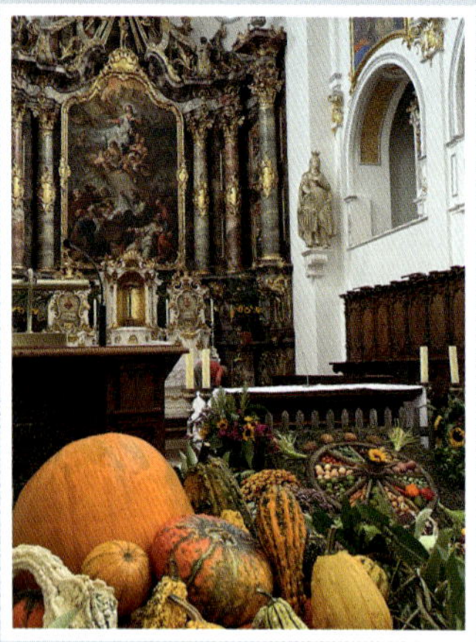
Erntedank in Kloster Scheyern

messung bedienen. Alternativ machen natürlich auch in bestimmten Situationen gpx-Geräte das Wanderleben leichter. Mit entsprechenden digitalen Karten kann man sich die Tracks vor der Tour aufs Handy laden. Sollte man mal wirklich nicht weiterwissen, ist somit ein Verlaufen ausgeschlossen. Im höchsten Notfall (sollte die Technik mal versagen): zurück zum letzten bekannten Punkt, an dem man sich neu orientieren kann.

ANREISE UND ÖFFENTLICHER NAHVERKEHR

Eine Anreise mit dem Auto gewährt in der Hallertau definitiv eine größere Flexibilität, da nicht alle Ausgangsorte mit den öffentlichen Verkehrsmitteln erreicht werden können. Dennoch gibt es – zumindest in der Nähe – der meisten Ausgangsorte – eine Haltestelle des öffentlichen Verkehrs. Die Verkehrsknotenpunkte sind Pfaffenhofen an der Ilm, Rohrbach an der Ilm und Schrobenhausen, sind alle mit dem Zug erreichbar. Von hier aus fahren Busse in alle Richtungen. Der Augsburger Verkehrsverbund bietet ein gut ausgebautes Netz im öffentlichen Nahverkehr, mit dem wir uns zwischen den Gemeinden und Städten im Wittelsbacher Land bewegen können. Im Norden wird der ÖPNV gut durch den Nahverkehr von Ingolstadt und Neuburg a.d. Donau abgedeckt. Mit dem Auto erreichen wir die Hallertau von Süden wie von Norden gut über die A9. Nicht immer verkehrsarm geht's östlich davon über die B301 von Mainburg nach Au in der Hallertau oder westlich über die B13 von Pörnbach nach Pfaffenhofen oder über die B300, die die A9 mit Schrobenhausen verbindet und sich dann weiter durchs Wittelsbacher Land schlängelt.

MEINE LIEBLINGSTOUR

TOUR 43

RUND UM AU IN DER HALLERTAU

Im Herzen des Hopfenlandes entdecken wir nicht nur herrliche Wälder und weit verstreute Hopfengärten, sondern nehmen auch ein Stück Kulturgeschichte auf dem Auer Schlossberg mit. Die alten Loks am Eisenbahnmuseum lassen Nostalgie aufkommen, an der Marienkapelle lauschen wir der Stille des Waldes. Im gemütlichen Biergarten der Schlosswirtschaft lassen wir es dann gemütlich ausklingen.

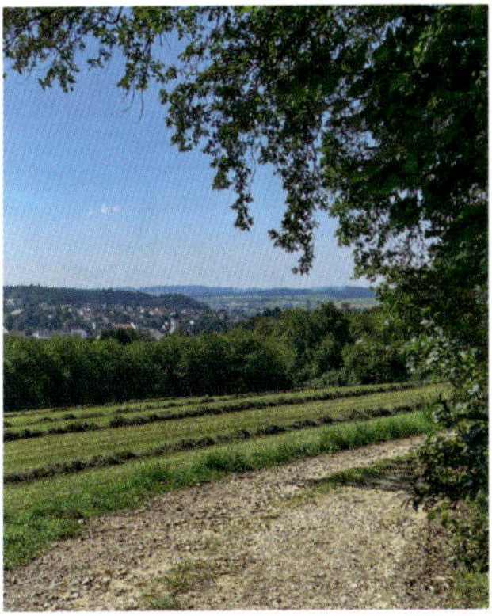

Herrlicher Blick auf Au in der Hallertau

MEINE HIGHLIGHTS

1
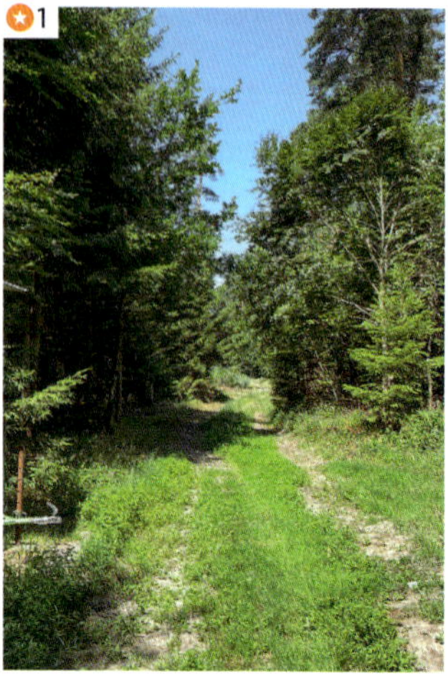

2
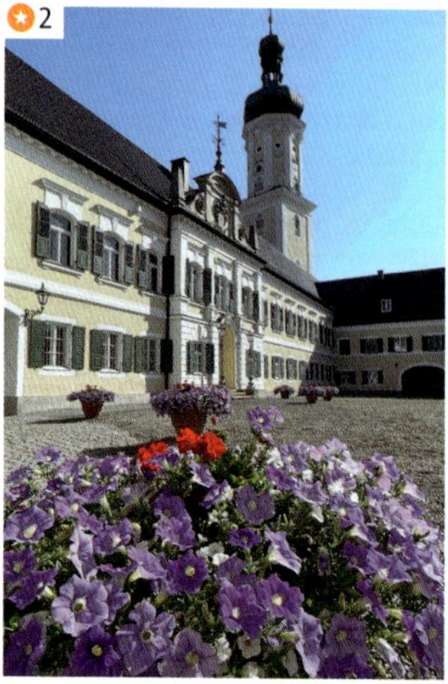

1: Geheimnisumwobene Wälder und alte Schauergeschichten begleiten diese Tour. Die versteckten Wege nach Hinterkaifeck könnten schöner nicht sein, das Jahrhunderte alte Geheimnis um den Einödweiler und seine grauenhafte Vergangenheit werden sie dennoch nicht preisgeben.
→ Tour 13, Seite 60

2: In Geschichten und Erinnerungen ist sie noch immer eine strahlende Persönlichkeit: Sisi. Auf ihren Spuren wandern wir bei dieser Tour durchs schöne Wittelsbacher Land und lassen und von einem Schloss nach dem anderen verzaubern.
→ Tour 22, Seite 91

3: Der weitläufige Scheyerner Forst hält viele Überraschungen bereit. Auf den Spuren der Kelten und noch viel älterer Kulturen treffen wir mal auf eine traumhafte Lichtung, dann verschwinden die Wege wieder im dunklen Grün des Waldes. An Ausblicken fehlt es uns dabei nicht. Die Einkehr im Klosterbiergarten ist fast schon Pflicht.
→ Tour 25, Seite 106

4: Hier sind die Wälder der Star. Breite Forstwege und kaum begangene, ja, fast nicht wahrnehmbare Waldwege wechseln sich in dichterem und lichterem Holz ab. Viele ruhige Orte im Wald laden zum Verweilen ein. Dann werden wir ganz still – nicht selten zeigt sich prompt der eine oder andere Waldbewohner.
→ Tour 45, Seite 170

5: An der Isarleite bei Landshut lautet das Motto „Natur pur“. Wir durchwandern die mageren Weiderasen und bahnen uns

3

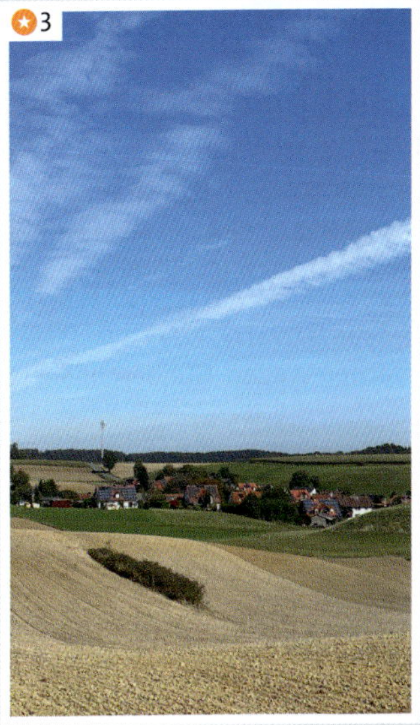

4

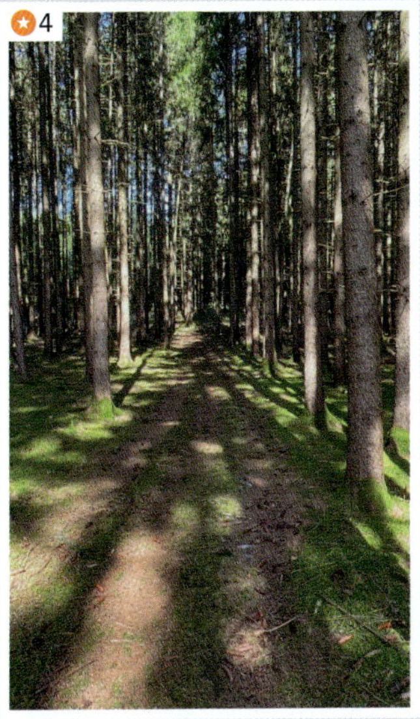

5

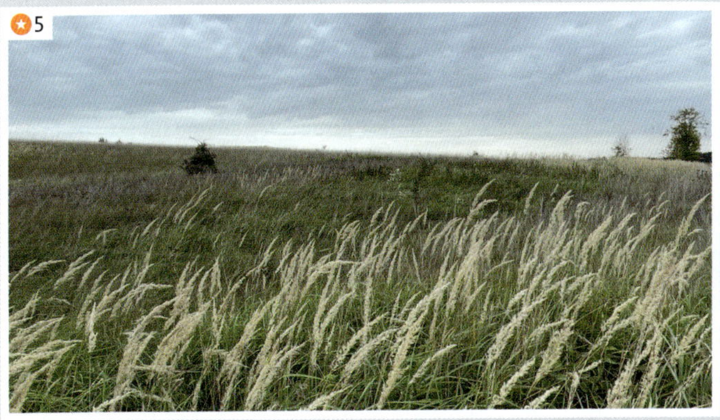

auf Pfaden unseren Weg durchs dichte Unterholz. Herrliche Wälder mit Bergahorn, Eschen und Buchen verzaubern uns auf dem Rückweg. Mit etwas Glück stehen während unserer Runde gerade die Ungarischen Graurinder auf der Weide – einfach prachtvolle Tiere.

→ Tour 48, Seite 181

1

VON SINNING NACH EGERTSHAUSEN

Aussichtsreich am Rande des Donaumoos

8,5 km 2:20 h 170 hm 170 hm

START | Parkplatz an der Verbindungsstraße zwischen Sinning und Oberhausen. Ca. 500 m nach Ortausgang Sinning rechts am Marterl. Alternative Parkmöglichkeiten in Sinning. Bus 9114 von Neuburg a.d. Donau
[GPS: UTM Zone 31 x: 654875 m y: 5396265 m]
CHARAKTER | Kurze Runde auf einfachen Wegen. Gut beschildert

Die Runde um Sinning ist kurz, aber hat doch einiges zu bieten: Auf dem Weg nach Egertshausen durchstreifen wir herrlichen Laub- und Mischwald. Am Damwildgehege geht's dann über Wiesen und Felder. Zwei tolle Aussichtspunkte erwarten uns dabei auf dem Rückweg, von denen man weit über das gesamte Altbayerische Donaumoos blicken kann. In Sinning wartet dann ein herrliches Barockschloss auf uns. Es wurde über Teilen einer mittelalterlichen Wehrburg in den Jahren 1724-1730 errichtet und zählt zu den herausragenden Anlagen des süddeutschen Barocks. Der ehemals französische Barockgarten ist einer Parkanlage im englischen Landschaftsstil gewichen.

Los geht's am **Parkplatz** 01 kurz hinter Sinning. Ein Forstweg führt uns zunächst geradeaus in den Wald hinein. Dabei leitet er uns stetig am Zaun einer Industrieanlage entlang. Allmählich steigt der Weg an und führt tiefer in den Wald hinein. Nach einer viertel

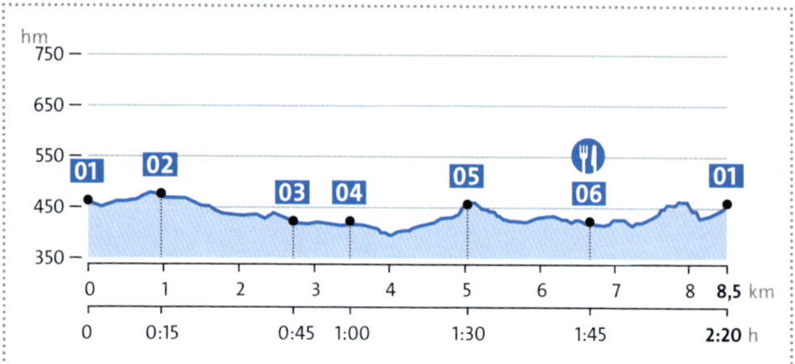

01 Parkplatz, 443 m; 02 Wasserschutzgebiet, 468 m; 03 Fischteich, 413 m; 04 Aussichtsbank, 415 m; 05 Abzweig Antoniusmarterl, 454 m; 06 Sinning, 417 m;

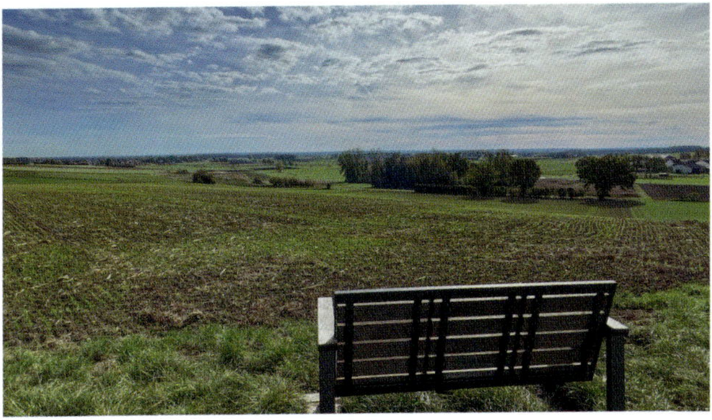

Fantastische Blicke über das Donaumoos

Stunde erreichen wir eine Gabelung mit einem Schild des **Wasserschutzgebiets** 02. Hier halten wir uns geradeaus, weiter am Zaun entlang. An der nächsten Gabelung, rechts steht ein Hochsitz, halten wir uns rechts. Nach zehn Minuten lichtet sich der Wald. Wir wandern kurz am Waldrand entlang, dann weiter am lichten Waldsaum innerhalb des Waldes. Am Ende eines Damwildgeheges zu unserer Rechten folgen wir einem abzweigenden asphaltierten Weg an einem **Fischteich** 03 vorbei. Der schmale Weg bringt uns an einem weiteren Wildgehege vorbei, dann steigt er an,

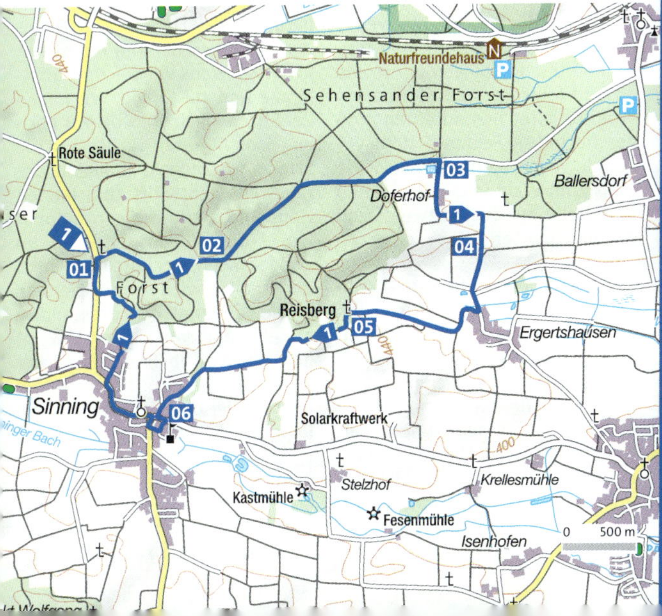

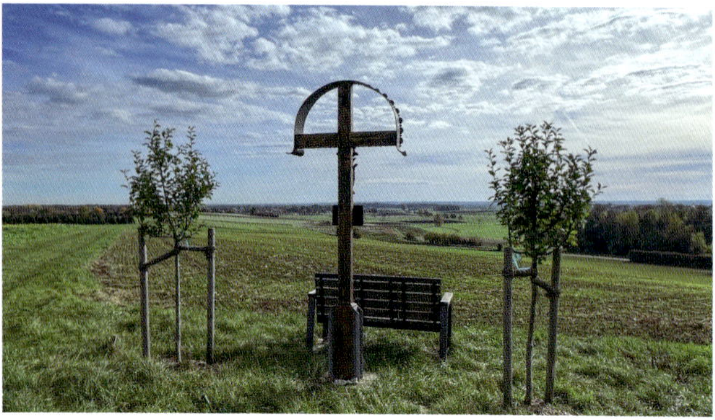

Rastplatz mit Weitblick

passiert einen Hof und biegt um eine Linkskurve. Wenig später beschreibt er eine Rechtskurve und führt mit tollen Blicken an einer **Aussichtsbank** 04 vorbei. Um zu ihr samt hübschem Marterl zu gelangen, müssen wir nach ein paar Bäumen scharf links vom Weg abzweigen und ein paar Meter über einen Wiesenweg hinaufsteigen. Zurück auf der Route geht's weiter bis nach Egertshausen. Kurz hinterm Ortsschild biegen wir rechts ab und folgen dem asphaltierten Weg. Er leitet uns an einen grob geschotterten Feldweg, dem wir geradewegs – bald über die Wiese – bis zum Wald folgen. Ein Schild markiert hier den **Abzweig zum Antoniusmarterl** 05.

Der Abstecher beschert uns nochmal tolle Weitblicke. Ansonsten setzen wir unsere Route fort, indem wir jetzt einen Hohlweg hinabwandern. Nach ca. 50 Metern halten wir uns links, dann führt ein Pfad wenig später nochmals links herum zum Waldrand. Hier biegt er um eine Rechtskurve und leitet uns hinab, bald als etwas breiterer Waldweg bis an einen Feldweg. Wir folgen ihm nach links, an der Gabelung kurz darauf biegen wir rechts ab und spazieren sanft bergan an den Feldern entlang. Wir passieren eine Scheune, dann eine kleine Kapelle zu unserer Linken. Hier führt der Weg geradewegs nach **Sinning** 06 hinab. An der Hauptstraße schicken uns die Wanderschilder links, dann wieder rechts herum zum Schloss. Wir schlendern daran vorbei und mit einem Rechtsschwenk wieder zur Hauptstraße und zur Kirche. Wir folgen der Straße nach links bis wir nach ein paar Minuten rechts auf die Straße Am Lohwald abbiegen. Geradewegs geht's bis zum letzten Haus und hier auf einem schmalen Pfad hinauf in den Wald. Im Wald schwenkt er kurz nach links, dann geht's wieder nach Norden. Wir folgen ihm knapp dreihundert Meter geradeaus, dann zweigt links ein Weg ab. Er ist als solcher kaum zu erkennen, besonders im Herbst. Hier brauchen wir also ein bisschen Orientierungsvermögen. Er führt uns geradewegs hinab zum Waldrand. Über eine Wiese geht's geradeaus zum Rad- und Fußweg, der uns die letzten Meter zum **Parkplatz** 01 zurückbegleitet.

VON ROHRENFELS NACH BAIERN

Mooswanderung rund ums Baierner Hölzlein

7,6 km | 2:00 h | 35 hm | 35 hm

START | Rohrenfels. Parkmöglichkeiten am Sportplatz in der Baierner Straße. Bus Nr. 10 von Neuburg a.d. Donau [GPS: UTM Zone 31 x: 658595 m y: 5394476 m]
CHARAKTER | Schotter- und Wiesenwege wechseln sich ab. Lange Kleidung ist im Wald bei Baiern empfehlenswert

Heute spazieren wir über den teils ausgeschilderten Bachrundweg durchs Donaumoos. Auch in diesem Teil des Donaumooses gibt es ein wichtiges Rückzugsgebiet für Vögel, insbesondere Wiesenbrüter sind in den weiten Mooswiesen beheimatet. So gibt es auch bei Rohrenfels ein Wiesenbrüter Schutzgebiet, das den Vögeln eine ruhige Brutzeit garantieren soll. Solche Maßnahmen tragen Früchte: Im Frühjahr 2023 wurden bereits vereinzelte Braunkehlchen im Baierner Flecken gesichtet. Die vom Aussterben bedrohte Art nutzte bisher das Gebiet nur als Durchgangsrevier. Vielleicht werden Wanderer in den kommenden Jahren wieder das Glück haben, bei ihrem Spaziergang dem Gesang des Braunkehlchens lauschen zu können.

In **Rohrenfels** 01 lassen wir beim Sportplatz unser Auto stehen und gehen zunächst wieder Richtung Ort. Gleich nach dem SC Rohrenfels biegen wir rechts in die Egerlandstraße ein. Wir wandern geradeaus über einen Feldweg, der allmählich in einen Wiesenweg übergeht. An vereinzelten kleinen Gärten vorbei er-

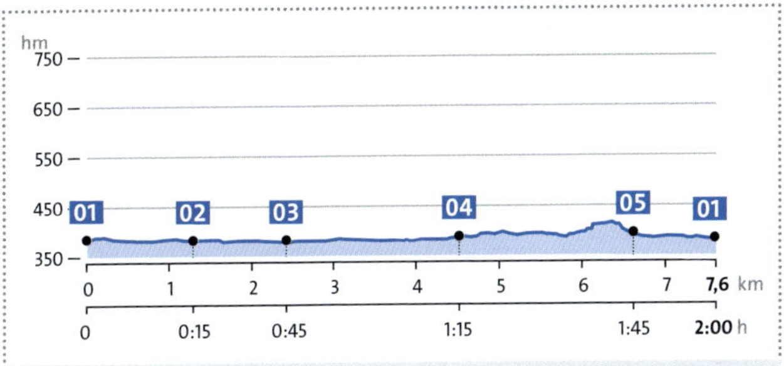

01 Rohrenfels, 385 m; 02 Aussichtspunkt, 391 m; 03 Wegspinne Streitanger, 383 m; 04 Steinbrücke, 387 m; 05 Marterl mit Bank, 391 m;

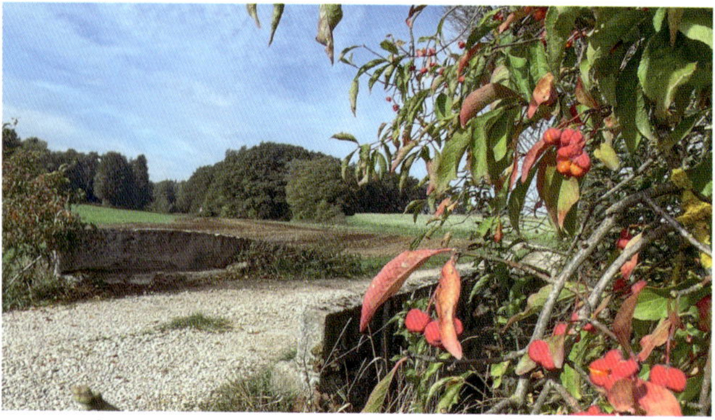

Der Weg führt über eine Steinbrücke

reichen wir nach einem kleinen Linksschwenk wieder einen festen Weg. Wir folgen ihm geradeaus, gleich an der nächsten Weggabelung halten wir die Richtung. Wir passieren ein Wäldchen mit einer Holzhütte und folgen dem Weg links herum am Wäldchen entlang, über den Bach, dann betreten wir den Wald. Am Ende des kurzen Waldabschnittes weist uns ein Schild auf dieses Naturdenkmal hin. Das Wanderschild „Bachrundweg Rohrenfels" schickt uns nach rechts über die Wiese, gleich darauf geht's wieder rechts hinauf zum **Aussichtspunkt** **02** mit einem großen Holzkreuz und einer schönen Holzbank am Waldrand mit herrlichem Blick übers Donaumoos. Vom Aussichtsberg wieder herabgestiegen gehen wir zurück zum Feldweg und folgen ihm bis an einen asphaltierten Weg. Wir folgen ihm nach rechts und erreichen nach fünf Minuten die **Wegspinne Streitanger** **03**.

Hier gibt es einen tollen Rastplatz mit weitem Blick ins Moos. Ein Infoschild zeigt uns die Grenzen des Wiesenbrüter Schutzgebietes, die wir auf alle Fälle berücksichtigen sollten! Unser Weiterweg führt uns scharf nach rechts auf einen Feldweg. Nach zehn Minuten erreichen wir eine steinerne Brücke und eine eingezäunte Weidefläche. Der Weg über die Brücke ist gesperrt. Hinweisschilder machen uns auf den Biber aufmerksam, der hier eifrig seine Löcher gräbt. So wenden wir uns links und gehen über einen Wiesenweg direkt am Graben entlang. Wieder zehn Minuten später queren wir die Straße nach Baiern und wandern auf einem schönen Weg weiter am Graben entlang, der jetzt von verschiedensten Laubbäumen gesäumt ist. An der nächsten **Stein-**

Info

Ein Teil der Tour liegt im Wiesenbrüter-Schutzgebiet. Besonders vom 1. März bis 15. Juli sollte darauf geachtet werden, dass der Weg nicht verlassen wird! Vorsicht auf den Wegen am Kanal entlang: Hier graben Biber immer wieder große Löcher.

brücke 04 queren wir den Graben nach rechts und folgen einem Schotterweg auf den Wald zu. An der Weggabelung halten wir uns links und wandern dann kurz durch den Wald und am Waldrand entlang. Zuletzt geht es zwischen ein paar Feldern hindurch. Nur wenige Minuten nach Ende des Waldes verlassen wir den Feldweg nach rechts auf einen Wiesenweg zurück zum Wald. An der Ecke mit dem Hochsitz wenden wir uns nach links, schwenken knapp 75 Meter später aber wieder rechts in den Wald hinein. Ein recht zugewachsener, verwilderter Weg leitet uns nun geradewegs durch den Wald hindurch. Schnell wird der Weg begehbarer und bequemer und führt schließlich aus dem Wald heraus zu einem Sträßchen und **Marterl mit Bank** 05.

Wir folgen der Straße nach Osten, an einem Haus vorbei, dann biegen wir links auf einen Feldweg ein. Er bringt uns zurück nach **Rohrenfels** 01. An der Straße am Ortsrand schwenken wir rechts ein, kurz darauf geht's links herum zurück zum Parkplatz am Sportplatz.

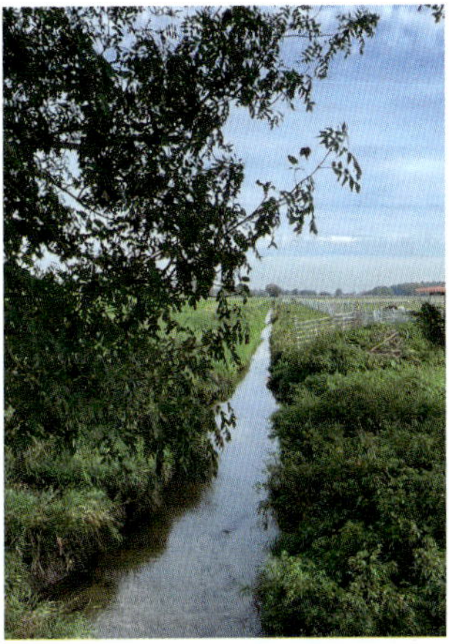

Schnurgerader Graben durchs Donaumoos

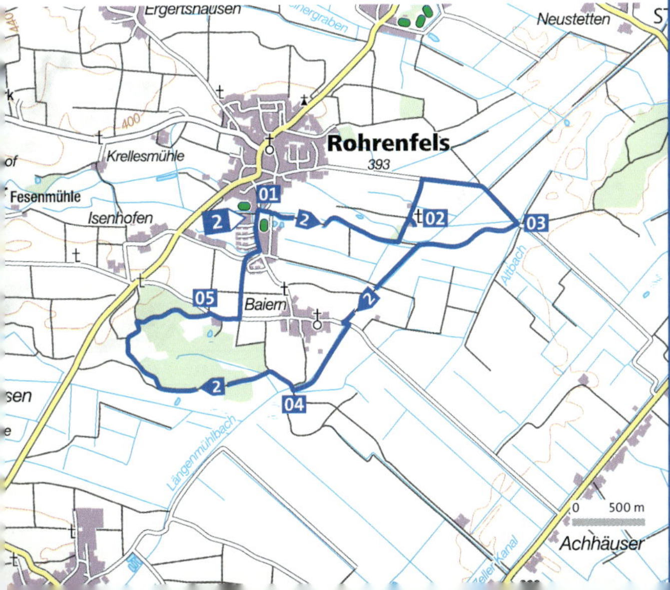

3

VON EHEKIRCHEN NACH ST. WOLFGANG

Auf der Ehekirchener Streichholzrunde

16 km 4:00 h 190 hm 190 hm

START | Ehekirchen. Parkmöglichkeiten am Rathausplatz. [GPS: UTM Zone 32 x: 655105 m y: 5389693 m]
CHARAKTER | Die Rundtour ist zwar ausgeschildert, an einigen Stellen fehlt die Beschilderung jedoch. Zusätzliche Karte notwendig. Vornehmlich breite Feld- und Waldwege, manchmal auch weglos über die Wiese.

Die Ehekirchener Streichholzrunde ist eine ausgedehnte Holzwanderung. Sie führt uns von einem Holz, genauer gesagt von einem Waldstück, zum nächsten. Dabei wandern wir vornehmlich am Waldrand entlang. Auf dem Hinweg eröffnen sich immer wieder herrliche Blicke übers Donautal bis zum Fränkischen Jura.

Wir starten unsere lange Runde in **Ehekirchen** 01. Am Rathaus gibt es ausreichend Parkmöglichkeiten. Zunächst spazieren wir nach Südwesten, an der Kirche vorbei und über die Hauptstraße die Richtung beibehaltend. Am Weiherweg zweigen wir nach rechts ab, folgen dem Sträßlein noch um die Kurve und biegen dann beim Jesuskreuz links auf einen Feldweg ein. Recht schnell nähern wir uns nun immer mehr dem Waldrand vom **Goglerholz** 02. Am Ende des Weges biegen wir rechts ab, gehen kurz durch den Wald und dann wieder am Waldrand entlang. Am südwestlichen Zipfel des Holzes wenden wir

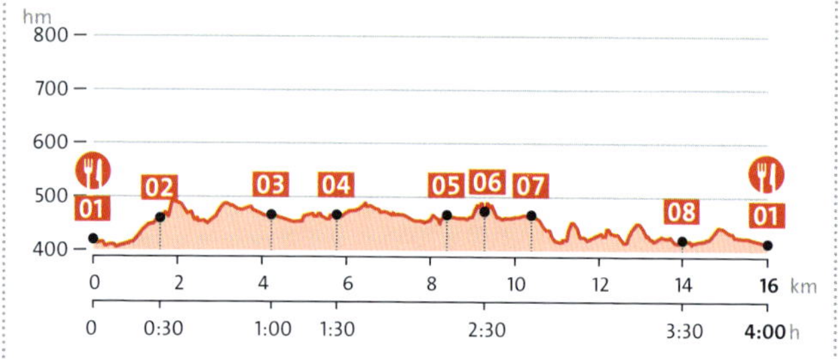

01 Ehekirchen, 415 m; 02 Goglerholz, 452 m; 03 Bonsal, 466 m; 04 Kreuz, 463 m; 05 Abstecher St. Wolfgang, 463 m; 06 St. Wolfgang, 472 m; 07 Gedenkkreuz , 459 m; 08 Ambach, 413 m;

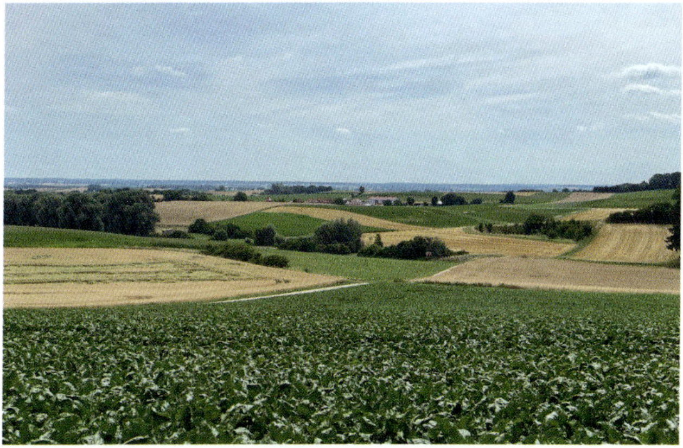

Herrlicher Blick ins Donaumoos

uns nach Norden: Jetzt wandern wir wenige Minuten am Schöntalholz entlang. Kurz entfernt sich der Weg vom Waldrand, dann zieht er noch einmal ein paar hundert Meter im Schatten der Bäume entlang, bevor er sich vollends von ihnen löst. Wir halten stets die Richtung nach Norden und ignorieren alle Abzweigungen, bis wir den Ortsrand von **Bonsal** 03 erreichen.

An einem Gebäude queren wir schräg nach rechts und wandern gleich darauf weiter nordwärts. Am Querweg beim Weiher, nach ca. 500 Metern, biegen wir kurz links ein, schwenken jedoch gleich darauf wieder nach rechts, am Weiher vorbei. Ein Feldweg bringt uns nun zum Eillingholz. Er mündet am Holz in einen Weg, der knapp innerhalb des Holzes nach links dreht. Nach ca. 150 Metern folgen wir ihm nach rechts. 100 Meter später passieren wir ein recht zugewachsenes **Kreuz** 04.

Die Route leitet am Waldrand des Eillingholzes entlang, die letzten 50 Meter frei über die Wiese zu einem Feldweg. Wir queren ihn auf einen befestigten Weg und gehen ein kurzes Stück nach Norden, dann biegen wir an der ersten Gelegenheit rechts ab und folgen dem Feldweg ostwärts. Der Weg steuert direkt auf den Wald zu, biegt jedoch kurz davor links ab und zieht sich am Waldessaum entlang, bis er an einem Weiher in einen weiteren Feldweg mündet. Wir biegen scharf rechts ein und wandern ein paar Minuten sanft bergan. Ein kleines Wanderschild zeigt uns die Abzweigung für einen **Abstecher nach St. Wolfgang** 05.

Wir folgen einem undeutlichen Wiesenweg nach links, zwischen den Feldern hindurch. Er schwenkt am Ende des Feldes kurz nach rechts und führt dann steil hinab zu einem Schotterweg. Diesen steigen wir wieder bergan, an einem Hochsitz vorbei und geradeaus wieder auf einem Wiesenweg durch ein Wäldchen und am Waldrand entlang. Bald stehen wir an der Straße, an der wir nach rechts nach **St. Wolfgang** 06 gehen. Auf

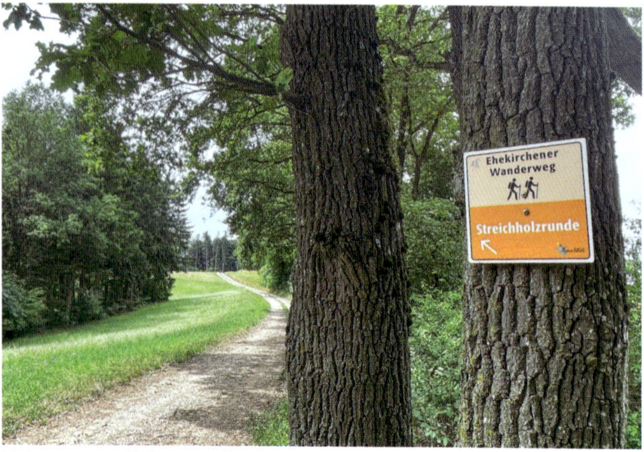

Unterwegs auf der Streichholzrunde

demselben Weg geht's zurück zur Abzweigung für den **Abstecher nach St. Wolfgang** 05. Wir setzen unseren Weg bis zum Wald fort, wo wir auf eine hübsche Rastbank und ein **Gedenkkreuz** 07 treffen. Nach einem weiteren, kurzen Stück durch den Wald biegen wir an der nächsten Möglichkeit nach rechts ab. Ein Wirtschaftsweg bringt uns ins Tal.

Ab jetzt ist ein wenig Orientierung gefragt, denn nicht immer sind die Wege einwandfrei zu erkennen. Grundsätzlich gilt es, die Richtung nach Süden zu halten. Einen Fahrweg queren wir schräg nach rechts, nur 50 Meter später machen wir noch einmal einen Rechts-Links-Schwenk über die Wiese. Ein paar Minuten später treffen wir auf einen Weg, dem wir nach links folgen. Dann treffen wir auf einen Fahrweg, den wir geradeaus queren. Schnell spazieren wir wieder am Waldrand entlang, folgen dann einem Querweg nach links und biegen ca. 25 Meter später rechts auf einen kaum auszumachenden Weg ab, der uns steil hinaufführt. Hundert Meter später halten wir uns schräg nach links auf einen Weg. Nach 150 Metern verlassen wir ihn jedoch schon wieder nach rechts hinab. Im Tal queren wir einen Fahrweg leicht nach links versetzt und steigen dann wieder steil hinauf. Auf der Höhe stößt er auf einen Feldweg, dem wir nach rechts am Waldrand entlang folgen. Er beschreibt bald eine Linkskurve, entfernt sich vom Wald und führt uns nun stetig geradeaus Richtung Süden. Bald haben wir wieder festen Asphalt unter den Füßen. Wir spazieren geradewegs durch **Ambach** 08 hindurch.

Über die Waldstraße verlassen wir den Ort wieder und schlendern bis zum nächsten querenden Feldweg. Wir folgen ihm nach rechts, kurz darauf biegen wir wieder links ab und wandern nun stets geradeaus zum Ortsrand von Ehekirchen. Dort biegen wir links ab und gehen in wenigen Minuten zum Parkplatz zurück.

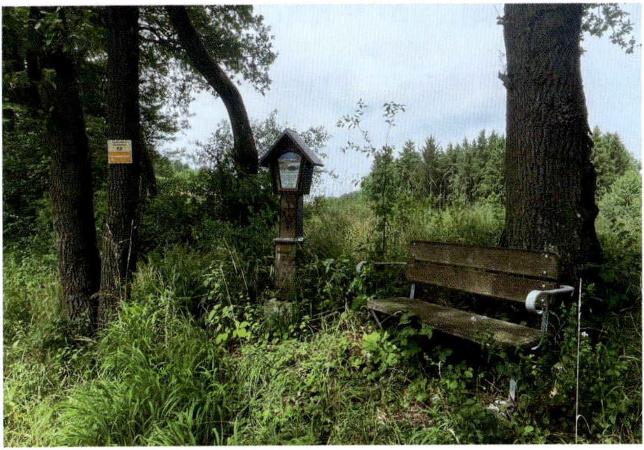

Wunderschöner Rastplatz

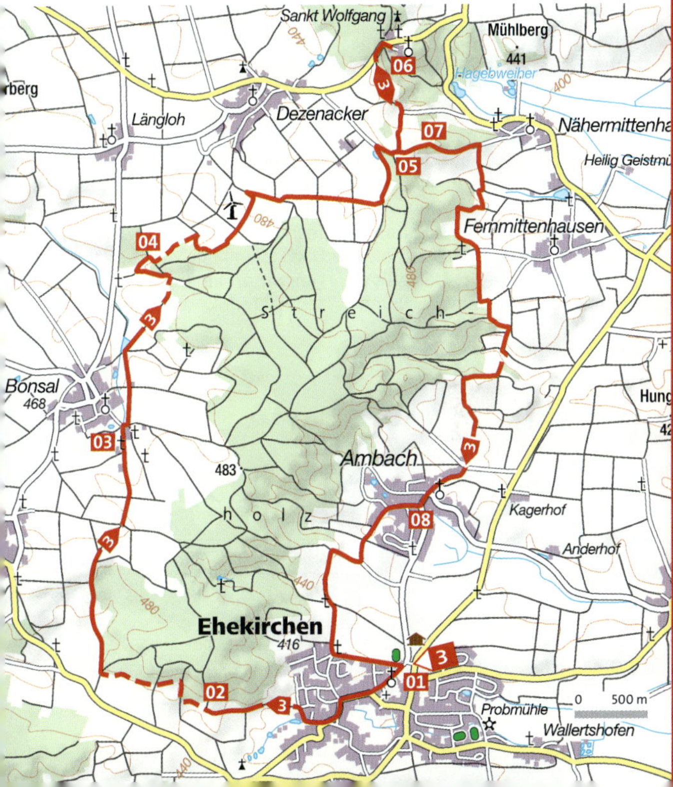

VON SCHAINBACH NACH SCHORN

Über den Gumppenberg zu einem Schlösschen

11,8 km 3:15 h 190 hm 189 hm

START | Parkplatz am Schützenheim in Schainbach. Über die St 2035 von Pöttmes kommend nach Schainbach abfahren und bis zum Ende der Schützenstraße.
[GPS: UTM Zone 32 x: 654809 m y: 5386649 m]
CHARAKTER | Einfache, breite Wald- und Wiesenwege. Zum Teil auch asphaltierte Abschnitte. Am Gumppenberg ist ein wenig Orientierung nötig.

Die heutige Runde führt uns über Wiesen, Felder und die herrlichen Wälder von Schorn auf den Gumppenberg. Im 13. Jahrhundert stand hier eine mittelalterliche Burg, die 400 Jahre später jedoch nach und nach verfiel. Ignaz Franz Freiherr von Gumppenberg ließ auf ihren Fundamenten ein barockes Schloss errichten. Leider wurde die Anlage bereits nach zwanzig Jahren im Spanischen Erbfolgekrieg zerstört. Die Freiherren von Gumppenberg ließen die Ruinen abtragen und zum Teil in ihrem neuen Herrschaftssitz in Pöttmes verbauen. Von der einstigen Pracht ist zwar nichts mehr zu sehen, dennoch erfreuen wir uns über ein herrliches Fleckchen Erde.

Wir starten am Parkplatz beim **Schützenheim** 01 in Schainbach. Unbeschildert folgen wir dem Teersträßlein aus dem Ort hinaus. Nach wenigen Minuten schwenken wir an einem hübschen Marterl nach links auf einen Feldweg

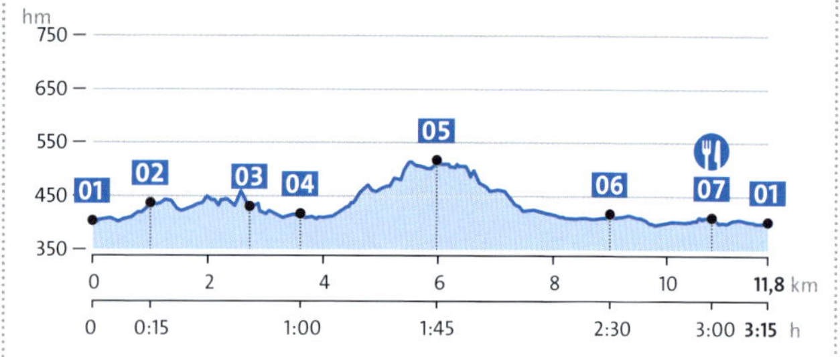

01 Schützenheim, 400 m; 02 St2035, 435 m; 03 Reichbichl, 426 m; 04 Aumühle, 409 m; 05 Gumppenberg, 512 m; 06 Schorn, 407 m; 07 Daferner, 408 m;

ein und folgen ihm ein paar hundert Meter bis zur **St 2035** 02. Vorsicht beim Queren der Straße! Auf der anderen Seite geht's über einen grasbewachsenen Feldweg weiter geradeaus, nochmal an einem unscheinbaren Holzkreuz vorbei und ca. 300 Meter am Feld entlang. Dann schwenken wir nach links, erst über einen Grasweg und kurz darauf etwas steiler auf einem Feldweg an einigen Laubbäumen und einem Bienenstand vorbei hinab zu einem asphaltierten Weg. Wir folgen ihm nach rechts.

An seinem Ende stoßen wir auf einen Schotterweg, dem wir nach links sanft abwärts folgen, zwischen Feldern und Wald hindurch. Jetzt befinden wir uns auch wieder auf dem Ehekirchener Wanderweg „Lorenzi-Do-

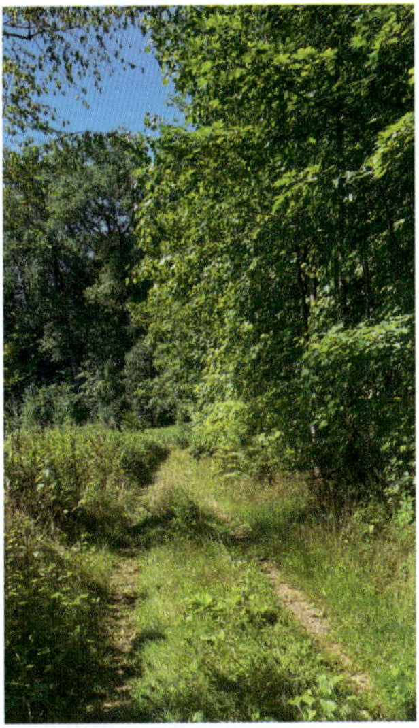

Ein unscheinbarer Weg vom Gumppenberg hinab

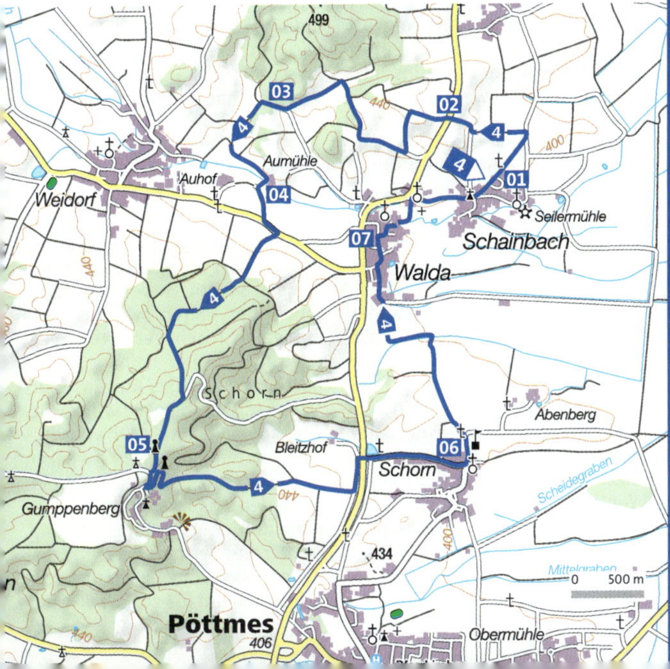

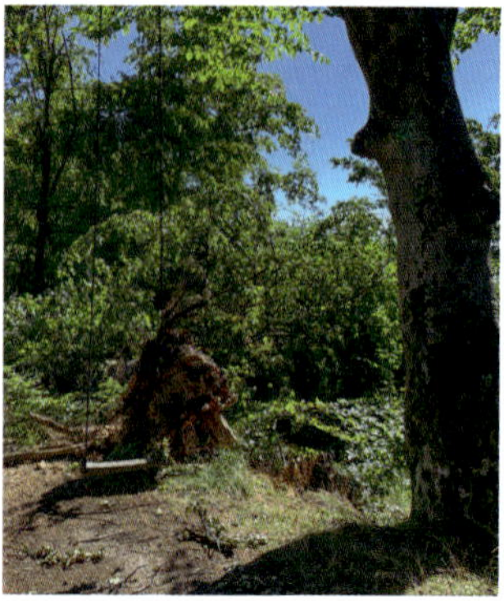

Verträumte Schaukel auf dem Gumppenberg

naumoos". Die Route mündet schließlich in einen Teerweg. Hier erwartet uns ein Infoschild über den Burgstall auf dem **Richbichl** 03. Wir wenden uns nach rechts und wandern hinab bis an eine Gabelung mit einem Hochsitz. Links herum führt der Weg am Waldrand entlang. Nach zweihundert Metern halten wir uns links auf einen Wiesenweg, der uns an einem halb verfallenen, eisernen Hochstand und einem mehrstämmigen Baum vorbeileitet. Er führt schließlich zum Weiler **Aumühle** 04. Ein Teerweg bringt uns das letzte Stück zur Straße, der wir 150 Meter nach links folgen.

Dann schicken uns die Wanderschilder rechts auf einen schmalen Teerweg, der schließlich in einen Waldweg übergeht und uns sanft bergan durch den kühlen Wald bringt. An der nächsten großen Gabelung halten wir uns links, um weiter aufzusteigen. Wenig später geht's an einer weiteren Gabelung wieder links, noch immer bergan. Schließlich stoßen wir auf einen Querweg, dem wir nach rechts folgen. Er leitet uns auf einem sehr schönen Waldweg, bald an einer verträumten Holzschaukel und einem Gedenkstein vorbei und allmählich aus dem Wald hinaus zur Weggabelung am **Gumppenberg** 05.

Wir wandern auf dem breiten Schotterweg links hinab, jedoch nur ein paar Meter. An der nächsten Kreuzung biegen wir links ab. Ein paar Schritte folgen wir der Auffahrt zu einem Haus, dann schwenken wir gleich nochmal nach links und folgen einem unscheinbaren, mit hohem Gras bewachsenen Weg in den lichten Laubwald hinein. Er entwickelt sich zu einem schmalen, teils verwachsenen Waldweg, der uns über einige Serpentinen hinableitet. Unten angekommen führt die Route nochmals um eine Linkskehre, dann wandern wir auf geschottertem Waldweg geradeaus. Zwanzig Minuten folgen wir dem Weg, dann stehen wir an der St 2035. Wir folgen einem Teerweg nach links, parallel zur Staatsstraße. Kurz darauf queren wir sie und wandern am Schorner Weiher vorbei ins Örtchen **Schorn** 06 hinein.

Am Ende der Straße, gegenüber von St. Magnus, geht's links am Schloss Schorn vorbei zum Ortsrand. Hier halten wir uns links auf einen frisch geteerten Weg, der uns in einer halben Stunde nach Walda bringt. Am Gasthaus **Daferner** 07 biegen wir rechts ein, folgen dem Mühlweg bis zum letzten Hof und schwenken noch vor dem Gebäude auf einen schmalen, asphaltierten Durchgang an der Hausmauer entlang. An der Straße geht's nach rechts wieder nach Schainbach und zum **Schützenheim** 01 zurück.

VON PÖTTMES AUF DEN GUMPPENBERG

Waldwanderung zum Burgstall der Freiherren von Gumppenberg

10,8 km | 3:00 h | 220 hm | 220 hm

START | Pöttmes. Über die St 2035 nach Pöttmes. Parkplätze befinden sich am Marktplatz. Buslinie 10 von Neuburg a.d. Donau. [GPS: UTM Zone 32 x: 653965 m y: 5383063 m]
CHARAKTER | Fast ausschließlich breite Schotter- und Waldwege. Der letzte Waldabstieg ist ein wenig steil. Keine Markierung, aber gut zu finden.

Direkt an den Ausläufern des Donaumooses bietet sich die hübsche kleine Marktgemeinde Pöttmes als hervorragender Ausgangspunkt für eine Wanderung an. Die kleine „Besteigung" des Gumppenberg ist nicht der einzige Höhepunkt dieser Tour. Schon in Pöttmes selbst begeistert uns das Schloss Gumppenberg. Der denkmalgeschützte Bau war einst Hofmarkschloss und Herrensitz der Hofmark Pöttmes, die über ein Blutgericht verfügte. Der Gumppenberg selbst war einst aussichtsreicher Standort der mittelalterlichen Burg des Adelsgeschlechtes. Südlich davon streifen wir auf dem Rückweg den Wagesenberg – Bodenfunde zeugen hier schon von einer Nutzung als Siedlungsplatz während der Bronze- und Hallstattzeit. Ein paar der Wälle sind noch gut erkennbar.

▶ Wir starten am **Marktplatz** 01 in Pöttmes, das idyllisch eingebet-

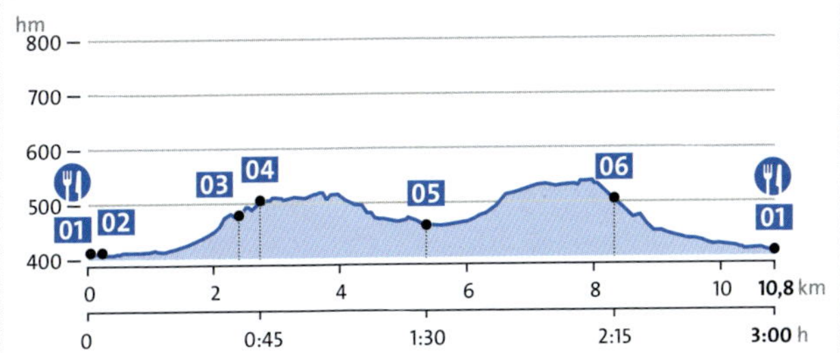

01 Marktplatz, 409 m; 02 Schloss Gumppenberg, 409 m; 03 Brunnen, 486 m; 04 Kapelle St. Georg und Martin, 497 m; 05 Kühnhausen, 477 m; 06 Ochsenkreuz, 549 m;

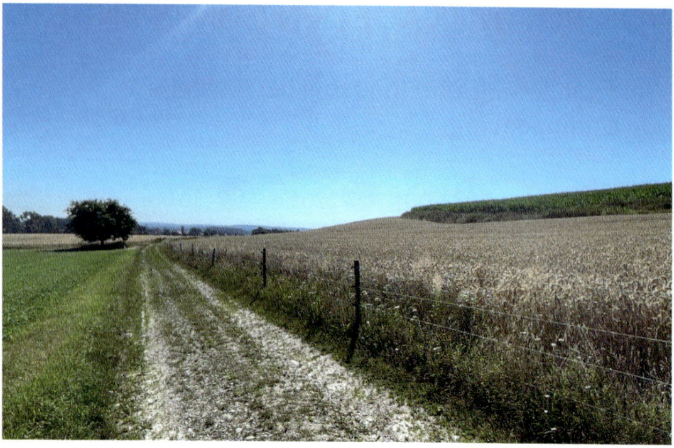

Hinaus auf die Felder

tet zwischen der Aindlinger Terrassentreppe im Westen sowie dem Donau-Isar-Hügelland und dem Altbayerischen Donaumoos im Osten liegt. Wir schlendern über den Marktplatz nach Osten, am Rathaus, **Schloss Gumppenberg** **02** und der Kirche vorbei und durchs Stadttor hindurch. Direkt danach biegen wir links ab, über den Parkplatz und den Partnerschaftsplatz zur Marktstraße und der Kirche St. Peter und Paul. Nach der Kirche folgen wir dem Straßenverlauf nach rechts, vor bis zur Hauptstraße.

Hier wenden wir uns nach links und begleiten sie einige Minuten, bis sie eine Linkskurve zeichnet. Wir halten uns jedoch weiter geradeaus auf eine kleinere Straße, die uns weiter Richtung Nordwesten

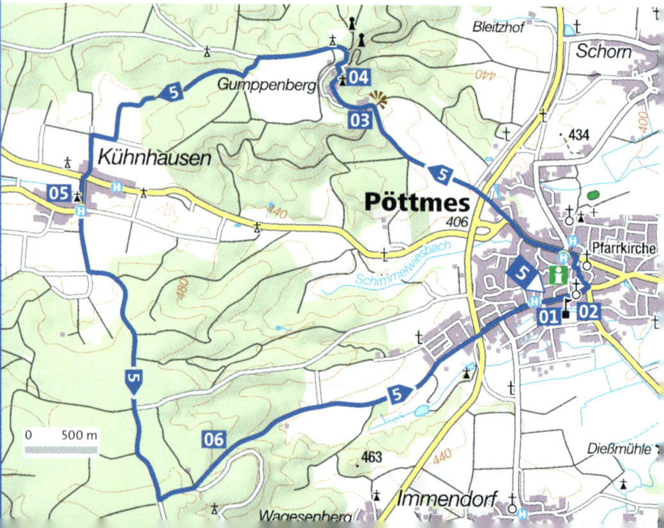

nun recht schnell aus Pöttmes hinausführt. Der Weg steigt allmählich an. An einer Kreuzung folgen wir der Route weiter geradeaus bis zum Waldrand. Hier biegt der Weg um eine Linkskurve, hinter der uns ein einsames Haus und ein schöner **Brunnen** 03 erwarten. Es geht weiter hinauf, dem breiten Schotterweg folgend an einem Weiher mit vielen Seerosen vorbei. Nur ein paar Minuten später stehen wir an den Treppen, die zur **Kapelle St. Georg und Martin** 04 hinaufführen.

Nach einem Besuch des kleinen Gotteshauses erklimmen wir schließlich die letzten Meter des Gumppenberges. Wir folgen dem breiten Weg um eine Linksbiegung und dann einen halben Kilometer zwischen Wiese und Waldrand entlang, bis wir zu unserer Linken auf eine Abzweigung treffen. Hier wandern wir kurz hinab, dann halten wir uns an der Weggabelung rechts. Ein herrlicher Waldweg leitet uns nun eine viertel Stunde durch den lichten Wald. Am Querweg biegen wir rechts ab, schwenken bei der nächsten Möglichkeit jedoch schon wieder links und schlendern, an der Freiwilligen Feuerwehr vorbei, nach **Kühnhausen** 05 hinein.

Wir folgen der St 2045 geradeaus, verlassen sie jedoch schon an der nächsten Rechtsbiegung. Ein Teerweg leitet uns schnurgeradeaus auf die Felder und Wiesen hinaus. Nach 500 Metern biegen wir an einer Kreuzung links ab und folgen dem Schotterweg bald am Waldrand entlang und dann durch den kühlen Wald. In regelmäßigen Abständen gehen zu unserer Linken Wege ab, die wir jedoch ignorieren, bis wir an eine Kreuzung

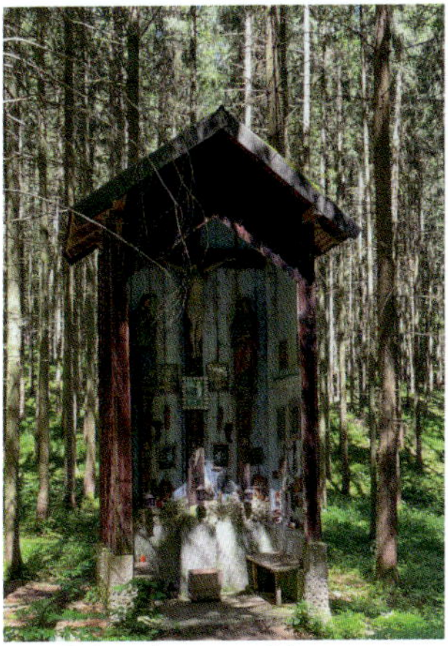

Das Ochsenkreuz auf dem Ochsenkreuzweg

mit ein paar Radschildern gelangen. Wir biegen links ab Richtung Pöttmes und gelangen nur wenige Minuten später an eine Weggabelung. Wir befinden uns nun direkt unterhalb des Burgstalles Wagensberg. Wer möchte, kann hier rechts den Weg ein wenig aufsteigen, um sich einen besseren Überblick über die noch vorhandenen Wälle zu verschaffen. Für uns geht es hier aber generell geradeaus weiter, hinab auf dem Ochsenkreuzweg. Er trägt diesen Namen nicht umsonst: Schon ein paar hundert Meter später stehen wir am **Ochsenkreuz** 06. Wir verweilen ein wenig an diesem besonderen Ort, dann wandern wir auf einem herrlichen Waldweg allmählich aus dem Wald hinaus. Wir bleiben nun stets auf dem Hauptweg, der uns in einer knappen halben Stunde an den Ortsrand von Pöttmes leitet. Die Augsburger Greppe leitet uns über die Staatsstraße zur Augsburger Straße, mit der wir zum **Marktplatz** 01 von Pöttmes zurückkehren.

VOM MANDLACHSEE NACH ST. OTHMAR

Waldrandwanderung zu einer kleinen Wallfahrtskirche

11 km | 3:00 h | 130 hm | 130 hm

START | Parkplatz am Mandlachsee. Von Handzell Richtung Ingstetten nach 500 Metern auf der rechten Seite.
[GPS: UTM Zone 32 x: 652775 m y: 5379960 m]
CHARAKTER | Zu Beginn und am Ende schmale, kaum befahrene, asphaltierte Sträßchen. Breite Schotterwege durch den Wald und über die Äcker. Die Wege am Waldrand sind oft eher angedeutet, aber gut zu begehen. Bademöglichkeit am Mandlachsee.

Die Einöde St. Othmar liegt auf einem Hügel südöstlich von Pöttmes. Leider rankt und wächst es um die kleine Wallfahrtskirche herum unerlässlich, sodass uns der Weitblick verwehrt bleibt. Neben dem Kirchlein gibt es noch ein Mesnerhaus, das sich jedoch in Privatbesitz befindet. Die Kirche selbst wurde im 15. Jahrhundert auf einem romanischen Vorgängerbau errichtet.

Wir starten am **Parkplatz Mandlachsee** 01 und spazieren zunächst die Straße entlang Richtung Ingstetten. Sie leitet uns an einem kleinen Graben entlang und nach einer Rechtskurve kurz hinauf. Noch bevor wir den Wald betreten, wenden wir uns nach links auf einen schönen **Feldweg** 02. Er leitet uns am Waldrand entlang, dann einen kurzen Abschnitt durch den Wald. Danach stehen wir an einer Kreuzung von Wald- und Feldwegen. Wir wandern geradeaus weiter, zwischen Wald und Acker entlang, bis

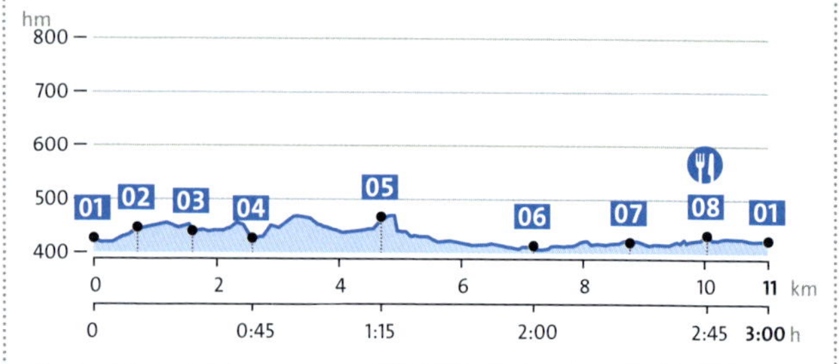

01 Parkplatz Mandlachsee, 426 m; 02 Feldweg, 438 m; 03 Verbotsschild, 445 m; 04 Scheune mit Solardach, 442 m; 05 St. Othmar, 471 m; 06 Maiermühle, 411 m; 07 Weiherbachtal, 418 m; 08 Jägerwirt Handzell, 430 m;

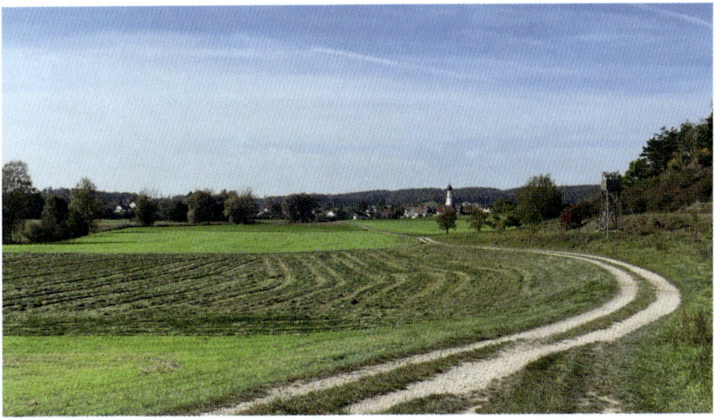

Durchs Weiherbachtal nach Handzell

wir auf einen grasbewachsenen Querweg treffen. Der Weg nach rechts in den Wald endet relativ schnell, so wenden wir uns nach links, an einem **Verbotsschild** 03 für Müllabladung vorbei und am Waldrand entlang bis zum Ende des Waldes. Hier folgen wir rechts einem Wiesenstreifen zwischen Waldsaum und Acker entlang. Nach ein paar Minuten wird der Weg fester. Zu unserer Rechten eröffnet sich nach dem Wald eine Lichtung, auf der junge Bäume heranwachsen. Sie sind durch einen Maschendrahtzaun geschützt. Am Ende des Zaunes leitet uns die Route um eine Linkskurve, nun auf einem festen Waldweg. Höchstens 50 Meter später stößt von rechts ein Forstweg zu uns. Wir bleiben auf dem Weg, ignorieren die folgenden Abzweigungen und treten schließlich aus dem Wald heraus. Vor uns sehen wir eine große **Scheune mit Solardach** 04.

Wir wenden uns nach rechts, am hölzernen, großen Kruzifix vorbei und wieder am Waldrand entlang. Der schöne breite Forstweg macht nach einigen Minuten eine Linksbiegung. Wir verlassen den schottrigen Weg und gehen hier geradewegs auf einem grasbewachsenen Weg in den Wald hinein. Zu unserer Linken steht ein hübsches Holzschild mit der Bitte, auf die Tiere des Waldes Rücksicht zu nehmen. So wandern wir ohne viel Lärm auf schönen, naturnahen Wegen durch die Waldschneise. Sie führt immerzu geradeaus durch den Wald, bis sich nach einer lichten Stelle mit einem Hochsitz der Waldweg vor uns gabelt: Wir halten uns links und folgen ihm allmählich aus dem jetzt immer lichter werdenden Wald hinaus bis an eine Straße. Wir queren sie schräg nach links und spazieren auf dem nächsten Schotterweg wieder auf den Wald zu.

Am Querweg wenden wir uns nach links, und wandern auf breitem Weg am Waldrand entlang erst hinab, dann wieder hinauf. Kurz nach einer Holzbank erwartet uns ein Infoschild des Wittelsbacher Landes. Hier folgen wir dem grasigen Weg ins Wäldchen hinauf. Gleich an der Gabelung halten wir uns rechts, erreichen kurz darauf ein Eisentor und schlüpfen rechts daran vorbei auf

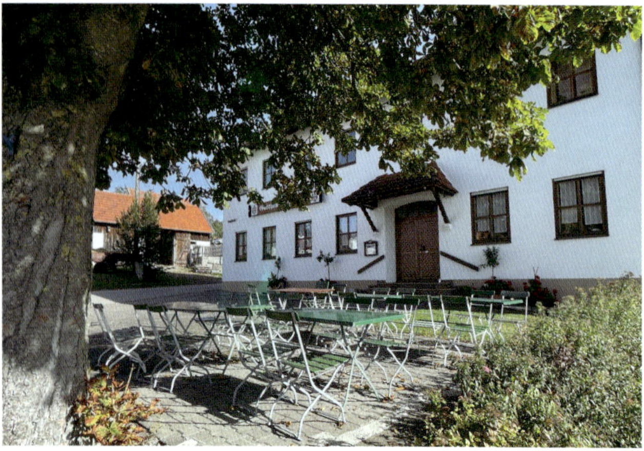

Gemütlicher Biergarten in Handzell

einen Pfad durch hohes Gras und an ein paar verstreuten Obstbäumen vorbei. Wir folgen ihm nur ein paar Meter, dann steigen wir wenige Meter auf einer schwach erkennbaren Wiesenspur empor. Schon erblicken wir ein paar Stufen, die uns die letzten Meter zur Wallfahrtskirche **St. Othmar** 05 hinaufführen.

Wenn wir Glück haben, ist das Kirchlein offen. Auf dem Zufahrtsweg wandern wir hinab. Der Weg führt in einem Linksbogen wieder aus dem Wald hinaus. An der breiten Schotterpiste biegen wir links ab und erreichen so wieder den Weg, den wir vor einer viertel Stunde verlassen haben. Wir biegen am schmäleren Schotterweg rechts ab und folgen ihm gute fünf Minuten, an ein paar Bienenkästen vorbei. An einer kleinen Eiche biegen wir links auf einen Feldweg ein und wandern bis zu einer Straße. Wir queren sie schräg nach rechts und entscheiden uns hier für den rechteren der beiden Wege. Er leitet uns in zehn Minuten an ein Sträßlein, dem wir nach links nach **Maiermühle** 06 folgen. Wir bleiben auf der Straße und spazieren weiter durch Immendorf hindurch. Nach dem letzten Gebäude auf der linken Seite folgen wir einem Schotterweg nach links. Er bringt uns schnell hinab ins **Weiherbachtal** 07. Wir schwenken nach rechts und wandern nun auf einem schönen Feldweg nach Handzell, stets die Kirche St. Maria Magdalena im Blick. An den ersten Häusern folgen wir einem asphaltierten Sträßchen bis zur Hauptstraße.

Hier biegen wir rechts ein und machen einen Abstecher zum **Gasthaus Jägerwirt** 08 – jetzt haben wir uns wahrlich eine Stärkung im kleinen aber feinen Biergarten verdient. Dann geht's wieder zurück und auf der Hauptstraße weiter. Kurz nach der Kirche halten wir uns geradeaus in die Badstraße, die uns in zehn Minuten zurück zum Parkplatz **Mandlachsee** 01 bringt.

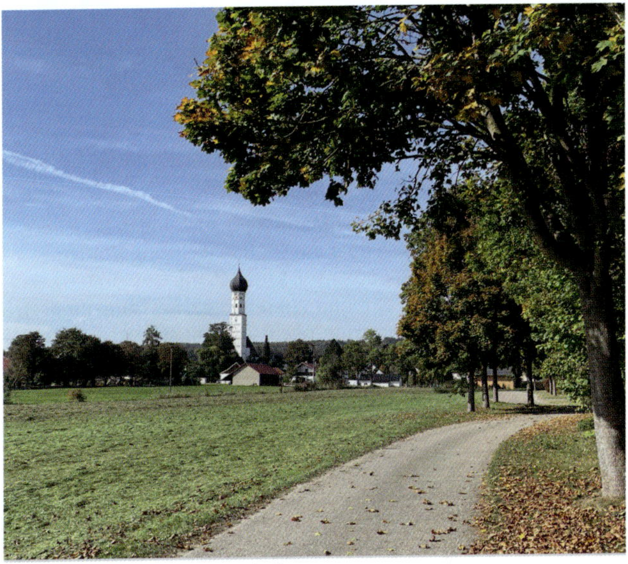

St. Maria Magdalena in Handzell

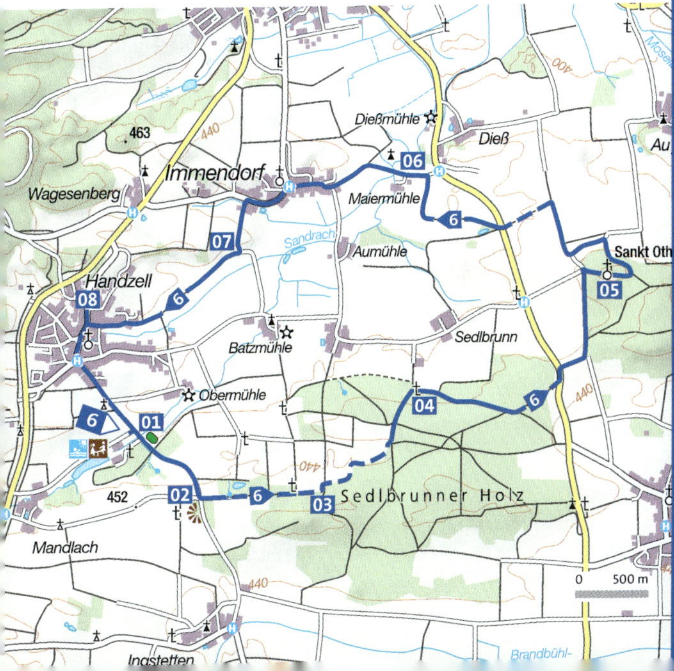

RUND UM BERG IM GAU

Durchs Donaumoos auf den Moosberg

12,4 km · 3:15 h · 60 hm · 60 hm

START | Parkplatz an der Kirche Mariä Heimsuchung in Berg im Gau. Von Schrobenhausen über die St 2046 Richtung Norden. [GPS: UTM Zone 32 x: 665608 m y: 5389445 m]
CHARAKTER | Einfache Feld- und Wiesenwege. Bei Langenmosen ein Stück Straße. Kaum Markierungen, auf teils schwer auszumachenden Wegen ist Orientierungssinn nötig!

Die Gemeinde Berg im Gau erhebt sich am südlichen Rand des Donaumooses auf einer kleinen Anhöhe. Rundherum erstreckt sich eine naturbelassene und sanft geschwungene Hügellandschaft. An schönen Tagen reicht der Blick sogar noch weiter, manchmal sogar bis nach Neuburg an der Donau. Teils an Entwässerungskanälen entlang erkunden wir diese besondere Moorlandschaft, die durch Wiesen, Äcker und Kanäle zerteilt wird. Ein besonderes Schmankerl ist der Moosberg, der eine schöne Rundumsicht ins Moos gewährt. An seinen Hängen finden wir einige herrliche Wiesenabschnitte. Hier sei an die besondere Achtsamkeit des Wanderers appelliert: Im hohen Gras des Langenmoos tummeln sich die Wiesenbrüter. Seltene Arten wie der Große Brachvogel oder der Wiesenpieper haben hier einen rar gewordenen Rückzugsort gefunden.

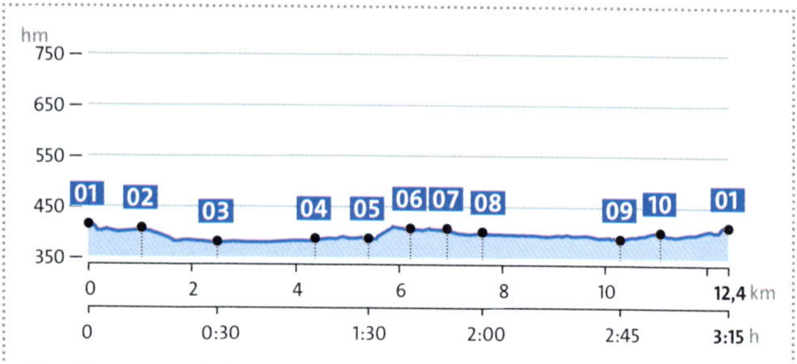

01 Berg im Gau, 405 m; 02 Marterl, 405 m; 03 Kanalmauer, 385 m; 04 Infotafel Wiesenbrüter, 388 m; 05 Bank, 392 m; 06 Moosberg, 416 m; 07 Scheune, 406 m; 08 Launer Graben, 398 m; 09 Weiher, 390 m; 10 Dirschhofen, 400 m;

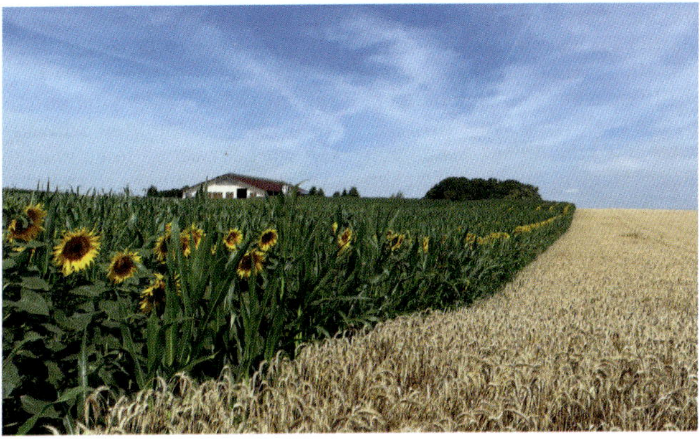

Hier reiht sich Acker an Acker

▶ Wir starten am Parkplatz der Kirche Mariä Heimsuchung in **Berg im Gau** 01. Wir folgen der Hauptstraße an der Kirche vorbei und biegen nach ca. 150 Metern links in den Kirchweg ab. Er bringt uns hinab zur Langenmooser Straße, der wir bis kurz vor Ortsende folgen. An einem schmalen Sträßlein biegen wir rechts ab. Der Weg führt ein paar Minuten auf einem Wiesensteifen an Feldern

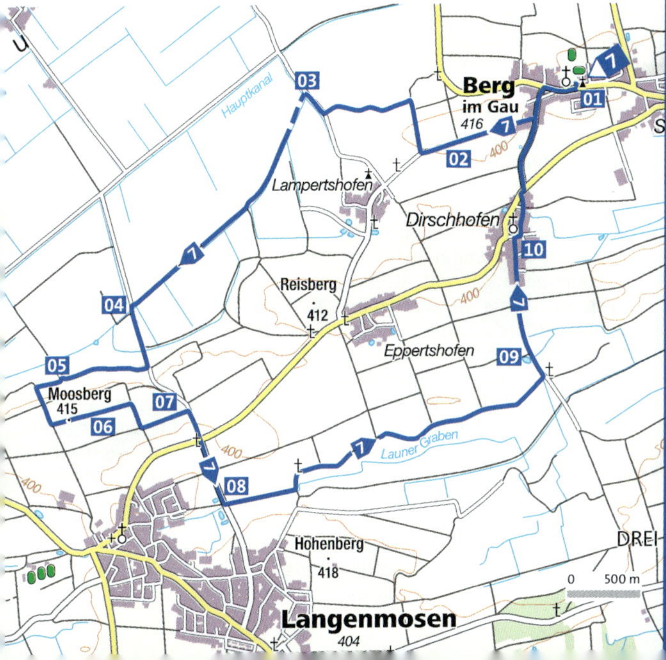

entlang. Den ersten Feldweg am **Martler** **02** nach rechts ignorieren wir, einige Minuten später erreichen wir einen unscheinbareren, zweiten Feld- und Wiesenweg. Er leitet uns kurz hinauf. Schon von dieser kleinen Anhöhe genießen wir herrliche Blicke rundherum ins Donaumoos. Dann geht's kurz wieder hinab. Unten wenden wir uns nach links: Es gibt hier zwei Wiesenwege, wir wählen den oberen. Er führt zwischen Feldern und an einer kleinen Baumflur entlang bis zu einer kaum befahrenen Straße. Sie bringt uns nach rechts in ein paar Minuten zu einer kleinen **Kanalmauer** **03**.

Hier schwenken wir nach links, auf einen gerade noch erkennbaren Wiesenweg. Wir folgen ihm nun ein paar Minuten geradeaus, an Birken und Weiden vorbei, die teils abgesägt wurden (das Resultat eines heftigen Sturmes im Sommer 2023). Schließlich treffen wir auf einen Schotterweg, dem wir geradeaus folgen. Er mündet eine viertel Stunde später in einen Querweg mit einer **Infotafel über Wiesenbrüter** **04**.

Wir wenden uns nach links und wandern recht bald auf einem asphaltierten Weg weiter. An einer Kreuzung nach ca. 250 Metern biegen wir rechts ab und gehen bis zum Ende der asphaltierten Strecke. Hier erwartet uns eine **Bank** **05** an einem einladenden Platz unter einem Baum. Dem angrenzenden Schotterweg folgen wir nach links. Er biegt sogleich um eine Rechtskurve und schwingt sich ein paar Minuten später nach links empor. An einem Baum mit einer Bank biegen wir erneut links ab auf einen Wiesenweg. Er führt uns mit tollen Ausblicken über den **Moosberg** **06** bis zu einem Querweg. Hier geht es rechts wieder sanft hinauf, zwischen Feldern hindurch. Nach wenigen Minuten schwenken wir bei zwei Bäumen wieder auf einen Wiesenweg nach links. Kurz darauf passieren wir eine **Scheune** **07** und treffen danach auf einen Teerweg, der uns rechts hinabführt. Dann queren wir die Straße. Wir folgen ihr an der Wiese entlang bis zum **Launer Graben** **08**.

Schräg gegenüber befindet sich ein Klärwerk. Ein breiter Schotterweg leitet uns am busch- und baumbewachsenen Graben entlang bis zu einem Querweg. Die Route führt links herum. Kurz darauf beschreibt der Weg eine Rechtskurve. Wir gehen nun stetig geradeaus und ignorieren alle Abzweigungen nach links. Wenn der Weg eine Linkskurve beschreibt, bleiben wir weiterhin geradeaus und folgen nun einem Wiesenweg leicht hinauf. Ein Wanderschild mit der Beschriftung „Launerweg" erleichtert uns hier die Orientierung. Wir wandern an Wiesen und Feldern entlang, bis wir nach ca. 20 Minuten auf den breiten Högenauer Weg treffen. Hier biegen wir links ab. Kurz darauf passieren wir zu unserer Linken einen **Weiher** **09** mit einer kleinen Sitzgelegenheit. Unser Weg leitet uns stetig geradeaus nach **Dirschhofen** **10**.

An der St. Laurentiuskirche geht's schräg nach rechts weiter nordwärts. Am Ortsende folgen wir einem Rad- und Fußweg neben der Landstraße geradewegs zurück nach Berg im **Gau** **01**. Die letzten zweihundert Meter geht es auf bekannter Route zurück zum Parkplatz an der Kirche.

DURCH DEN HAGENAUER FORST

Naturlehrpfad auf idyllischen Waldwegen

3,5 km 1:00 h 30 hm 30 hm

START | Parkplatz Naturlehrpfad. Von Schrobenhausen Richtung Sandizell, kurz nach Ortsende bei der Steinstele rechts in den Wald. [GPS: UTM Zone 32 x: 664699 m y: 5382459 m]
CHARAKTER | Kleiner aber äußerst informativer Waldspaziergang. Breite Forstwege, meist jedoch schmale Waldwege und -pfade. Gutes Schuhwerk Voraussetzung. Hervorragende Ausschilderung!

Der spannende Lehrpfad durch den Hagenauer Forst wurde bereits 1978 angelegt. 1986 wurde er, nachdem die Tafeln über die Jahre stark verwittert waren, komplett neu angelegt. In mühsamer Eigenarbeit wurden 42 Lehrtafeln aufgestellt, die über die verschiedenen Funktionen und Erscheinungen des Waldes informieren. Teils spazieren wir dabei auf unscheinbaren Wegen mitten durch den Wald. Verlaufen ist jedoch ausgeschlossen, der Pfad ist toujours mit einem grünen Richtungspfeil markiert. Ein kurzweiliges Unterfangen also für Groß und Klein.

▶ Wir starten am **Parkplatz Hagenauer Forst** 01 und folgen zunächst dem breiten Forstweg weiter in den Wald. Nach einem Begrüßungsschild geht's geradeaus über eine Kreuzung, dann gehen wir parallel zur Staatsstraße mit den ersten Infotafeln weiter, bis wir an einen Querweg gelangen. Leicht schräg nach links queren wir ihn zur nächsten Tafel, dann drehen wir nach rechts,

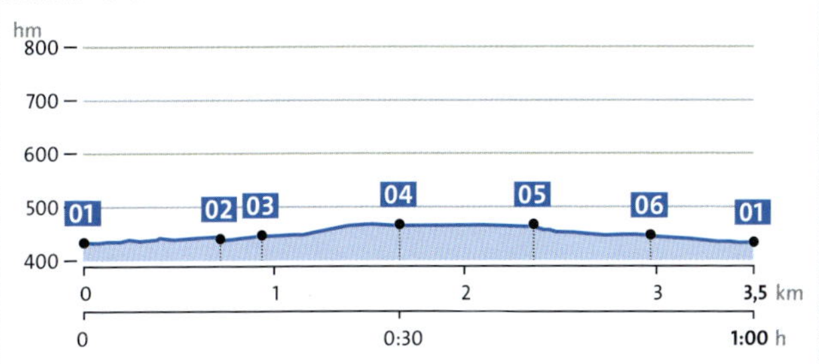

01 Parkplatz Hagenauer Forst, 440 m; 02 Info Roteiche, 431 m; 03 Exotengarten, 439 m; 04 Rechtskehre, 460 m; 05 Infoschild Buche, 458 m; 06 Fester Schotterweg, 445 m;

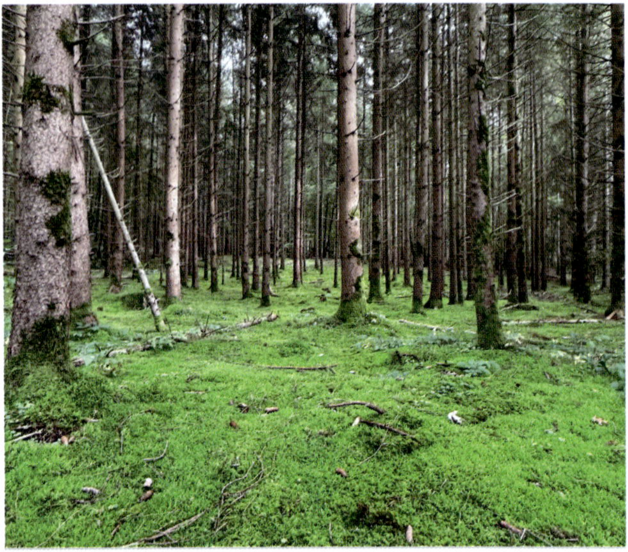

Herrliches, moosbewachsenes Waldstück

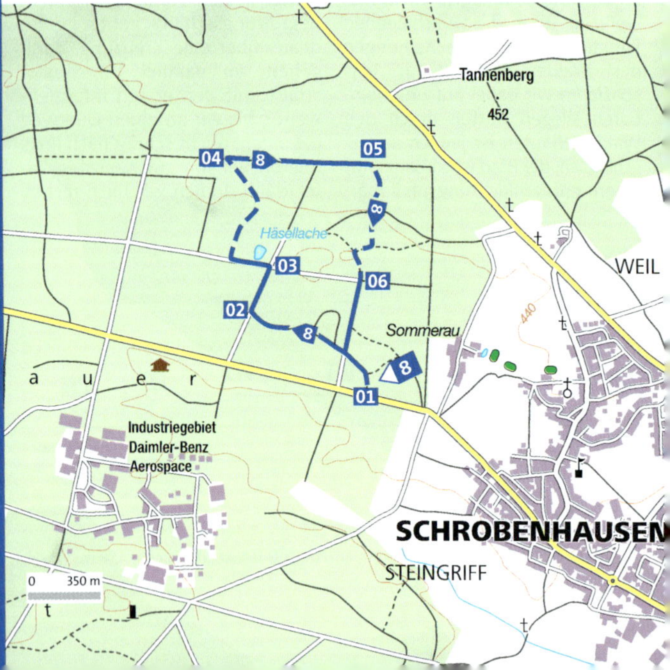

am neuen, großzügig gebauten Hochsitz vorbei, aber nicht ohne uns vorher **die Info zur Roteiche** 02 durchzulesen. Wieder auf dem schönen Forstweg erreichen wir rasch die nächste Kreuzung. Hier können wir an der Wildschweinbank kurz rasten, bevor wir der Route nach links folgen. Nur wenig später sehen wir rechter Hand das Infoschild zum **Exotengarten** 03.

Wir treten über einen schwach ausgeprägten Pfad in den Wald ein und wandern nun in einer Linksschleife an einem kleinen Feuchtbiotop mit Aussichtsbank vorbei und dann von Tafel zu Tafel, bis wir wieder auf den Forstweg hinaustreten. Keine 50 Meter später schickt uns die Wegmarkierung in Form eines grünen Holzpfeiles nach rechts auf einen schönen, weichen Waldweg. Wieder geht's an einem kleinen Feuchtgebiet vorbei, dann treffen wir auf eine schwach ausgeprägte Waldwegkreuzung. Wir wenden uns nach links und erreichen wenig später eine Gabelung. Auch hier sind die Wege nur schwach erkennbar. Das grüne Wegschild weist uns an, uns rechts zu halten. Kurz darauf biegt die Route um eine **180-Grad-Rechtskehre** 04.

An einem leicht bemoosten Grenzstein zu unserer Linken vorbei spazieren wir nun schnurgeradeaus durch den Wald. Nach den Schildern über Pilze und Waldbewohner queren wir geradewegs eine Waldkreuzung. Fünf Minuten später kommen wir zur **Infotafel Buche** 05.

Hier steht auch eine Rastbank. Wir schwenken nach rechts. Nur ein, zwei Minuten später biegen wir nochmals sanft nach rechts

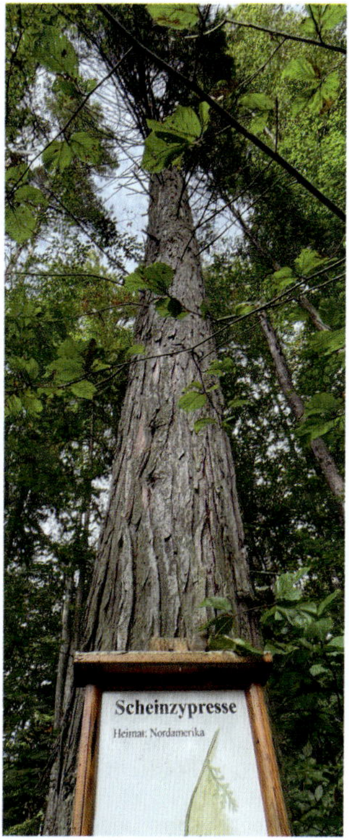

Die Scheinzypresse im Exotengarten

und queren im Folgenden einen Schotterweg. Der weiche Waldweg leitet uns am Infoschild „Gefährdung des Waldes“ rechts herum, an riesigen Farnen vorbei. Am Infoschild „Raubwild“ macht er eine Linkskurve und mündet nur wenige Minuten später in einen **festen Schotterweg** 06.

Begleitet von den letzten Informationstafeln folgen wir ihm hinab bis zur bekannten Kreuzung. Von hier aus geht's links herum in wenigen Minuten zurück zum Parkplatz Hagenauer **Forst** 01.

VOM HAUS IM MOOS NACH POBENHAUSEN

Durch eines der größten Moorgebiete Süddeutschlands

14,6km | 4:00 h | 60 hm | 60 hm

START | Parkplatz am Haus im Moos. Von Neuburg an der Donau über die St 2043 über Karlshud nach Kleinhohenried.
[GPS: UTM Zone 32 x: 672300 m y: 5393763 m]
CHARAKTER | Breite Feld- und Schotterwege. Zum Teil auch asphaltierte Wege und verkehrsberuhigte Straßen. So gut wie kein Schatten unterwegs, daher sollte Trinkwasser mitgenommen werden.

Im ersten Abschnitt der Rundtour ist heute tierisch was los: Die Umweltbildungsstätte Haus im Moos empfängt uns zunächst mit spannenden Geschichten rund ums Donaumoos und die Menschen, die hier mit der Natur lebten und arbeiteten. Nach dem sehr schön gestalteten Freilichtmuseum geht's an den Weiden von Heidschnucken, Bisons und Rindern vorbei, aber nicht ohne vorher aus nächster Nähe ein Storchennest in Augenschein zu nehmen. An diversen Kanälen entlang hangeln wir uns dann nach Probenhausen und hinauf zur Wallfahrtskirche Zur Schmerzhaften Mutter Gottes. Zurück geht's wieder durch die wundersame und einzigartige Landschaft des Donaumooses.

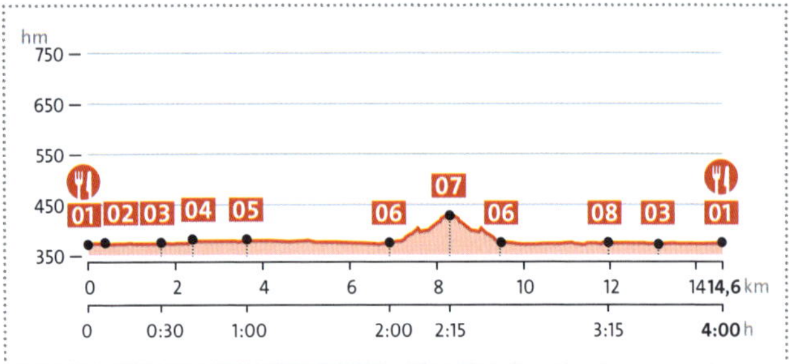

01 Haus im Moos, 374 m; 02 Moorschnuckenweide, 372 m; 03 Ochsenweide, 368 m; 04 Brücke, 374 m; 05 Pobenhausener Mühlbach, 378 m; 06 Pobenhausen, 376 m; 07 Wallfahrtskirche, 427 m; 08 Probfeld, 371 m;

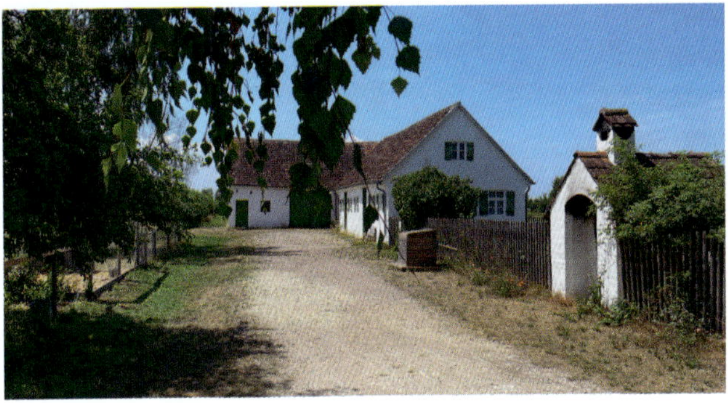

Freilichtmuseum beim Haus im Moos

▶ Los geht's am Parkplatz vom **Haus im Moos** 01 in Kleinhohenried. Wir gehen durchs Museum hindurch und betreten das Freilichtgelände. An den kleinen Weihern vorbei schlendern wir Richtung Südwesten auf einen breiten Schotterweg, der uns schnurgeradeaus nach Süden führt. Vorbei geht's am Freilichtmuseum und der **Moorschnuckenweide** 02. Danach schickt uns gegenüber des Wiesentgeheges ein Holzschild nach links zum Storchennest. Hier können wir aus nächster Nähe Meister Adebar beobachten – falls er denn zu Hause ist. Wir folgen dann wieder einem Schotterweg, bis er in einen Querweg mündet. Ein Schild schickt uns nach rechts zum Baumlehrpfad. Den nächsten Querweg kreuzen wir schräg nach

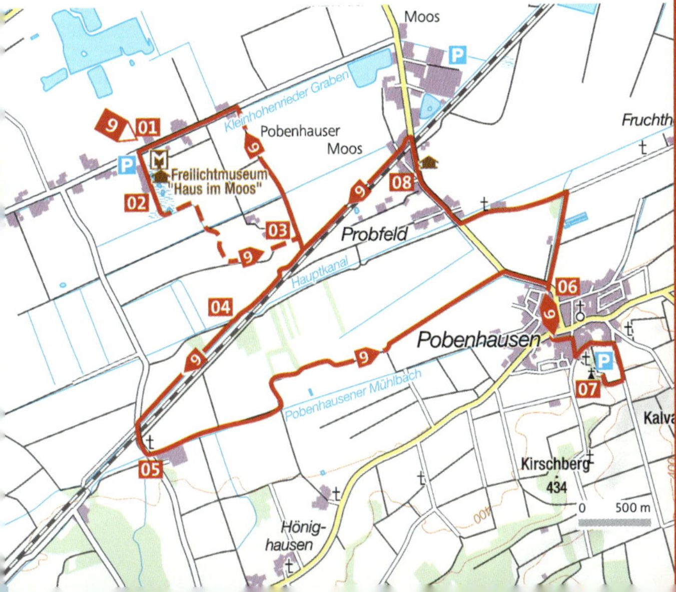

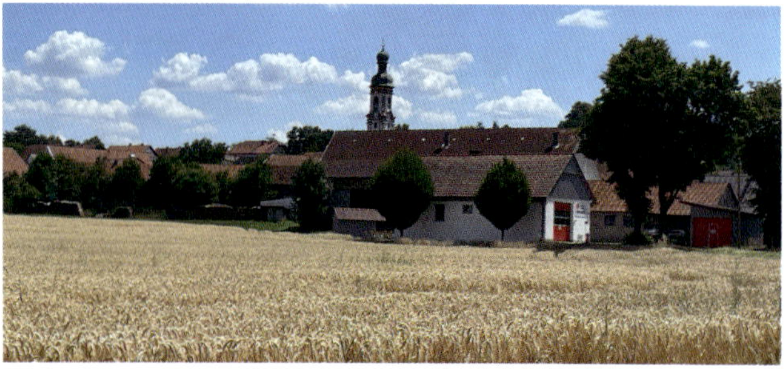

Blick auf Pobenhausen

links in ein Wäldchen hinein. Nach ein paar Minuten stoßen wir an einer Dreieckskreuzung auf einen weiteren Querweg. Wir folgen ihm nach links und erreichen nach ein paar hundert Metern die Gatter einer **Ochsenweide** 03. Hier biegen wir rechts ab. Kurz darauf wenden wir uns bei der nächsten Gelegenheit noch einmal nach rechts und wandern entlang der Bahngleise, die sich hinter Bäumen und Büschen verstecken. Immer wieder tauchen zu unserer Linken Infotafeln auf, die über das Leben im Donaumoos berichten. Nach ca. 500 Metern schickt uns das Wanderschild des Donau-Moos-Weges nach links, über eine **Brücke** 04 über den Kanal und durch ein kleines Wäldchen. Danach gehen wir geradeaus, am Hauptkanal entlang, bis wir auf ein Sträßlein treffen. Wir folgen ihm nach links, über den Kanal und über die Gleise. Vor den nächsten Häusern, an einem schönen Holzmarterl, schwenken wir links am **Pobenhausener Mühlbach** 05 entlang. Der Schotterweg führt uns eine gute Weile schnurgeradeaus. An seinem Ende schwenken wir nach links, gleich darauf geht's wieder rechts herum, weiter geradeaus, bis der Weg sich gabelt. Wir halten uns links und wandern bis zur Straße. Wir überqueren sie und nutzen den Rad- und Fußweg, um die letzten hundert Meter nach **Pobenhausen** 06 zu schlendern. Bei den ersten Häusern folgen wir der Straße Am Bachl nach rechts, gehen an einem Spielplatz vorbei und kurz darauf über die Schrobenhausener Straße in die Ledergasse. Sie bringt uns über die Bergstraße empor zur Kalvarienbergstraße, der wir nach links hinauf zur **Wallfahrtskirche** 07 folgen. Auf gleichem Weg geht's durch **Pobenhausen** 06 zurück zum Ortseingang.

Am Mühlbach biegen wir rechts ein und folgen dem Teerweg bis zu einer wenig befahrenen Straße. Sie führt uns links herum parallel zum Hauptkanal wieder zur Staatsstraße. Wir queren sie und schlendern auf dem Bürgersteig zum Örtchen **Probfeld** 08. Nach den Gleisen biegen wir links ab, passieren noch ein paar Häuser und wandern dann auf einem breiten Feldweg durchs Donaumoos zurück zu unserer bekannten Abzweigung an der **Ochsenweide** 03. Wir bleiben nun stets auf diesem Weg, der uns geradeaus bis zur Straße leitet. Die letzte viertel Stunde gehen wir an der Straße entlang zurück zum Haus im **Moos** 01.

VON DEIMHAUSEN NACH POBENHAUSEN

Durchs Glenkholz und den Hauser Grund auf den Kalvarienberg

11,1 km 3:00 h 160 hm 158 hm

START | Parkplatz beim Friedhof von Deimhausen. In Deimhausen von der Talstraße rechts auf den Kirchberg. 150 Meter nach Ortsende befindet sich der Parkplatz auf der rechten Seite.
[GPS: UTM Zone 32 x: 676972 m y: 5387976 m]
CHARAKTER | Einfache Waldwanderung, die insgesamt gut ausgeschildert ist.

Die Wallfahrtskirche auf dem Kalvarienberg in Pobenhausen ist der Schmerzhaften Mutter Gottes geweiht. Sie liegt auf einem stark abfallenden Höhenrücken am südlichen Rand der Donaumoosebene und bietet einen herrlichen Blick weit ins Ingolstädter Land. Zwar ist ihre Geschichte – verglichen mit anderen Wallfahrtsorten – mit ihren lediglich 300 Jahren noch relativ jung, dennoch zieht der über die Grenzen hinaus bekannte Berg jährlich viele tausend Pilger an. So machen auch wir uns heute auf den Weg, um dieses Kleinod, das so gar nicht einer Kirche ähnelt, zu entdecken.

Wir starten am **Parkplatz vom Friedhof in Deimhausen** 01 und nehmen den Feldweg schräg ge-

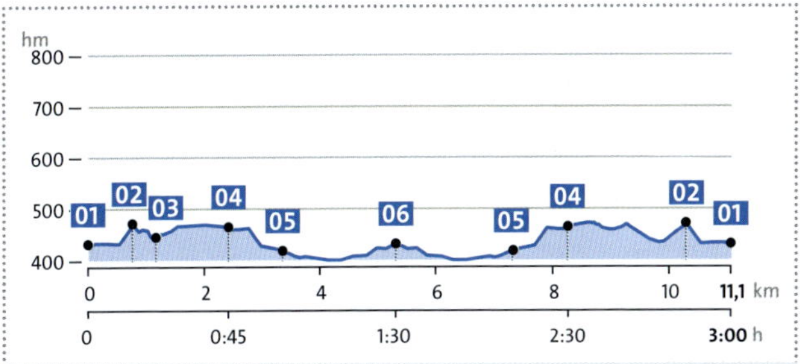

01 Parkplatz Friedhof Deimhausen, 426 m; 02 Marterl, 447 m; 03 Zieglerhof, 441 m; 04 Kalvarienbergweg, 464 m; 05 Wintersoln, 419 m; 06 Wallfahrtskirche Zur Schmerzhaften Mutter Gottes, 427 m; 08 Marterl, 447 m;

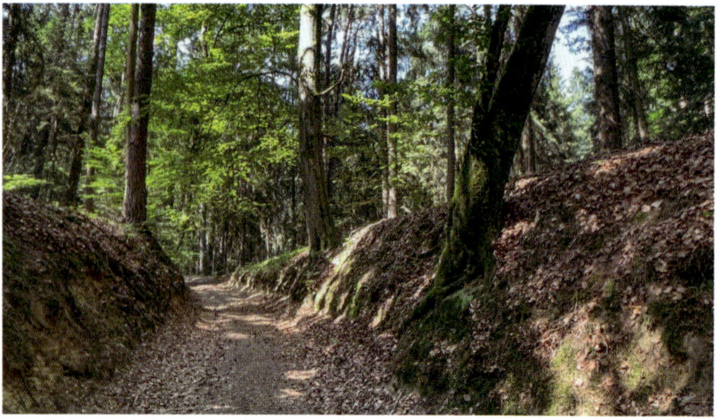

Herrlicher Hohlweg durch den Wald nach Probenhausen

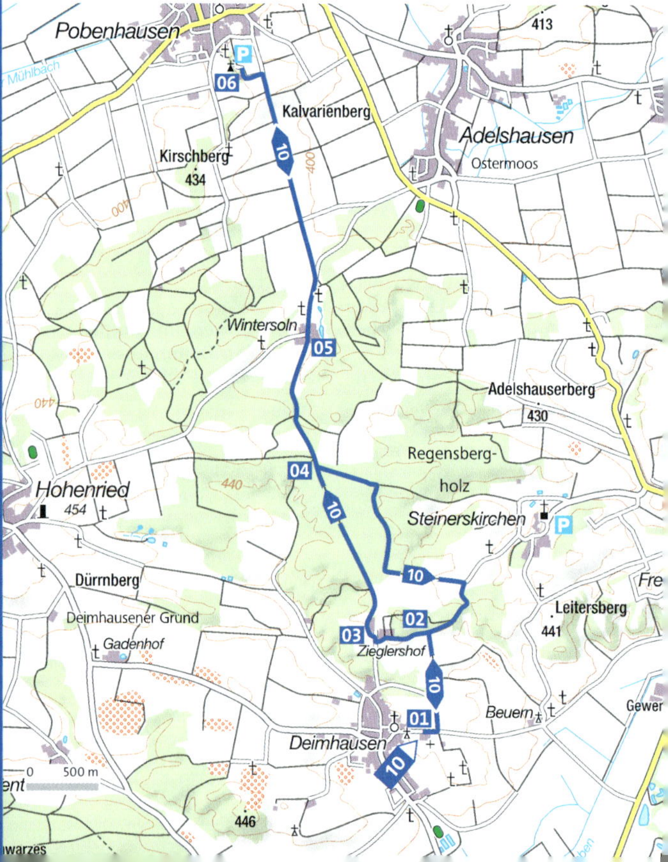

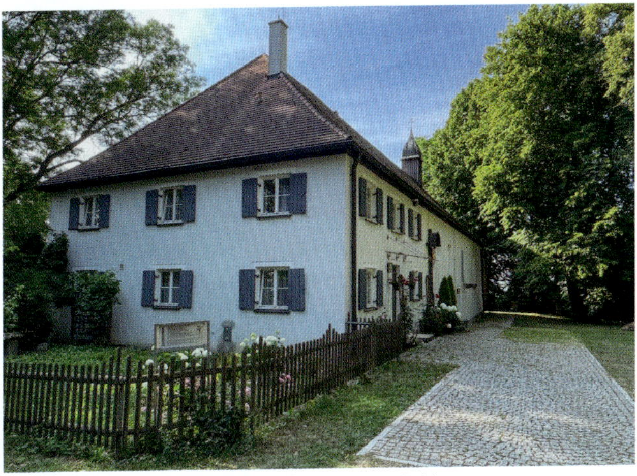

Wallfahrtskirche Zur Schmerzhaften Mutter Gottes

genüber des Parkplatzes Richtung Norden. Er leitet uns hinauf an den Waldrand, an dem ein hübscher Rastplatz mit Bank und **Marterl** 02 auf uns wartet. Nach links gewandt geht's weiter, immer am Waldrand entlang bis zum **Zieglerhof** 03.

An der Zufahrtsstraße zum Hof folgen wir einem Weg nach rechts, direkt auf den Hof zu. Nach ein paar Metern macht er einen sanften Schwenk nach links und leitet uns an den Gebäuden vorbei, ein Stück am Waldrand entlang und taucht bald über einen herrlichen Hohlweg ins Glenkholz ein. Wir wandern nun eine viertel Stunde stetig geradeaus, ignorieren alle Abzweige und stehen schließlich an einer großen Kreuzung mit einem Wegeschild, das uns hier auf den **Kalvarienbergweg** 04 schickt. So wandern wir weiter geradeaus. Kurz darauf öffnet sich der Wald zu unserer Linken. Nach einem weiteren, kleinen Waldstück treten wir vollends aus dem Schatten der Bäume heraus und wandern ein Stück auf sandigem Weg nach **Wintersoln** 05. Wenige hundert Meter nach Wintersoln zweigt ein Feldweg nach links ab. Er geht schnell in ein asphaltiertes Sträßlein über und leitet uns geradewegs hinauf zum Kalvarienberg und zur **Wallfahrtskirche Zur Schmerzhaften Mutter Gottes** 06. Auf demselben Weg geht's dann bis zum Abzweig **Kalvarienbergweg** 04.

Hier halten wir uns links, schwenken nach wenigen Minuten um eine Rechtskurve und folgen dem Weg dann stetig bis zum Waldrand. Hier links, kurz am Waldrand entlang und dann über die Felder, bis wir auf eine Weggabelung mit einem Wegweiser treffen. Geradeaus geht's zu den Friedensglocken. Wir halten uns rechts herum und treten gleich darauf wieder in den Wald ein. Der Weg bringt uns wieder zu unserem bekannten **Marterl** 02. Von hier aus geht's auf bekanntem Weg zurück zum **Parkplatz Friedhof Deimhausen** 01.

11

VON DEIMHAUSEN NACH STEINERSKIRCHEN

Aussichtsreich über die Höhen am Rande des Paartales

7,4 km 2:10 h 100 hm 100 hm

START | Parkplatz beim Friedhof von Deimhausen. In Deimhausen von der Talstraße rechts auf den Kirchberg. 150 Meter nach Ortsende rechts.
[GPS: UTM Zone 32 x: 676972 m y: 5387976 m]
CHARAKTER | Breite Feld- und Forstwege, manchmal sind die Wege auch asphaltiert. Anstieg auf den Geißberg an heißen Tagen recht anstrengend.

Die aussichtsreiche Wanderung führt uns vornehmlich an Feldern und Wiesen entlang nach Steinerskirchen. Der kleine Ort ist eine Urpfarrei des Bistums Augsburg und hat eine bis ins 8. Jahrhundert zurückreichende Geschichte. Als Ortsteil von Hohenwart besitzt er bis heute die kleinste Pfarrei der Diozöse Augsburg. Am Ortsrand befindet sich die Oase Steinerskirchen. Die Bildungsstätte wurde Anfang der 80er-Jahre vom Orden der Herz-Jesu-Missionare gegründet. Der Rückweg bringt uns ebenso aussichtsreich über die Hänge des Leitersberges und über den Geißberg.

Zunächst führt unser Weg über einen Feldweg, der schräg gegenüber vom **Parkplatz Friedhof Deimhausen** **01** nach Norden verläuft. Er bringt uns bis zum

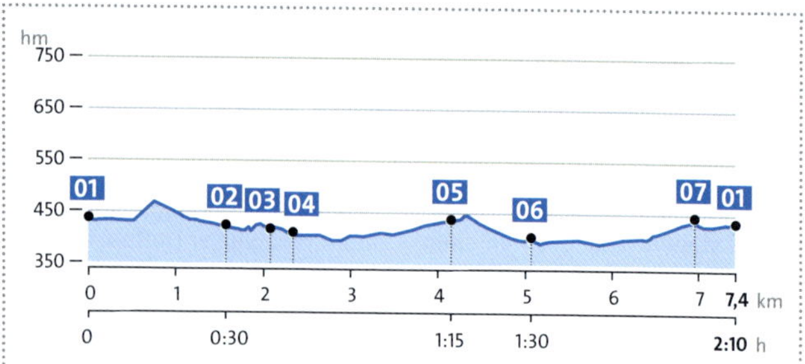

01 Parkplatz Friedhof Deimhausen, 430 m; **02** Friedensglocken, 426 m; **03** Steinerskirchen, 433 m; **04** Quelle, 412 m; **05** Marterl, 438 m; **06** Bildstock Beuren, 394 m; **07** Aussichtspunkt Geißberg, 436 m;

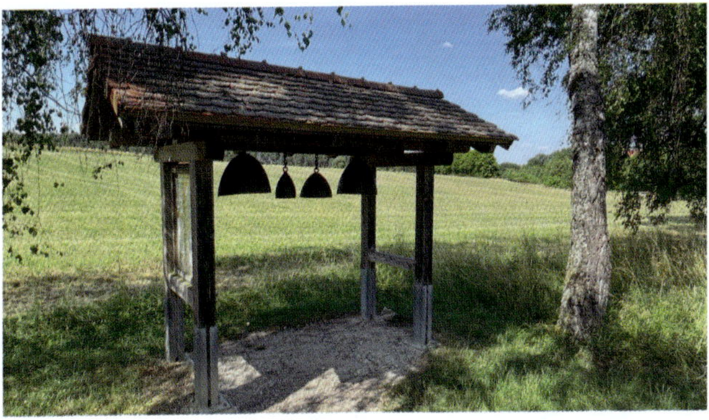

Friedensglocken bei Steinerskirchen

Waldrand mit einer Bank und einem Marterl. Hier wenden wir uns nach rechts und wandern erst am Waldrand entlang, dann ein Stück durch den Wald. Knapp 100 Meter nach Waldaustritt gelangen wir an eine Gabelung mit einer Infotafel und Wegschildern. Hier beginnt auch ein asphaltierter Weg, der uns an den **Friedensglocken** 02 mit kleiner Kapelle vorbeiführt. Die Glocken sind Kopfstücke von Fliegerbomben verschiedener Nationen aus dem 2. Weltkrieg. Ihre Glockenklänge sollen an den Frieden und auch die Hoffnung darauf erinnern. Wenig später erreichen wir **Steinerskirchen** 03.

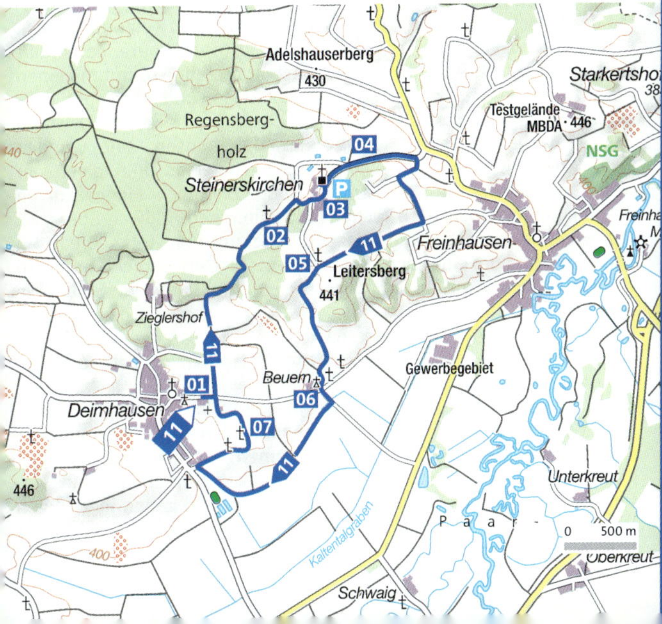

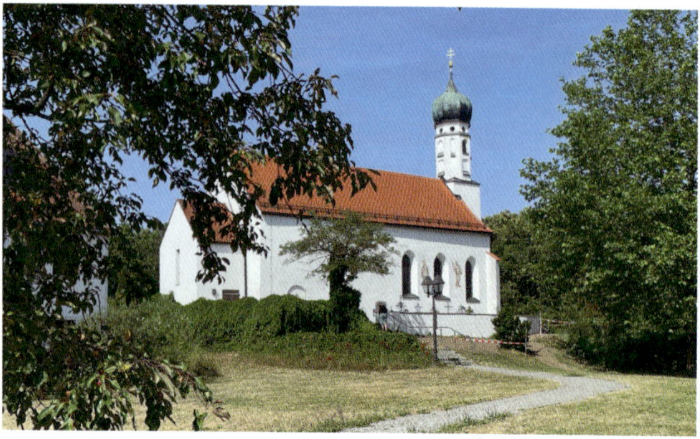

Wallfahrtskirche Steinershausen

Gleich neben der Bildungsstätte befindet sich die Kirche Mariä Verkündigung und Sankt Michael. Es lohnt sich, einen kurzen Blick in die hübsche kleine Kirche zu werfen. Wir verlassen Steinerskirchen über die Zufahrtsstraße. Am Straßenrand geht's hinab. Fünf Minuten später passieren wir ein Schild mit der Aufschrift **„Quelle"** 04.

Ein kurzer Abstecher rechts in den Wald führt uns zu einem erfrischenden Plätzchen, an dem wir uns an heißen Tagen ein wenig abkühlen können. Dann gehen wir weiter bis kurz vor die Staatsstraße. Wir nehmen den nach rechts abzweigenden, asphaltierten Weg und folgen ihm um eine Rechtskurve und danach links hinauf über einen kleinen Rücken mit fantastischer Aussicht. Auf der anderen Seite wenden wir uns unten wieder nach rechts und wandern nun eine knappe viertel Stunde bergan nach Westen. Unsere Route mündet in einen Querweg. Zu unserer Rechten steht ein hübsches **Marterl** 05 im Schatten der Bäume. Wir biegen links ab und folgen dem Weg eine viertel Stunde nach Beuren hinab, aber nicht ohne am Ortsrand einen Abstecher zum **Bildstock Beuren** 06 zu machen.

Dann geht's gegenüber von Beuren noch ein Stück das Sträßlein hinab, bis wir an der nächsten Möglichkeit rechts abbiegen. Wir folgen dem Hauptweg und ignorieren zwei Abzweigungen nach rechts. Unsere Route beschreibt nach ca. zehn Minuten einen Rechtsbogen und mündet schließlich in eine Straße am Ortsrand von Deimhausen. Wir wenden uns nach rechts und folgen der Straße, die nach einem kurzen Stück in einen Feldweg übergeht. Er leitet uns nun stetig bergan, an einem Marterl vorbei und dann um eine Linkskurve weiter hinauf. Noch nicht ganz auf dem „Gipfel" gelangen wir an einen herrlichen **Aussichtspunkt am Geißberg** 07.

Eine Bank lädt zu einer kurzen, genussvollen Rast ein. Dann erklimmen wir die letzten Meter, schwenken einmal links und wieder rechts und gehen in wenigen Minuten zurück zum **Parkplatz am Friedhof Deimhausen** 01.

VON HOHENWART NACH KLOSTERBERG

An der Paar zum ehemaligen Benediktinerinnenkloster

10,5 km | 2:50 h | 90 hm | 90 hm

START | Hohenwart. Parkplatz Kirchstraße Ecke Kirchenweg. Von Schrobenhausen über die B300 Richtung Reichertshofen. Bus 9513 von Schrobenhausen
[GPS: UTM Zone 32 x: 675404 m y: 5385086 m]
CHARAKTER | Ausschließlich breite, gut erkennbare Wald- und Flurwege. Vereinzelt auch asphaltierte Wege und verkehrsarme Straßen.

Heute lockt uns das ehemalige Benediktinerinnenkloster St. Georg zu einer Rundtour um Hohenwart. Dabei durchstreifen wir auf dem Hinweg die herrliche Flusslandschaft der Paar. Schon von weitem grüßt uns die erhöht liegende Klosteranlage mit ihrer imposanten Pfarrkirche. Sie ist eine der ersten großen Kirchen des Neubarock im Bistum Augsburg und wurde in den Jahren 1899 bis 1903 durch Joseph Anton Müller und Friedrich von Thiersch errichtet.

▶ Vom Parkplatz um die Ecke der Kirche **Mariä Verkündung Hohenwart** 01 in der Kirchenstraße halten wir nach einer Brücke Ausschau, die wir sogleich überqueren. Wir wandern durch ein kleines Wäldchen und halten uns am Schotterweg links. Wenig später schwenken wir an der Weggabelung nach rechts. Der breite, geschotterte Weg leitet uns nun herrlich an Wiesen vorbei und direkt ans Ufer der Paar. Nach zehn Minuten erspähen wir am Ende

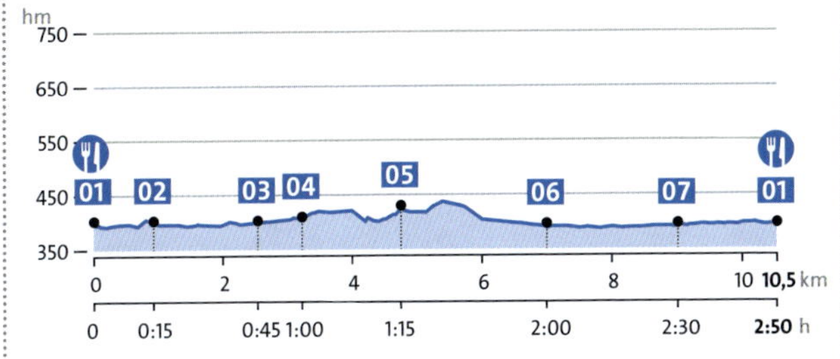

01 Mariä Verkündung Hohenwart, 396 m; 02 Brücke, 399 m; 03 Wangen, 398 m; 04 Kellerberg, 425 m; 05 St. Georg, 427 m; 06 Marterl mit Bank, 390 m; 07 Seerosenweiher, 392 m;

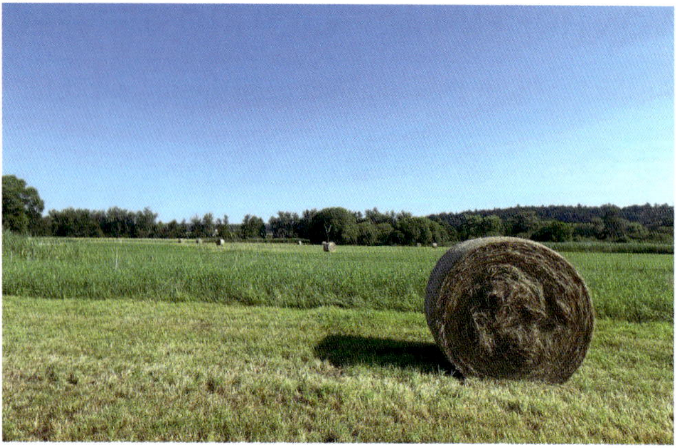

Die Mähzeit ist angebrochen

eines Linksbogens zu unserer Rechten eine **Brücke** 02 über die Paar. Wir bleiben jedoch unserem Weg treu und gehen noch einmal gut zehn Minuten den Schotterweg entlang, bis wir auf einen Querweg stoßen. Wir folgen ihm nach rechts, zuerst weiter an Wiesen, dann am Rand eines kleinen Wäldchens entlang. Bei den ersten Häusern queren wir die Paar und stehen kurz darauf in **Wangen** 03.

An der kleinen Kapelle biegen wir rechts ab, schwenken jedoch an der Oberfeldstraße schon wieder nach links. Am Ende des letzten Hauses halten wir uns rechts auf einen Feld- und Wiesenweg. Er führt uns an Feldern entlang, steigt nach und nach an und wird immer mehr von Gras überdeckt. An seiner höchsten Stelle haben wir den **Kellerberg** 04 bezwungen. Hier tauchen wir auch wieder in den Wald ein und stehen

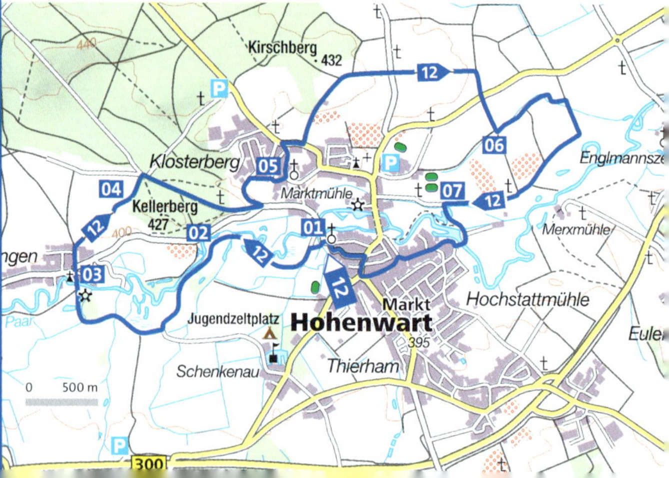

kurz darauf an einer Kreuzung. Wir folgen dem breiten Forstweg nach rechts. Zehn Minuten später verlassen wir den Wald und stoßen auf ein Sträßlein. Links herum bringt es uns auf einem Fuß- und Radweg zur Brunnenstraße. Wir folgen ihr nach rechts hinauf; nach den ersten Häusern steigen wir zu unserer Rechten ein paar Treppen weiter empor, direkt zur Klosterkirche **St. Georg** 05.

Vom Kirchplatz spazieren wir die Richildisstraße hinab, am Parkplatz vorbei und zur St 2043. Der Bürgersteig bringt uns nach rechts bis zur einer Straße, die in ein neu gebautes Wohngebiet führt. Hier queren wir die St 2043 und wenden uns gleich nach links auf ein schmales Sträßlein am Rande des Wohngebietes. Wir passieren einen Spielplatz und folgen der Route durch ein Wäldchen sanft hinauf. Oben wandern wir kurz auf der Höhe, mit tollen Blicken zurück auf Klosterberg und Hohenwart. Dann leitet uns der Weg hinab, über eine Straße und geradeaus auf einen Feldweg. Wir folgen ihm nach ein paar Minuten nach rechts, queren wenig später die Landstraße und wandern erst auf einem asphaltierten Weg, dann wieder über einen Feldweg weiter bis zu einer Kreuzung, an der ein **Marterl mit Bank** 06 steht.

Wir wenden uns nach links, nun durch herrliche und recht abwechslungsreiche naturnahe Landschaft aus Wiesen und Feldern. Die Route bewegt sich teils auf einem leicht angedeuteten, mit Gras überwachsenen Feldweg. Er bringt uns nach zehn Minuten wieder zu einem gut geschotterten Feldweg. Wenig später beschreibt er eine Rechtskurve und führt an weitläufigen Weiden mit Mutterkuhhaltung vorbei. Schließlich mündet er in einen asphaltierten Weg. Gegenüber vom Sportplatz biegen wir links auf einen breiten Pfad ein, der uns zwischen zwei **Seerosenweihern** 07 hindurchführt.

Dann streifen wir ein Wäldchen, passieren eine Brücke und halten uns danach rechts. Kurz darauf schwenken wir ein weiteres Mal nach rechts über eine Brücke. Nun stehen wir an den ersten Häusern von Hohenwart. Wir biegen nach rechts in die Straße ein und lassen uns von ihr geradeaus durchs Wohngebiet führen. In der Ortsmitte geht's an der Pfaffenhofener Straße nach rechts, vorbei an ein paar schönen Einkehrmöglichkeiten. Nur zweihundert Meter später biegen wir am Rathaus links ab und schlendern über den Marktplatz und die Kirchstraße zurück zur Kirche Mariä Verkündung in **Hohenwart** 01 und durchs Obere Tor zurück zum Parkplatz.

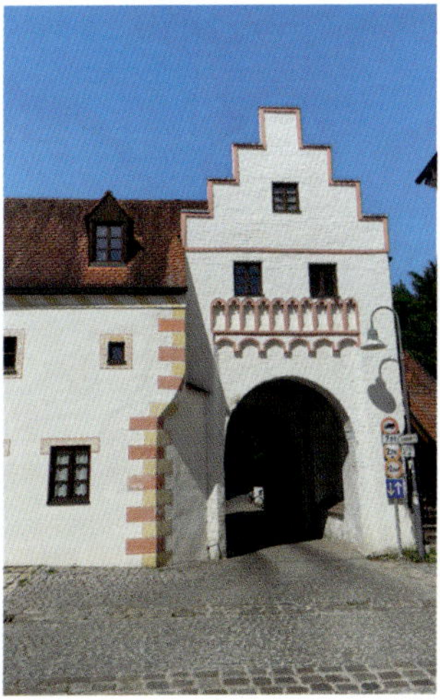

Oberes Tor in Hohenwart

HOHENWARTER WEG NACH HINTERKAIFECK

Mystische und geschichtsträchtige Waldwanderung bei Hohenwart

14,5 km 3:45 h 235 hm 235 hm

START | Parkplatz am SV Waidhofen. Von Waidhofen über die Landstraße Richtung Gröbern. Der Parkplatz befindet sich kurz nach dem Kreisverkehr auf der linken Seite.
[GPS: UTM Zone 32 x: 672379 m y: 5384458 m]
CHARAKTER | Vornehmlich breite Waldwege, zwischendurch kurze Abschnitte auf Feldwegen. Nach dem Schauermarterl ist auf einem längeren, unmarkierten Abschnitt Orientierungsvermögen gefragt.

Mordlustig ging es zu in den Wäldern zwischen Hohenwart und Waidhofen. Der bekannteste schauderhafte Ort, den wir heute besuchen, ist sicherlich der Einödhof Hinterkaifeck. Bereits mehrfach in Film und Literatur thematisiert, hat er es zu trauriger Bekanntheit gebracht. In der Tat läuft uns am Gedenkstein ein Schauer über den Rücken bei der Vorstellung an dieses schreckli-

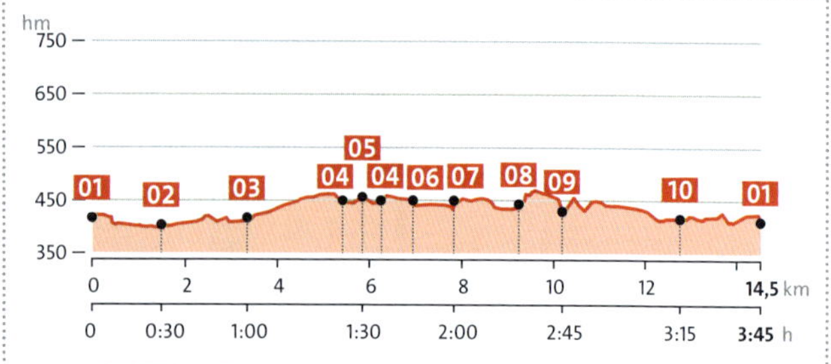

01 SV Waidhofen, 397 m; 02 Wangen, 398 m; 03 Hohenwarter Weg, 416 m; 04 Schaumermarterl, 454 m; 05 Eisernes Kreuz, 446 m; 06 Waldkreuzung, 447 m; 07 Landstraße, 444 m; 08 Baumstammbank, 439 m; 09 Sühnestein, 431 m; 10 Hinterkaifeck, 416 m;

che Verbrechen, das sich in jener Märznacht 1922 zugetragen hat. Aber auch im ersten Abschnitt der Wanderung, weiter östlich, streifen wir den einen oder anderen denkwürdigen Platz. Wie das Eiserne Kreuz, das an den jungen Xaver erinnert, der hinterrücks gemeuchelt und ausgeraubt wurde. Gurgelabschneider, wie der Name eines der Waldwege lautet, schien es hier also zu Hauf gegeben zu haben. Doch nicht nur gruselige Erinnerungen, sondern auch herrliche Waldwege begleiten uns durch's wunderschöne Holz des Schrobenhausener Landes.

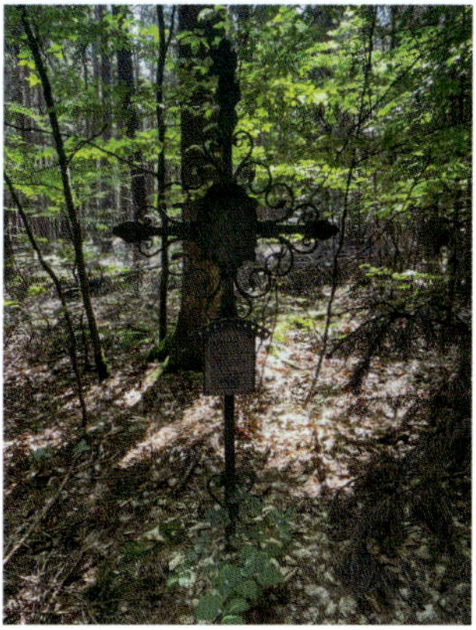
Das Eiserne Kreuz

▶ Wir starten unsere Wanderung am Parkplatz des **SV Waidhofen** 01. Sogleich queren wir die Straße auf Höhe des Vereinshauses und schlüpfen unmittelbar danach über einen schmalen Weg in den Wald hinein. Die Beschilderung des Oxenweges und des Paartalwanderweges erleichtern uns die Orientierung. Direkt nach Waldeintritt halten wir uns an der Weggabelung rechts. Kurz darauf treten wir wieder aus dem Wald heraus, passieren einen Sportplatz und treffen auf einen Schotterweg, dem wir nach links bis zur nächsten Gabelung folgen. Hier erwartet uns ein Infoschild über den Paartalwanderweg. Wir biegen rechts ab und wandern auf sandigem Feldweg bis zur nächsten Straße, die uns nach **Wangen** 02 hineinführt. Geradeaus geht's durch den Ort, an der kleinen Kapelle bei der Vorfahrtsstraße halten wir uns links und biegen gleich darauf nochmals links in die Oberfeldstraße ein. Sie leitet uns zum Ortsrand und dann geradeaus weiter über einen Feldweg. An seinem Ende biegen wir rechts ab, wandern an Spargelfeldern vorbei und treten schließlich wieder in den Wald ein. Gleich nach Waldeintritt biegen wir scharf links ab, an der nächsten Weggabelung halten wir uns rechts auf den **Hohenwarter Weg** 03.

Er leitet uns nun eine halbe Stunde schnurgeradeaus. An der Kreuzung mit dem **Schauermarterl** 04 biegen wir rechts ab, um dem nächsten Gedenkort einen Besuch abzustatten: Nach ca. 200 Metern erblicken wir zu unserer Rechten das **Eiserne Kreuz** 05. Auf gleichem Weg geht's bis zur Kreuzung mit dem **Schauermarterl** 04 zurück und ab hier weiter geradeaus, bald durch eine herrliche Hohlgasse sanft hinab. An ihrem Ende erreichen wir einen breiten Forstweg. Wir überqueren ihn noch, dann stehen wir auf einer **Waldkreuzung** 06 mit mehreren Wegen.

Wir wenden uns nach rechts, jedoch nicht auf den Schotterweg, sondern auf einen Waldweg direkt daneben. Er ist nicht markiert und leitet uns auf weichem Boden erst

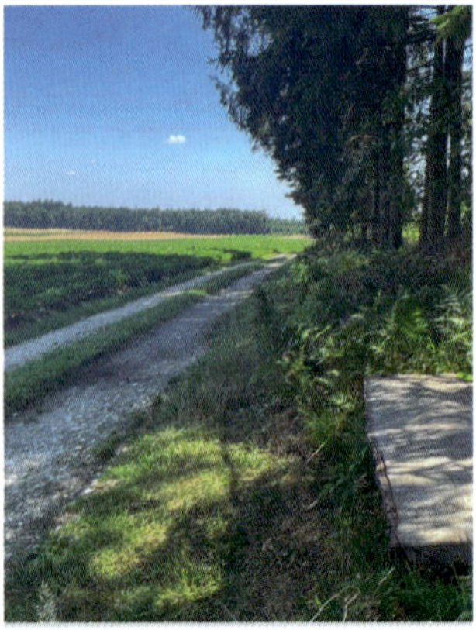

Eine einfache Bank an einem herrlichem Platz

durch den Wald. Nur wenige hundert Meter später führt er über einen herrlichen Waldwiesenweg am Waldrand entlang. Wir passieren einen Hochstand, dann geht's am Maisfeld vorbei. Das Gras wird immer höher, der Weg ist aber dennoch weiterhin gut zu erkennen. Schließlich erreichen wir eine **Landstraße** 07.

Wir queren sie – auf der anderen Seite steht ein hübsches Holzkreuz – und wandern auf einem schönen Weg am Waldrand entlang weiter. Wenig später treten wir wieder in den Wald ein. Jetzt aufgepasst: Wir bleiben stets auf dem Hauptweg und ignorieren alle Abzweige. Er leitet uns gute zehn Minuten durch den wunderschönen Wald. Schließlich stehen wir am Waldrand und einer großen Kreuzung. Wir halten uns geradeaus, erst an Feldern vorbei und dann wieder am Waldrand entlang. Hier stoßen wir auch auf eine hübsche **Baumstammbank** 08, die zu einer kurzen Verschnaufpause einlädt. Kurz danach biegen wir an einer T-Kreuzung links ab und wandern leicht bergan geradeaus durch den lichten Wald. An einer Gabelung mit einem Forstwegschild wird der Weg breiter und schottriger. Noch immer geradeaus leitet er uns jetzt wieder sanft abwärts. An einer Kreuzung mit einem Hochsitz biegen wir links ab – vorher besuchen wir jedoch einen alten **Sühnestein** 09. Es steht links ein paar Meter im Wald versteckt.

Dann schlendern wir am Waldrand entlang. An der folgenden Gabelung halten wir uns rechts, am Hochstand vorbei. Einige Minuten später gelangen wir erneut an eine Weggabelung; hier halten wir uns links auf einen unscheinbaren, grasbewachsenen Weg in den Wald. Allmählich geht er in einen Weg mit weichem Waldboden über. Schnell erreichen wir den Waldrand und wandern weiter an Spargelfeldern vorbei. Gut 250 Meter nachdem wir den Wald verlassen haben, stehen wir an einer großen Kreuzung. Nach links geht's direkt ins Örtchen Gröbern. Wir wählen jedoch den Weg nach rechts und stehen wenig später am Ort eines grausamen Verbrechens: **Hinterkaifeck** 10.

Hier knicken wir scharf links ab und folgen dem Weg um ein kleines Wäldchen – das Hexenholz – herum. An der nächsten Kreuzung leitet uns die Route nach links, weiter am Waldrand entlang und schließlich zu einer weiteren Wegkreuzung mit einer Rastbank. Wir halten die Richtung und gehen noch ein paar Minuten durch den Wald, dann erreichen wir die Straße. Nach rechts schlendern wir mit dem Fuß- und Radweg zurück zum **SV Waidhofen** 01.

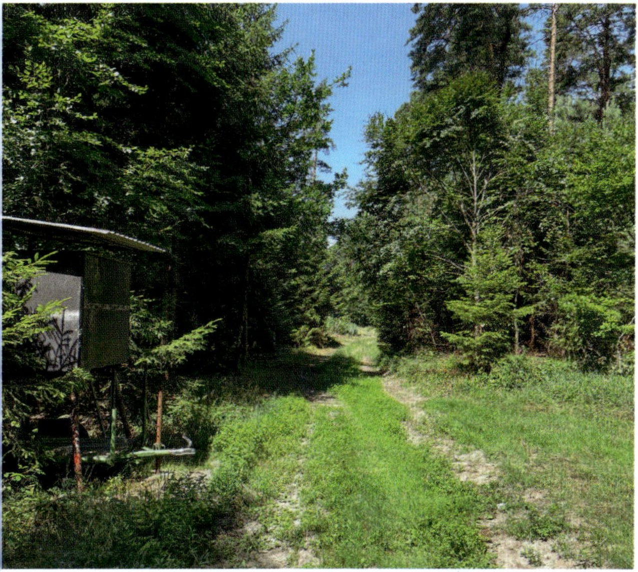

Verträumte, unmarkierte Wege am Waldsaum entlang

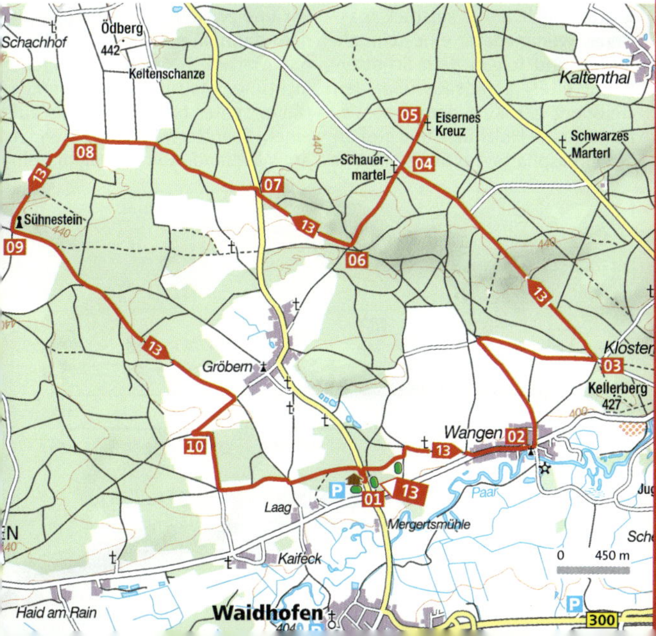

VON PÖRNBACH NACH WEICHENRIED

Hopfen- und Wadrunde ums Eulenrieder Holz

11,3 km | 3:00 h | 150 hm | 150 hm

START | Pörnbach. Parkplatz am Sportplatz.
[GPS: UTM Zone 32 x: 681747 m y: 5387751 m]
CHARAKTER | Wald- und Forstwege, teils auch schmale Straßen. Achtung auf die Wegführung im Eulenrieder Holz!

Wir beginnen die schöne Wanderung am **Sportplatz Pörnbach** 01. Über die Hochstraße geht's an der Kinderkrippe und Grundschule vorbei, dann schwenken wir gleich links über einen Schotterweg an der Sportanlage entlang. Die Route leitet uns hinab und um eine Rechtskurve, dann bis an einen Querweg. Hier halten wir uns rechts durch ein Waldstück, passieren wenig später eine schmale Straße und folgen dem Schotterweg weiter geradeaus über den **Geißberg** 02. Kurz darauf passieren wir eine Holzhütte und stoßen auf ein asphaltiertes Sträßlein. Wir halten uns rechts, ca. 150 Meter später biegen wir links auf einen Teerweg ein. An der Weggabelung kurz darauf halten wir uns rechts auf einen Schotterweg. Er führt uns sanft hinauf, an einem Graben entlang und über die Bundestraße hinüber. Dann spazieren wir am Rand der schmalen Straße entlang nach **Raitbach** 03. Im Ort halten wir uns zweimal rechts und wandern dann an einer schönen Bank mit Marterl aus dem Ort hinaus Richtung Maushof. Nur wenige Meter später biegen wir links auf einen Schotterweg ein. Er endet am Waldrand. Ab hier beginnt ein

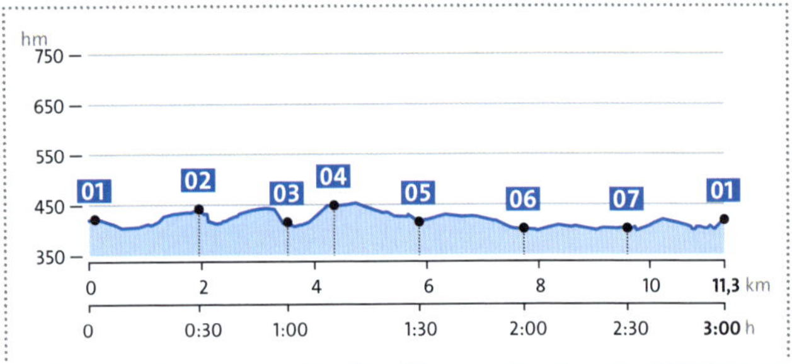

01 Sportplatz Pörnbach, 413 m; 02 Geißberg, 440 m; 03 Raitbach, 421 m; 04 Lichtung, 465 m; 05 Sandweg, 422 m; 06 Weichenried, 410 m; 07 Maushof, 406 m;

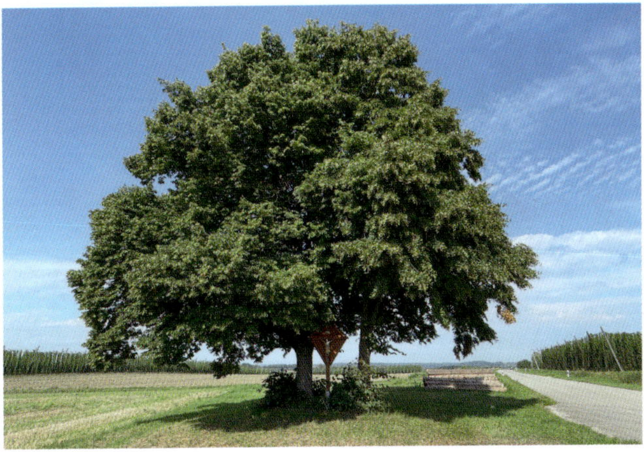

Tolle Rast am einsamen Baum

herrlicher, einsamer aber auch für die Orientierung anspruchsvoller Abschnitt durch den Wald. Wir gehen weiter geradeaus auf einem Waldweg, am Hochsitz vorbei und auf verwachsenem, aber erkennbarem Weg in den Wald hinein. Der Weg wird bald deutlicher und führt

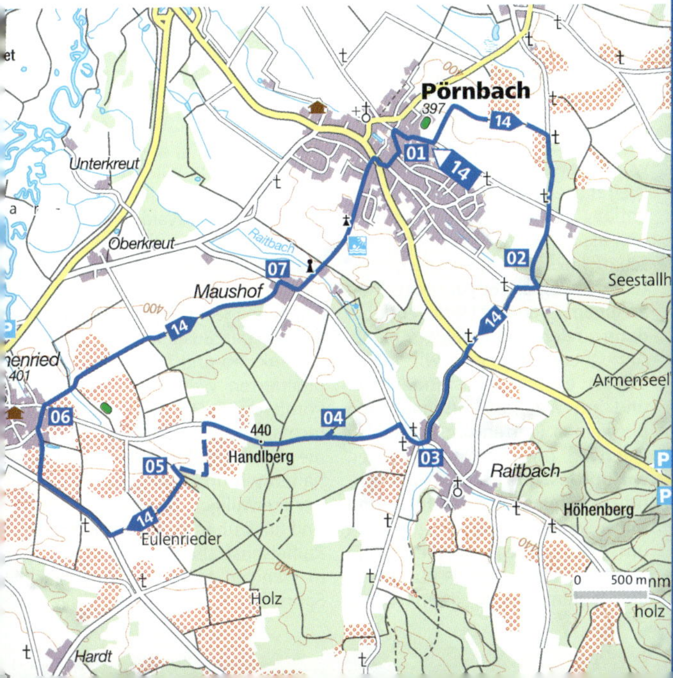

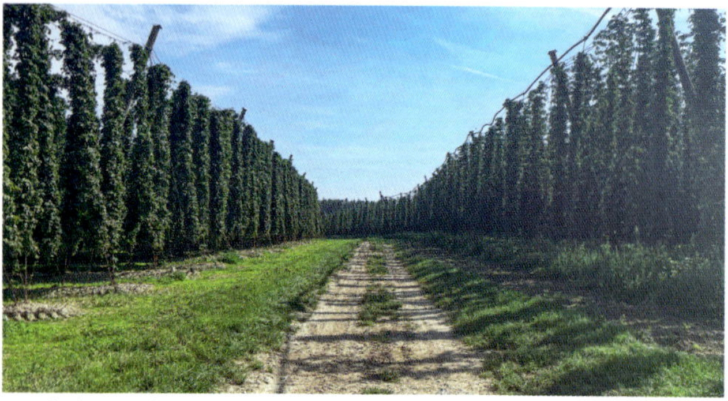

Durch die Hopfenfelder

an eine Gabelung. Wir halten uns rechts, ein paar Schritte hinauf und stehen kurz darauf an einer **Lichtung** 04. In der Mitte der Lichtung machen wir an einer grasbewachsenen Stelle eine 90-Grad-Drehung nach links. Ein kaum erkennbarer Waldweg liegt vor uns, dem wir nun stetig geradeaus folgen. Er wird schnell deutlicher und fester und leitet uns schließlich als wunderschöner, ordentlicher Waldweg an eine Kreuzung mit breiterem Weg.

Wir queren ihn geradeaus und wandern weiter bis zum Waldrand. Weiter geht's an Hopfenfeldern entlang. Beim Übergang auf einen asphaltierten Weg biegen wir scharf links auf einen geschotterten Feldweg ab. Er führt uns kurz an einem Zaun mit Hecke entlang, dann zu den Hopfenfeldern hinab. Am Querweg biegen wir rechts ab, an einem Hochstand vorbei und am Waldrand entlang, bald über einen Plattenweg hinab. Am Querweg mit Hochstand biegen wir um fast 180° scharf links herum, gehen kurz am Waldrand und Maisfeld entlang und biegen dann um eine sanfte Rechtskurve. Ein **Sandweg** 05 führt uns nun durch die Hopfenfelder. An der nächsten Kreuzung im Hopfengarten gehen wir weiter geradeaus, dann erreichen wir eine Straße. Wir folgen ihr nach rechts. Ein paar Minuten später zweigt rechter Hand der St.-Anna-Weg ab, der uns hinab nach **Weichenried** 06 bringt. Am Ortsrand bei der Dorfstraße halten wir uns rechts und folgen dem Schild „Stockbahnen". Dazu folgen wir erst einem Teerweg, dann einem Schotterweg zwischen den Hopfenfeldern hindurch. Wir folgen nun stetig dem Weg geradeaus. An der Kreuzung am letzten Hopfenfeld halten wir die Richtung und spazieren auf einem Feld- und Wiesenweg am Waldrand entlang. Schließlich stoßen wir bei **Maushof** 07 auf eine Straße.

Wir gehen rechts herum durch den Ort, an der Bushaltestelle biegen wir links ab und folgen einem asphaltierten Weglein zurück nach Pörnbach. Im Ort geht's an der B13 rechts, nach dem Schloss links in die Lindenstraße. Gleich darauf halten wir uns nochmals links, an der Freiwilligen Feuerwehr vorbei und links über die Schulstraße zur Raiffeisenstraße. Sie bringt uns in wenigen Minuten hinauf zum Sportplatz **Pörnbach** 01.

VON SCHROBENHAUSEN NACH AICHACH

Auf dem Paartalwanderweg

23,9 km 6:20 h 135 hm 105 hm

START | Schrobenhausen. Parkplatz Nord.
[GPS: UTM Zone 32 x: 667064 m y: 5381457 m]
CHARAKTER | Lange Streckentour, jedoch nur bequeme Feldwege und asphaltierte Wege. Bademöglichkeit.

Heute machen wir uns auf, die Paarauen zwischen Schrobenhausen und Aichach zu erkunden. Dabei begleiten wir die Mittlere Paar vom Spargelland nach Süden. An manchen Stellen kommen wir dem Fluss dabei ganz nah. Der Weg ist durchgehend gut beschildert und verläuft auf einfachen Wegen. Einen ganzen Tag sollten wir aber schon einplanen, da die Strecke doch recht lang ist. Zurück geht's von Aichach mit dem Zug.

Wir starten in **Schrobenhausen** **01**. Vom Parkplatz Nord gehen wir zunächst über den Bürgermeister-Stocker-Ring zur Lenbachstraße, die uns einmal mitten durch die Schrobenhausener Altstadt führt. Nachdem wir im Süden den Stadtwall passiert haben, geht's noch vor dem Kreisel rechts,

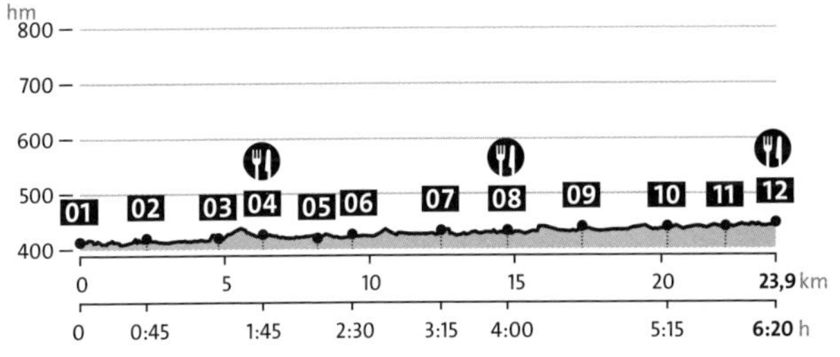

01 Schrobenhausen, 415 m; **02** Infotafeln Paartalwanderweg, 414 m; **03** Brücke, 418 m; **04** Hörzhausen, 425 m; **05** Infotafel Schreierbach, 419 m; **06** Beschrankter Bahnübergang, 424 m; **07** Haslangkreit, 433 m; **08** Radersdorfer See, 429 m; **09** Großhausen, 435 m; **10** Steinkreuz, 436 m; **11** Paartalpark, 437 m; **12** Bahnhof Aichach, 444 m;

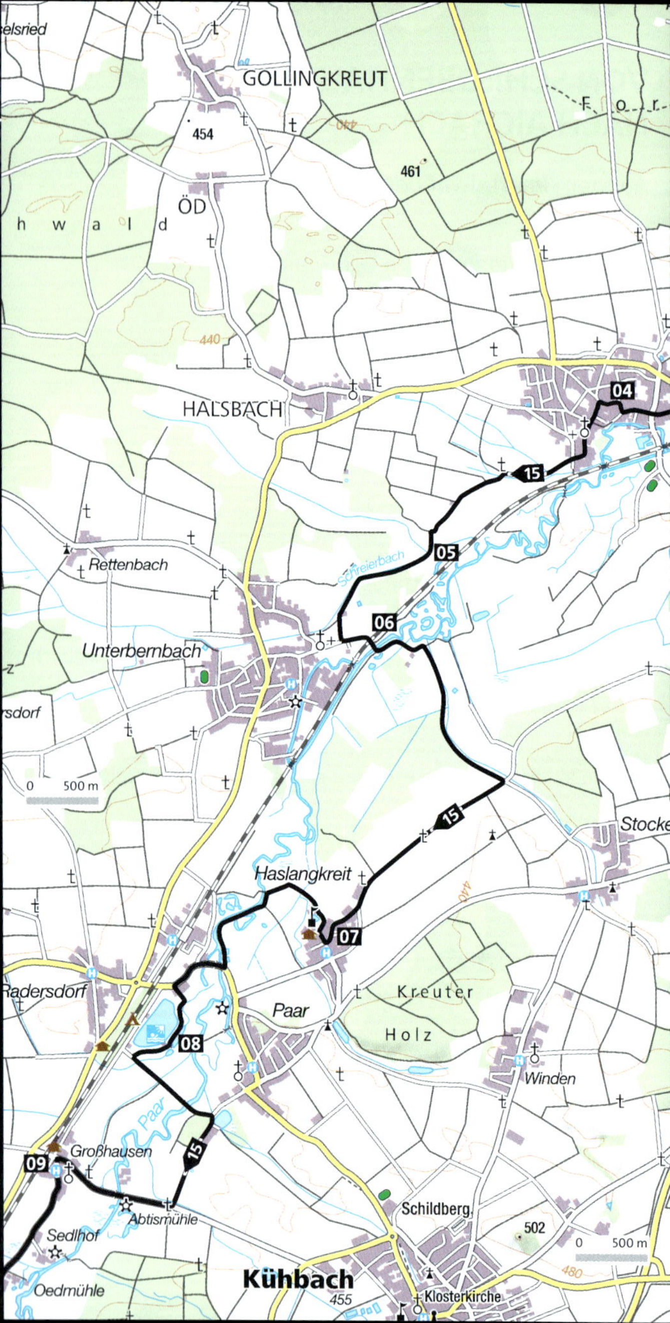
GOLLINGKREUT
454
461
440
ÖD
h w a l d
F o r
HALSBACH
04
15
05
Schreierbach
06
Rettenbach
Unterbernbach
rsdorf
0 500 m
Stocke
15
Haslangkreit
07
440
Radersdorf
Kreuter
Holz
Paar
08
Winden
Paar
15
Großhausen
09
Abtismühle
Sedlhof
Schildberg
502
0 500 m
480
Kühbach
455
Oedmühle
Klosterkirche

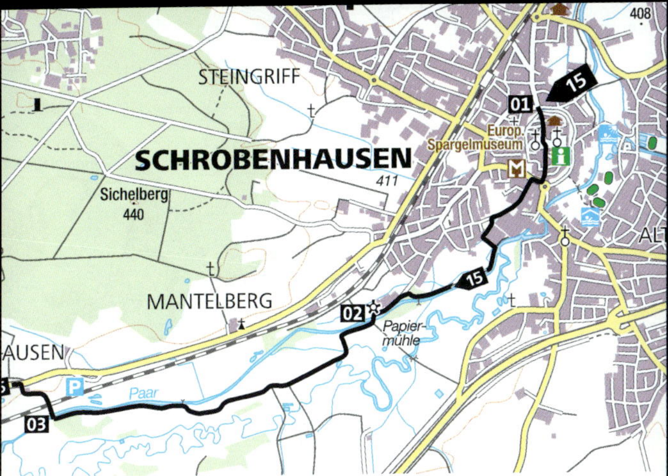

dann schwenken wir gleich links in die Rot-Kreuz-Straße. An der Turnhalle der Maria-Ward-Schule spazieren wir geradeaus vorbei, auf den schmalen Leonhardisteig. Das Wanderschild schickt uns an der Industriehalle nach links zum Ufer der Paar. Hier gehen wir rechts herum weiter auf einem schönen Pfad direkt am Ufer entlang. Am Teersträßlein schwenken wir dann nach links, folgen ihm jedoch nur zweihundert Meter, dann schwenken wir wieder links über eine Brücke. Danach geht's gleich rechts herum, an ein paar **Infotafeln zum Paartalwanderweg** **02** vorbei. Die Route führt uns am nächsten Marterl links, dann wieder rechts an einem Bänkchen vorbei. Wir wandern nun auf einem herrlichen, breiten Schotterweg durch die Paarauen. Er nähert sich immer mehr dem Fluss an, bis er schließlich endgültig direkt an seinem Ufer entlangführt. Schließlich wechseln wir bei einer **Brücke** **03** nochmals

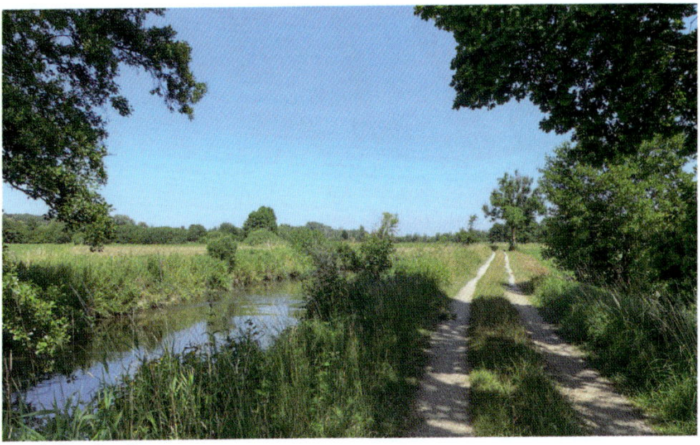

Am Ufer der Paar

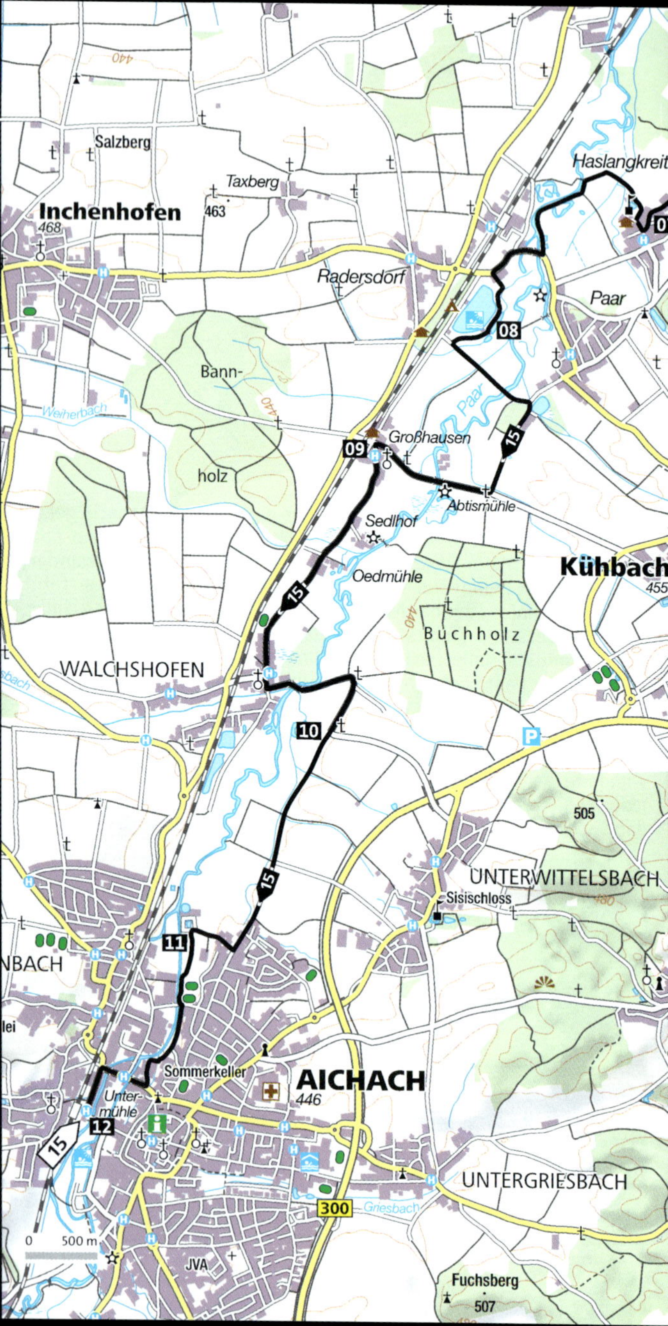
Salzberg
Taxberg
463
Inchenhofen
468
Haslangkreit
Radersdorf
Paar
08
Bann-
holz
Weiherbach
Paar
Großhausen
09
15
Abtismühle
Sedlhof
Oedmühle
Kühbach
455
Buchholz
WALCHSHOFEN
10
505
UNTERWITTELSBACH
Sisischloss
480
11
NBACH
Sommerkeller
AICHACH
446
Unter-
mühle
12
UNTERGRIESBACH
300
Griesbach
JVA
Fuchsberg
507
0 500 m

die Uferseite und spazieren bis zur Landstraße, der wir bis nach **Hörzhausen 04** folgen. Kurz nach Ortsbeginn biegen wir links in die Hauptstraße ab. Wer jetzt schon Hunger hat: Geradeaus nur ein paar Meter weiter befindet sich die Kaminstuben. Andernfalls folgen wir der Hauptstraße durch den Ort bis zur Bushaltestelle, an der wir nach links gewandt über die Obermühlstraße weitergehen. Allmählich führt uns die Route in einem Rechtsbogen aus dem Ort hinaus. Der Weg leitet uns parallel zu den Bahngleisen ins Schreierbach-Moos. Nach einer viertel Stunde wandern wir direkt am Schreierbach entlang, an der **Infotafel Schreierbach 05** vorbei und an Wiesen und einem Wäldchen entlang. Dann treffen wir auf einen asphaltierten Weg. Rechts sehen wir die hübsche Kirche von Unterbernbach. Nach links geht's rasch über einen **beschrankten Bahnübergang 06**. Sollte die Schranke geschlossen sein, muss man einfach klingeln.

Nach den Gleisen queren wir die Paar, dann geht's links herum. Nach ein paar Minuten schickt uns die Beschilderung rechts auf einen Feldweg. Er führt nach **Haslangkreit 07**. Im Ort wandern wir auf der Schlossstraße rechts am Schloss vorbei und in einem großen Linksbogen wieder direkt zum Paarufer. Die Paar begleitet uns nun bis zur Landstraße. Rechts herum geht's auf dem Rad- und Fußweg bis zum Sägewerk, dann biegen wir links ab und gehen direkt zum **Radersdorfer See 08**. Hier gibt es eine schöne Möglichkeit zum Mittagessen. Im Sommer kann man zudem toll im See baden. Noch vor der Gaststätte Olympia am See gehen wir links zum Parkplatz, dann folgen wir

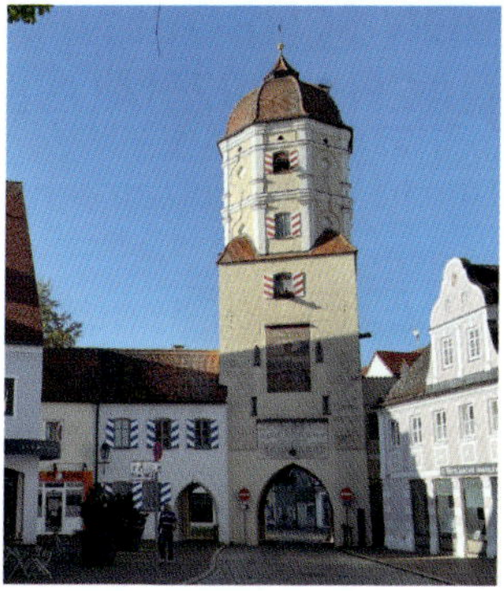

Oberes Tor in Aichach

dem Sträßlein nach links. Die Route quert erneut die Paar, am Paarer Weiher biegen wir rechts ab. Wir folgen dem asphaltierten Weg bis zu einer Querstraße, die uns rechts nach **Großhausen 09** führt.

In der Ortsmitte biegen wir an der Dreieckskreuzung links in die Walchshofener Straße ein. Sie bringt uns nun stetig geradeaus an Sedlhof und Ödmühle vorbei in zwanzig Minuten nach Walchshofen. Nach der Kirche St. Martin schickt uns die Beschilderung nach links, über die Paar und wenig später in einem Rechtsbogen wieder Richtung Süden. Wir folgen diesem zwar asphaltierten, aber dennoch herrlichen Abschnitt zwischen Feldern und Wiesen hindurch, an einem **Steinkreuz 10** vorbei bis wir die ersten Häuser von Aichach sehen. Kurz nach Ortsbeginn folgen wir rechts der Straße Zum Flugplatz, dann schwenkt die Route links durch den **Paartalpark 11**. An der Paar entlang geht's zur Donauwörther Straße. Rechts herum, dann am Kreisverkehr links. Nun sind es nur noch wenige hundert Meter bis zum **Bahnhof Aichach 12**.

VON SCHROBENHAUSEN NACH HÖRZHAUSEN

Durchs Weiherzolz zu den Ufern der Paar

12,7 km 3:15 h 70 hm 70 hm

START | Parkplatz am Klostergarten in Schrobenhausen. [GPS: UTM Zone 32 x: 666876 m y: 5380848 m]
CHARAKTER | Im ersten Teil schöne Waldwanderung unterhalb des Sichelberges. Auf dem Rückweg führen uns vornehmlich breite Wege durch die Flussauen der Paar.

Schrobenhausen ist die Spargelstadt schlechthin. Besonders gut informieren kann man sich über das edle Gemüse im Europäischen Spargelmuseum. Doch auch kulturell hat sie einiges zu bieten, ist sie doch Geburtsstadt des Malerfürsten Franz von Lenbach. Der historische Stadtkern wird von einer gut erhaltenen Stadtmauer umgeben. Im Ort gibt es eine Reihe hervorragender Einkehrmöglichkeiten und für kulturell Interessierte stehen vier städtische Museen sowie einige historische Kirchen und Denkmäler bereit.

Wir starten am **Parkplatz Klostergarten** 01. Die erste viertel Stunde schlendern wir durch das Städtchen aufs Land hinaus. Dafür gehen wir zuerst zurück zur Ringstraße, folgen ihr nach rechts und biegen am Kreisel links ab, durchs Obere Tor in die Altstadt von Schrobenhausen. An der Straße Am Hofgarten schlendern wir links zum **Europäischen Spargel-**

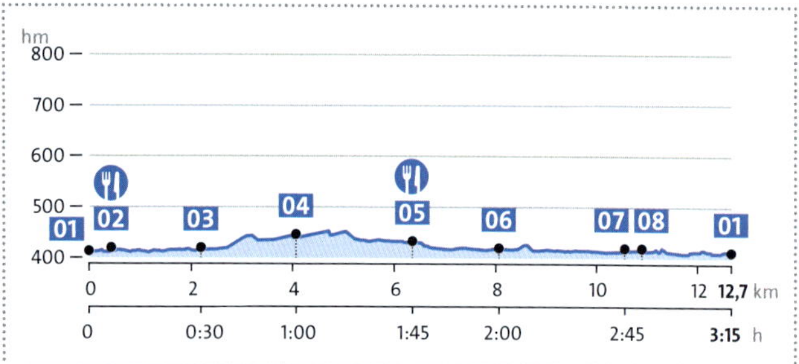

01 Parkplatz Klostergarten, 412 m; 02 Europäisches Spargelmuseum, 413 m; 03 Marterl, 416 m; 04 Weiher, 440 m; 05 Kaminstube, 431 m; 06 Paarufer, 417 m; 07 Rastbank, 414 m; 08 Infotafeln Paartalwanderweg, 412 m;

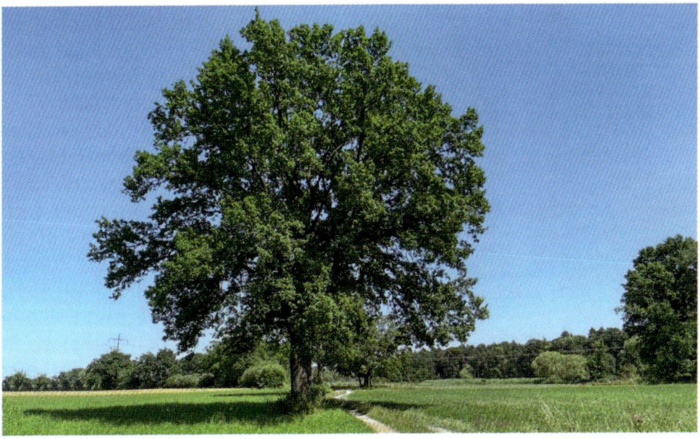

Herrlicher Weg durch die Paarauen

museum 02 und zum Lenbachmuseum. Kurz nach dem Hartelturm schwenken wir links über ein Sträßchen und über den Bürgermeister-Stocker-Ring in den Herzoganger und folgen nach einigen Metern einem Fußweg nach links durch die Häuser hindurch zur Hörzhausener Straße. Sie leitet uns erst nach rechts, nach ca. 150 Metern links. Kurz darauf biegen wir auf einen Fußweg ab, der uns ins

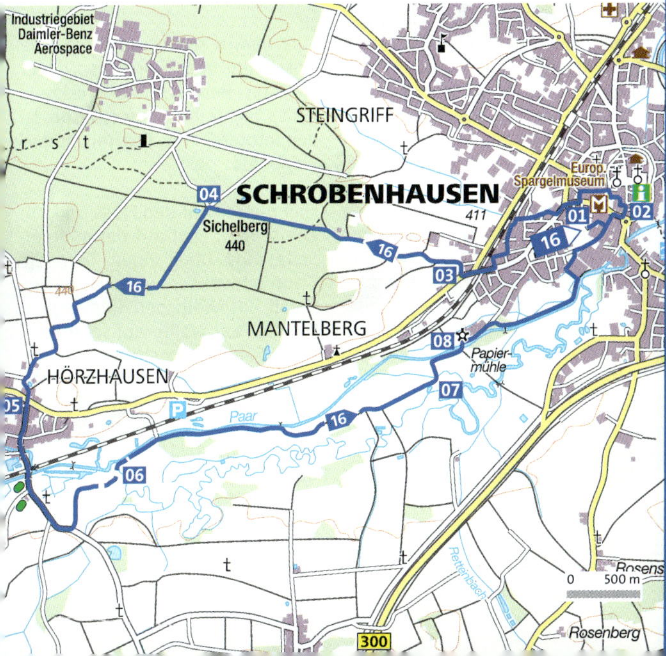

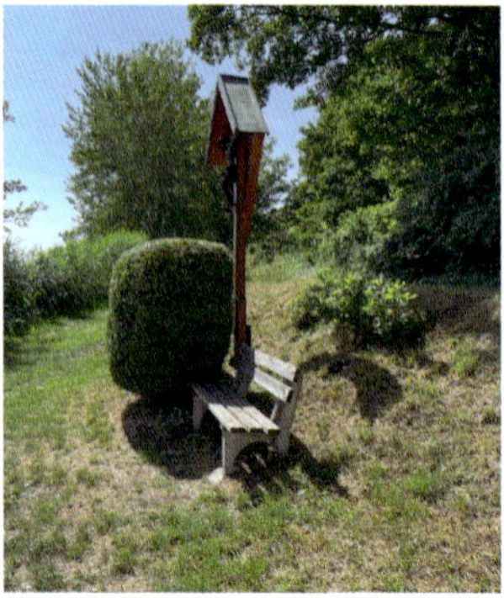

Wegkreuz am Paarufer

Wohngebiet führt. An einem Holzzaun geht's am Rand des Wohngebietes entlang, dann schlendern wir über die Ganghofer Straße wieder zurück zur Ludwig-Thoma-Straße. Leider müssen wir nochmal ein paar Meter an der Straße entlang, bis wir die Gleise gekreuzt haben. Dann queren wir die Landstraße schräg nach links und folgen einem schottrigen Weg. Am **Marterl** **03** biegen wir links ab und wandern nun auf breitem, hellem Schotterweg nach Westen. Ein paar hundert Meter später halten wir uns an einer Gabelung rechts, sanft in den Wald hinauf. Eine viertel Stunde geht's durch den kühlen Wald, dann stehen wir an einer großen Kreuzung mit einem **Weiher** **04**.

Wir wenden uns nach links und gehen weiter, bis wir auf einen schmalen Querweg treffen. Er führt uns nach rechts nach ein paar Minuten aus dem Wald hinaus. Wir wenden uns am Waldrand nach links und schlendern auf einem schönen Weg zwischen den Feldern hindurch. Nach einem knappen Kilometer erreichen wir den Ortsrand und ein paar Tennisplätze. Kurz danach halten wir uns links, durchs Wohngebiet zur Hauptstraße. Wir queren sie geradeaus – nach links können wir in ein paar Schritten einen Abstecher zur **Kaminstube** **05** machen. Hier werden regionale Spezialitäten vom Holzkohlegrill serviert. Über die Hagenauer Straße schlendern wir südwärts geradewegs durch Hörzhausen hindurch. Zuletzt geht's über eine Brücke aus dem Ort hinaus. Ein Rad- und Fußweg führt uns über einen Parkplatz an der rechten Straßenseite entlang. Dann queren wir die Straße nach links und wandern auf einem Feldweg weiter. Er leitet uns hinab zum **Paarufer** **06**. Bald folgen wir einem schönen Weg direkt am Fluss entlang. Er dreht nach zwanzig Minuten nach rechts und entfernt sich von der Paar. Wir wandern durch die herrlichen Auwiesen, bis wir an einer Gabelung auf eine **Rastbank** **07** treffen.

Kurz darauf macht der Weg eine Linkskurve und führt uns wieder zur Paar. Beim großen Holzkreuz geht's rechts herum weiter bis zu den **Infotafeln des Paartalwanderweges** **08**.

Hier queren wir den Fluss und folgen seinem Lauf auf der anderen Seite kurz über einen Teerweg. Dann schwenken wir nach rechts, durch ein Wäldchen und begleiten die Paar weiter auf schmalem Pfad. Schließlich stoßen wir auf ein Fabrikgebäude. Hier verlassen wir den Flusslauf. Ein schmaler Weg bringt uns zum Ortsrand und dem Leonhardisteig. Wir wenden uns nach rechts und folgen ihm entlang des Fabrikgeländes und zuletzt an einem Sportplatz vorbei zum Abzweig, der uns in wenigen Schritten zurück zum Parkplatz **Klostergarten** **01** bringt.

VON ARESING NACH OBERLAUTERBACH

Feldwanderung zur St. Wenzeslaus

9,7 km | 2:30 h | 80 hm | 80 hm

START | Aresing. Parkplatz an der Kirche St. Martin. Bus 9159 von Schrobenhausen.
[GPS: UTM Zone 32 x: 669602 m y: 5378060 m]
CHARAKTER | Breite und bequeme Feld- und Wiesenwege. Zum Teil auch kleinere Straßen. Grundsätzlich gut ausgeschildert, ab und zu sind die Wegschilder hinter Buschwerk versteckt.

Auf und ab wandern wir heute um das hügelige Aresing nach Oberlauterbach und zur imposanten Kirche St. Wenzeslaus. Unterwegs bieten sich immer wieder herrliche Weitblicke und schöne Rastmöglichkeiten. Der letzte Abschnitt führt idyllisch an der Weilach entlang. Hier gibt es sogar eine Möglichkeit, die müden Füße in das erfrischende Flüsschen zu stecken.

▶ Wir starten in **Aresing** 01 beim Rathaus. Schräg gegenüber von St. Martin biegen wir in die Bischof-Sailer-Straße ein. Sie führt uns stetig geradeaus, direkt auf dem Fuß- und Radweg am Kindergarten vorbei auf die Eichenstraße. Ihre Verlängerung leitet uns geradewegs am **Sportplatz** 02 entlang. Sie mündet in einen breiten, asphaltierten Weg, dem wir ein gutes Stück folgen, bis er um eine Rechtskurve biegt. Wir wenden uns hier nach links auf einen geschotterten Weg nach **Hengthal** 03. Wir wandern leicht hinauf, an den Höfen vorbei und folgen ab

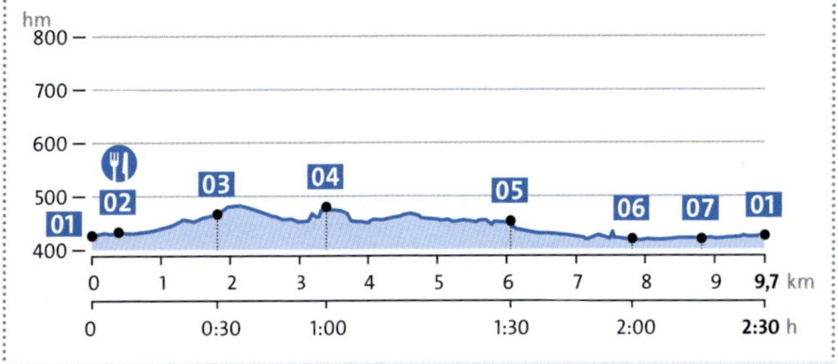

01 Aresing, 429 m; 02 Sportplatz, 426 m; 03 Hengthal, 464 m; 04 St. Wenzeslaus, 479 m; 05 Aussichtsbank, 453 m; 06 Brücke, 416 m; 07 Kiesbank, 419 m;

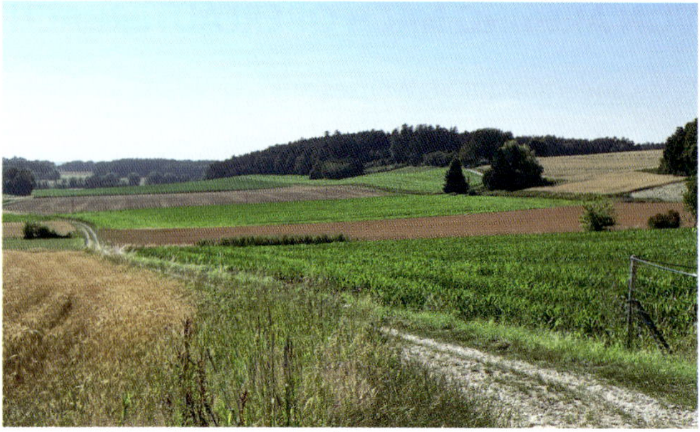
Die Route führt über Wiesen und Äcker

hier einem frisch geteerten Sträßlein bergauf. Es führt uns bald über die Höhe, an einem Marterl vorbei zu einer weiteren Straße. Links gegenüber thront eine kleine Kapelle am Straßenrand. Wir folgen dem Sträßlein geradewegs hinab nach Oberlauterbach. An der Hauptstraße wenden wir uns nach rechts. Wir schlendern durch den Ort und über die Pfarrstraße hinauf zur Kirche **St. Wenzeslaus** **04**.

Über ein paar Pfade durch ein Wäldchen geht's wieder hinab zur Hauptstraße, der wir nun in die andere Richtung folgen. An der Bushaltestelle bei der Ringstraße wenden wir uns nach links – Achtung, hier sind leider keine Wanderschilder vorhanden. Schnell verlassen wir den Ort, halten stoisch die Richtung und steigen über mit Gras bewachsene Feldwege sanft bergan. Schließlich treffen wir nach 500 Metern auf einen Querweg (das Wanderschild ist hier im Sommer hinter dichtem Blätterwerk versteckt). Wir biegen an dem gut befestigten Feldweg rechts ab. Ein darauf folgendes Sträßlein führt uns kurz nach links. An der nächsten Möglichkeit schwenken wir wieder rechts auf einen weiteren Feldweg ein. Wir wandern bis zum nächsten Querweg, dann verlangt die Route einen Links-Rechts-Schwenk. Sanft geht's wieder nach Norden bergauf bis zu einer Infotafel und einer herrlich gelegenen **Aussichtsbank** **05**. Ein nebenstehendes Bänkchen lädt zu einer königlichen Rast ein. Als nächstes beschreibt der Weg eine Linkskurve, dann zieht er sich eine gute viertel Stunde an Äckern entlang, bis er in einem Querweg endet. Wir folgen ihm nach rechts, biegen jedoch die nächste Möglichkeit wieder links ab und erreichen eine **Brücke** **06**, die uns über die Weilach bringt.

Direkt danach schicken uns die Wanderschilder nach Süden, auf einem sehr schönen Weg an der Weilach entlang. Nach einem guten Kilometer lichtet sich zu unserer Linken das Baum- und Buschwerk, sodass wir direkt zum Flussufer und einer **Kiesbank** **07** hinabsteigen können. Hier bietet sich eine tolle Gelegenheit, sich an der Weilach ein wenig zu er-

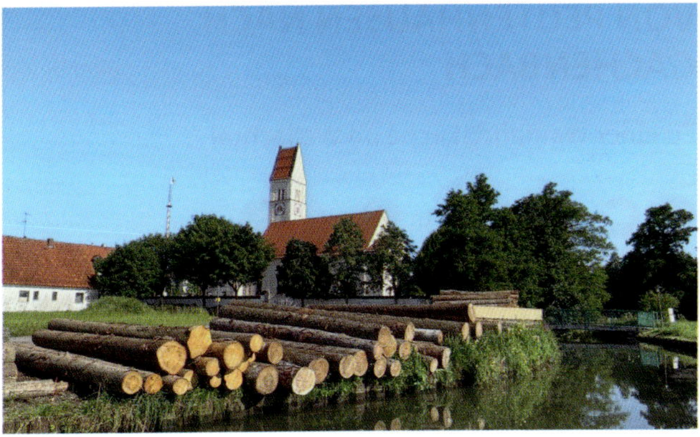

St. Martin in Aresing

frischen und vielleicht sogar eine kurze Kneipp-Pause einzulegen. Dann schlendern wir noch ein paar Minuten an der Weilach entlang, bis wir auf die ersten Häuser von **Aresing** 01 und eine Straße treffen. Wir biegen rechts ein, schwenken aber schon 100 Meter später wieder nach links und folgen dem Kirchweg über eine Brücke und gleich danach rechts zurück zu der Kirche St. Martin.

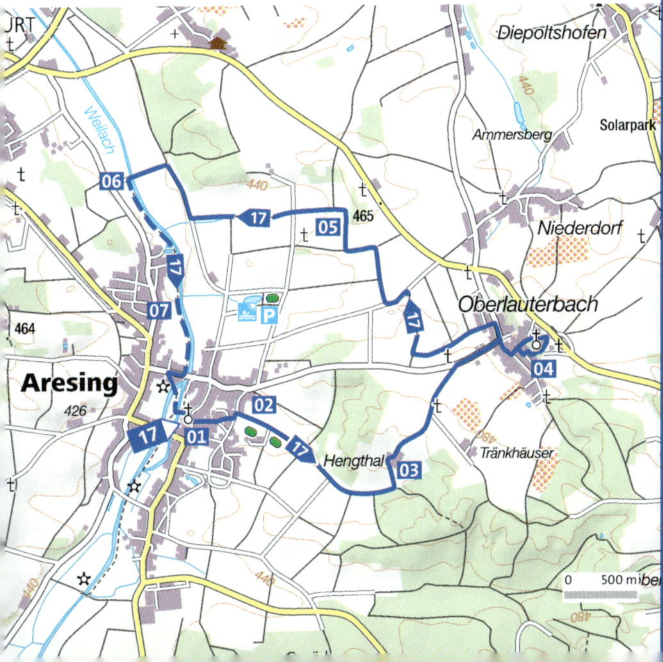

18

VON PEUTENHAUSEN NACH GACHENBACH

Zu einer Wallfahrtskirche im Weilachtal

13,5 km 3:30 h 185 hm 185 hm

START | Peutenhausen. Parkplatz an der Hauptstraße Ecke Gachenbacher Straße gegenüber der Kirche. Bus 9150 von Aichach. [GPS: UTM Zone 32 x: 664669 m y: 5376586 m]
CHARAKTER | Meist angenehme Waldwege, teils auch schmale asphaltierte Straßen. Nach der B300 kaum erkennbare Waldwege. Orientierungssinn nötig.

Die Wallfahrtsstätte Maria Beinberg liegt erhaben auf einer Anhöhe im Weilachtal südlich von Peutenhausen. Die Anfänge der Wallfahrtskirche sind weitestgehend unbekannt. Wie bei den meisten Wallfahrtsorten ranken sich auch hier Legenden: Sie besagen, dass der Landpfleger Bernhard Peuscher aus frommer Dankbarkeit für das Überleben der Pestjahre eine Kapelle bauen ließ. Zeugnisse aus der ersten Hälfte des 16. Jahrhunderts sind neben dem Gnadenbild eine große Glocke, eine Kreuzigungsgruppe und eine Darstellung des Marientodes.

Wir gehen vom Parkplatz in **Peutenhausen** 01 zunächst die Hauptstraße entlang an der Kirche vorbei Richtung Norden. Nach

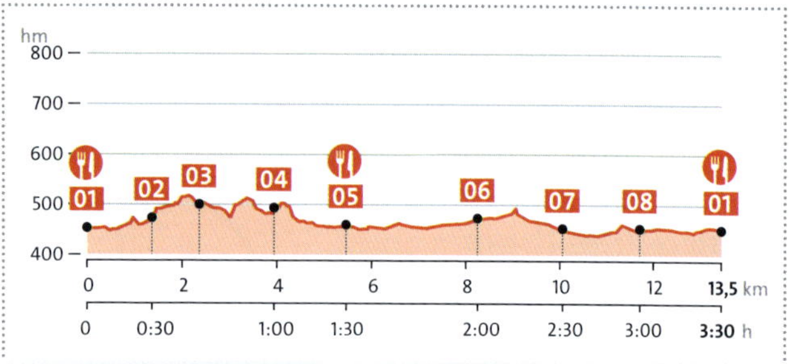

01 Peutenhausen, 453 m; 02 Hochsitz, 481 m; 03 Gemauerter Bildstock, 500 m; 04 Maira Beinberg, 505 m; 05 Gasthof Neumayr, 454 m; 06 Großes Flurkreuz, 472 m; 07 Kreuzung Birken und Buchen, 452 m; 08 Landstraße nach Westerham, 447 m;

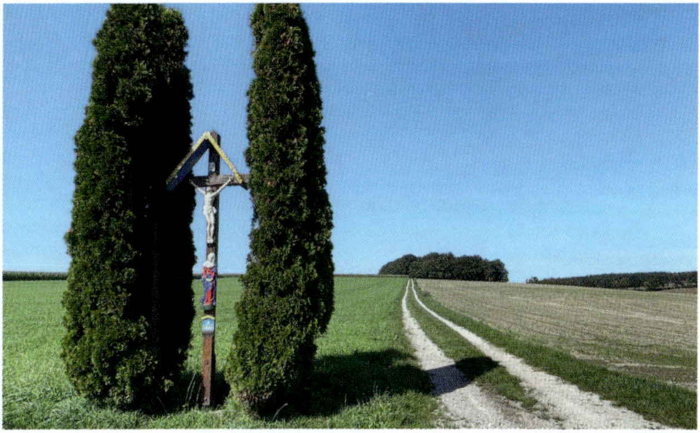

Über weite Flur

zehn Minuten biegen wir rechts „In der Hut" ab, an ein paar Wohnhäusern vorbei zu den ersten Feldern. Hier halten wir uns links auf einen sandigen Feld- und Wiesenweg. Am asphaltierten Weg geht's rechts, dann unter der B300 hindurch. Gleich danach schwenken wir rechts und wieder links auf einen Schotterweg. Wir spazieren am Waldrand entlang bis zu einer Kreuzung mit **Hochsitz** 02.

Hier biegen wir rechts auf einen Weg ab, der uns sanft in den Wald hinaufführt. Kurz darauf geht's wieder hinab. Wir bleiben auf dem Hauptweg, ignorieren alle Abzweigungen und folgen dann einem gerade noch erkennbaren Weg, der in der Mitte mit Brennnesseln verwachsen ist. Allmählich lichtet sich das Unkraut auf dem Weg und wir sehen schon die Felder durch die Bäume schimmern. Ca. 100 Meter vor Waldaustritt biegen wir scharf links auf einen Waldweg ab. Er leitet uns links gehalten ein Stück hinauf, dann führt er durch eine grasbewachsene Senke. Die Route macht einen Linksbogen und bringt uns an einem verfallenen Hochsitz vorbei. Wir halten die Richtung und wandern stetig geradeaus auf dem immer besser erkennbaren Weg hinab. So spazieren wir einige Minuten durch den Wald dahin, dann stoßen wir auf einen breiten Waldweg und einen **gemauerten Bildstock** 03.

Der Waldweg kommt von links herauf. Wir folgen ihm nach rechts. Der breite Waldweg leitet uns sachte hinab. Nach ungefähr zehn Minuten passieren wir ein Marterl, kurz danach biegen wir an der letzten Möglichkeit vor Waldende schrägt nach rechts auf einen schmalen Waldweg ab. Wir folgen ihm stets geradeaus bis zum Waldrand und weiter über einen grasbewachsenen Weg bis zu einem befestigten Weg. Schließlich stehen wir an einem Sträßchen. Wir überqueren es und steigen die Treppen hoch zur Wallfahrtskirche **Maria Beinberg** 04.

Südlich der Kirche befindet sich eine Lourdesgrotte. Nach dem Besuch der Wallfahrtskirche steigen wir auf der anderen Seite die Trep-

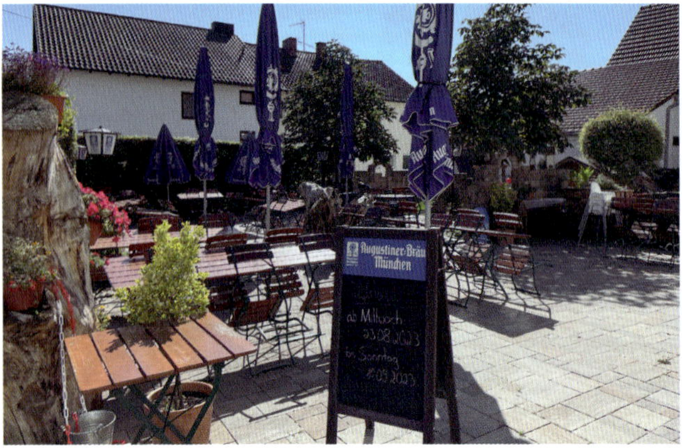

Toller Biergarten beim Gasthof Neumayr

pen wieder hinunter. Ein Wiesenweg bringt uns zu einem Sträßlein, das in den Kapellenweg mündet. An seinem Ende biegen wir an der Sebastianstraße rechts ab, dann geht's beim Bürgerhaus links zum Maibaum. Bevor wir geradeaus die Ortsstraße queren, können wir nach rechts in ein paar Schritten einen Abstecher zum **Gasthof Neumayr** **05** unternehmen.

Die Traditionsgaststätte eignet sich hervorragend für eine Mittagspause. Weiter geht's durch den Ort bis zum Marterl, an dem wir schräg rechts abbiegen und bis zum Ortsende spazieren. Hier steht ein weiteres Marterl, an dem wir rechts auf einen Teerweg abbiegen. An seinem Ende erwartet uns noch ein Wegkreuz an einer Kreuzung. Wir halten die Richtung geradeaus und wandern auf einem Schotterweg, ein paar Minuten später auf einem Wiesenweg bald an einem Wäldchen vorbei. Schließlich stoßen wir auf ein asphaltiertes Sträßchen. Wir biegen rechts ab. Vorsicht im Anschluss beim Queren der Landstraße schräg nach links! Hier führt uns ein schmales Sträßchen weiter. Eine viertel Stunde später passieren wir ein **großes Flurkreuz** **06**, dann geht's unter der Bundesstraße hindurch.

Gleich danach kreuzen wir eine Straße geradeaus auf einen Schotterweg, an Äckern vorbei. An einem kleinen Wäldchen führt uns der Schotterweg links herum und nur wenige Minuten später folgen wir ihm um eine Rechtskurve. Hier wird er grobschottriger und leitet uns an den Feldern entlang hinab. Unten an der Kreuzung verlassen wir den befestigten Weg und wechseln geradeaus auf einen Wiesenweg, bald wieder an Feldern entlang hinab. An der nächsten K**reuzung mit Birken und Buchen** **07** wandern wir weiter geradeaus.

Dann endet unser Feldweg an einem asphaltierten Sträßlein, dem wir nach rechts folgen. An der nächsten Gabel halten wir uns links, dann folgen wir dem Feldweg sanft bergan. Am Querweg

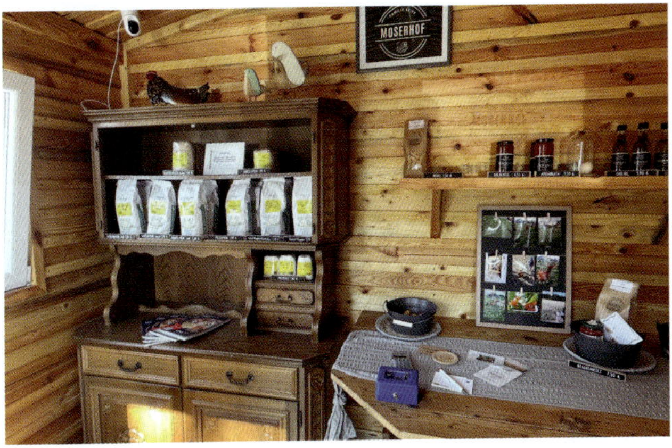

Selbstbedienungsladen in Peutenhausen

geht's wieder links bis zur **Landstraße nach Westerham** 08.

Ihr folgen wir nun eine viertel Stunde auf dem Wiesenstreifen neben der Straße nach Westerham. Im Ort halten wir uns links, dann rechts und schlendern die letzten hundert Meter zurück zum Parkplatz in **Peutenhausen** 01.

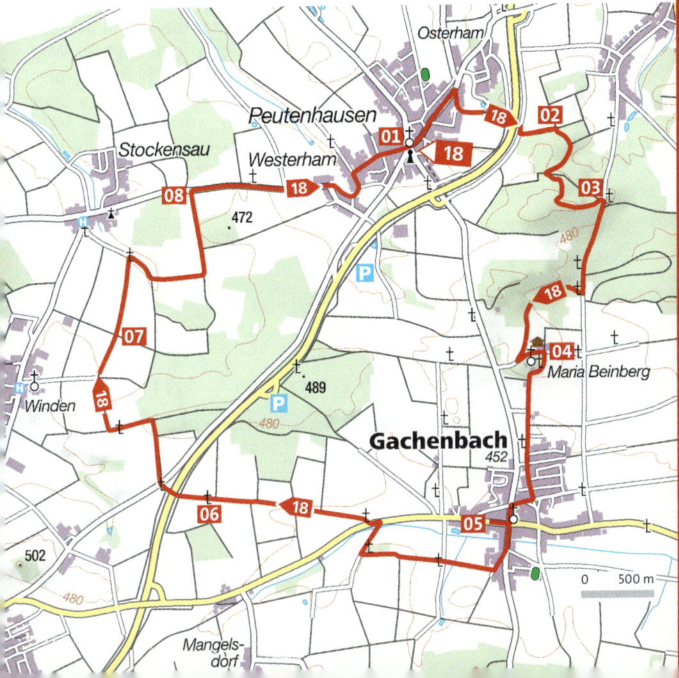

VON RADERSDORF NACH UNTERBERNBACH

Einsame Wege nördlich und südlich der Paar

12,2 km | 3:20 h | 80 hm | 80 hm

START | Parkplatz Radersdorfer See. Von Aichach kommend über die Landstraße Richtung Obernbach nach Radersdorf. Bus 240 von Aichach.
[GPS: UTM Zone 32 x: 659326 m y: 5374907 m]
CHARAKTER | Breite Wald- und Forstwege. Immer wieder Abschnitte auf kaum befahrenen Nebenstraßen.

Auf der heutigen Runde erkunden wir das Paartal um Aichach herum. Von Radersdorf wandern wir westlich der Paar nach Unterbernbach. Hier besuchen wir St. Martin, eine der ältesten Kirchen im Wittelsbacher Land. Auf der Ostseite der Paar geht's über Haslangkreit mit seiner mittelalterlichen Wasserburg zurück nach Radersdorf. An schönen, warmen Sommertagen ist ein abschließender Sprung in den Baggersee ein ganz besonderer Genuss!

Vom Parkplatz am **Radersdorfer Baggersee** 01 gehen wir zunächst direkt zum Seeufer. Wir wenden uns nach links, vorbei am Gasthaus Olympia am See und dann über die Wiese am See entlang. Beim befestigten Weg schwenken wir nach rechts, umrunden die Nordspitze des Sees und biegen am Querweg links ab. Wir gehen bis zur Straße und folgen ihr auf einem Rad- und Fußweg bis zum Kreisverkehr. Wir

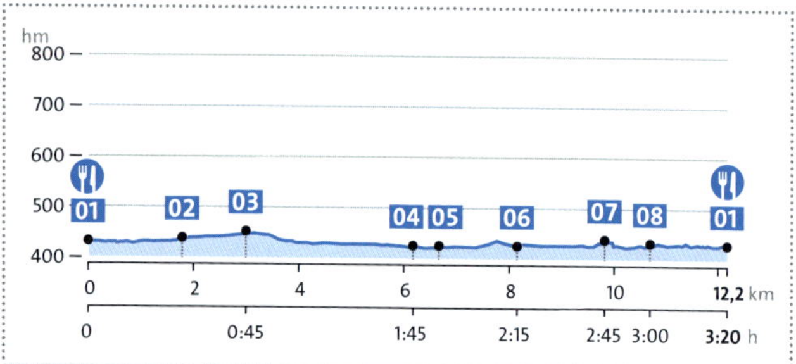

01 Radersdorfer Baggersee, 429 m; 02 Maislabyrinth, 437 m; 03 Marterl und Bank, 450 m; 04 St. Martin, 427 m; 05 Paarkanal, 418 m; 06 Dreieckskreuzung, 428 m; 07 Haslangkreit, 435 m; 08 Kleiner Wasserfall, 428 m;

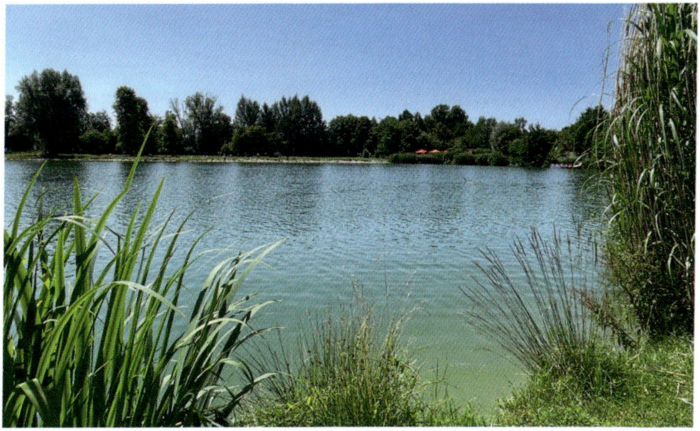

Im Sommer lockt der Radersdorfer See zum Baden

verlassen den Kreisel nach links und spazieren neben der Straße entlang, bis wir nach ca. 300 Metern bei einem Feldweg rechts abbiegen können. Der nächsten Straße folgen wir nach links bis zum Rande des Wohngebietes und schwenken dann rechts hinauf zum **Maislabyrinth** 02. Anbei gibt es einen großen Spielplatz und ein paar gemütliche Tische und Bänke. Man kann Getränke,

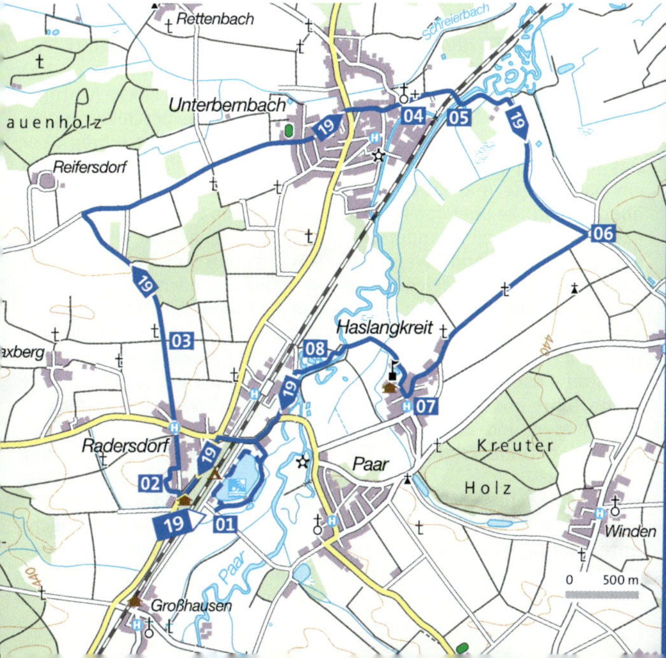

manchmal auch Kaffee und Kuchen bestellen. Auf der anderen Seite geht's am Hof vorbei wieder hinab zur Straße, der wir nun nach links folgen. Sie leitet uns über die Inchenhofener Straße allmählich aus dem Ort hinaus. Weitläufige Felder begleiten uns nun zu beiden Seiten des Weges. An einer großen Kreuzung mit **Marterl und Bank** 03 wandern wir geradeaus weiter.

Zehn Minuten später verlassen wir das Teersträßlein an einer Gabelung und folgen einem schönen Feldweg. Er führt uns nach einem kurzen Abschnitt jedoch schon wieder an eine schmale Teerstraße. Wir biegen rechts ein und folgen ihr bis zum Ortsrand von Unterbernbach. Hier halten wir uns stetig geradeaus, durch den Ort hindurch über die Reifersdorfer Straße. Am anderen Ende des Ortes passieren wir die schöne Kirche **St. Martin** 04, deren schöner, mit Voluten versehene gotische Turm uns schon von Weitem zuwinkt.

Das Sträßchen führt uns bald über ein paar Gleise und kurz darauf über eine Brücke über den **Paarkanal** 05. Wieder die Wanderschilder des Paartalwanderweges im Blick schwenken wir gleich darauf nach links und wandern einen halben Kilometer bis zum Stockensauer Graben, dem wir mit der Straße nach rechts folgen. Die Route führt uns herrlich an grünen Wiesen und Fluren entlang bis zu einer **Dreieckskreuzung** 06.

Hier schickt uns die Beschilderung nach rechts. Wir wandern gute zwanzig Minuten geradeaus, dann sehen wir die ersten Häuser vor uns. Am Ortsrand halten wir

Info

Falls die Schranken kurz hinter Unterbernbach geschlossen sind: Auf der linken Straßenseite befindet sich eine Vorrichtung, mit der man sich mit dem Bahnpersonal in Verbindung setzen kann. Sollte der Zug noch weiter entfernt sein, werden die Schranken dann nochmals kurz geöffnet.

uns rechts und schlendern in die Ortsmitte von **Haslangkreit** 07. Nach rechts gewandt passieren wir bald das Schloss Haslangkreit – wir können jedoch nur von außen einen Blick darauf werfen, da es sich in Privatbesitz befindet. Das Sträßlein geht am Ortsende in einen Feldweg über, der uns an Wiesen und Feldern vorbei bis zur Paar und einer Brücke führt. Wir queren sie und schwenken ca. 100 Meter später nach links – Achtung, hier fehlen die Beschilderungen. Die Route führt kurz schräg über die Wiese zur Paar. Dort folgen wir ihrem Lauf, gehen bald an einem **kleinen Wasserfall** 08 vorbei und kurz danach zu einer Straße am Ortsrand von Radersdorf. Wir wenden uns nach links und treffen nach wenigen Minuten wieder auf die Inchenhofener Straße. Ein Fuß- und Radweg bringt uns zum Sägewerk, wo wir wieder auf die bekannte Abzweigung treffen.

Wir wandern auf bekanntem Weg zurück zum **Radersdorfer Baggersee** 01, nur dieses Mal entscheiden wir uns für das östliche Seeufer, an dem wir in wenigen Minuten zurück zum Parkplatz schlendern.

VON INCHENHOFEN INS ROSSMOOS

Herrliche Wald- und Feldwanderung ins Niedemoor

11,7 km 3:00 h 115 hm 115 hm

START | Inchenhofen. Parkplatz am Zisterzienserplatz beim Rathaus, unterhalb der Wallfahrtskirche. Bus 230 von Aichach. [GPS: UTM Zone 32 x: 656188 m y: 5375369 m]
CHARAKTER | Zum Großteil gut befestigte Feldwege.

Nördlich von Inchenhofen erstreckt sich das kleine Niedermoor Rossmoos. Gut befestigte Wege führen uns durch die charakteristische, pittoreske Moorlandschaft. Es ist das größte zusammenhängende Moor im Wittelsbacher Land. Ein weiteres Highlight ist zu Beginn die Wallfahrtskirche St. Leonhard. Sie zählte im 14. Jahrhundert zu den bedeutendsten Wallfahrtsorten in ganz Europa. Die vielen eisernen Gaben, die im Laufe der Jahre geopfert wurden, wurden zum „Leonhardsnagel“ zusammengeschmolzen. Jährlich findet in Inchenhofen der wohl älteste Leonhardiritt statt: Er wurde 1457 eingeführt und bietet ein Spektakel mit hunderten Teilnehmern, gut zweihundert Pferden und festlich geschmückten Wägen.

Wir starten am **Rathaus Inchenhofen** 01 am Zisterzienserplatz. Zunächst steigen wir die Treppen zur Wallfahrtskirche hinauf. Falls wir keinen Blick in die herrliche Kirche werfen, wenden wir uns gleich rechts herum und steigen wieder ein paar Treppen zu Straße hinab. Dann gehen wir am Bordstein entlang weiter hinauf bis zum Marktplatz und fol-

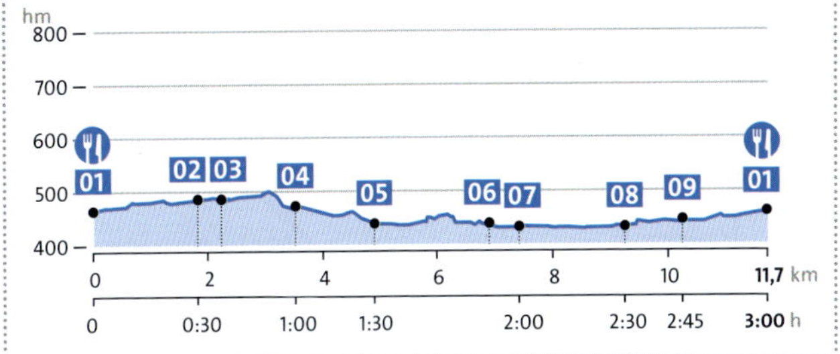

01 Rathaus Inchenhofen, 465 m; 02 Wildgehege, 484 m; 03 Sainbach, 481 m; 04 Ainertshofen, 468 m; 05 Weiher, 441 m; 06 Bildstock, 435 m; 07 Rossmoos, 432 m; 08 Modellflugzeugplatz, 436 m; 09 Kapelle, 442 m;

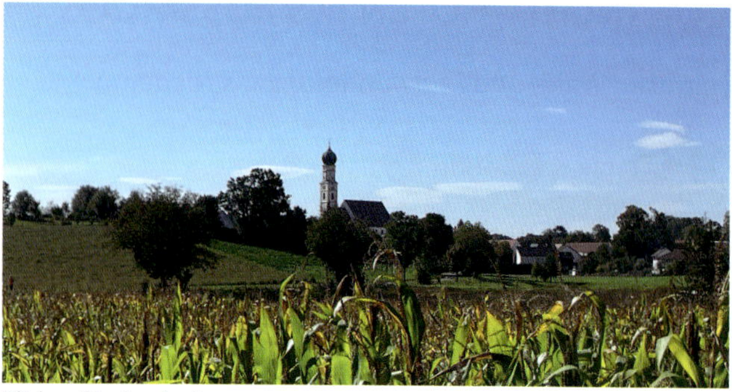

Blick auf Inchenhofen

gen hier der Sainbacher Straße am Maibaum nach rechts. Wir spazieren allmählich aus dem Ort hinaus. Kurz vor der Freiwilligen Feuerwehr am Ortsende geht's rechts auf einen Schotterweg bergan. Auf der Höhe halten wir uns links über einen gute befestigten Wirtschaftsweg Richtung Sainbach. Nur wenige Meter vor dem Ortsschild biegen wir rechts ab und wandern weiter über die Felder. Der Weg macht eine Linkskurve und führt uns an einem **Wildgehege** 02 vorbei. Ein paar Minuten später erreichen wir eine Straße,

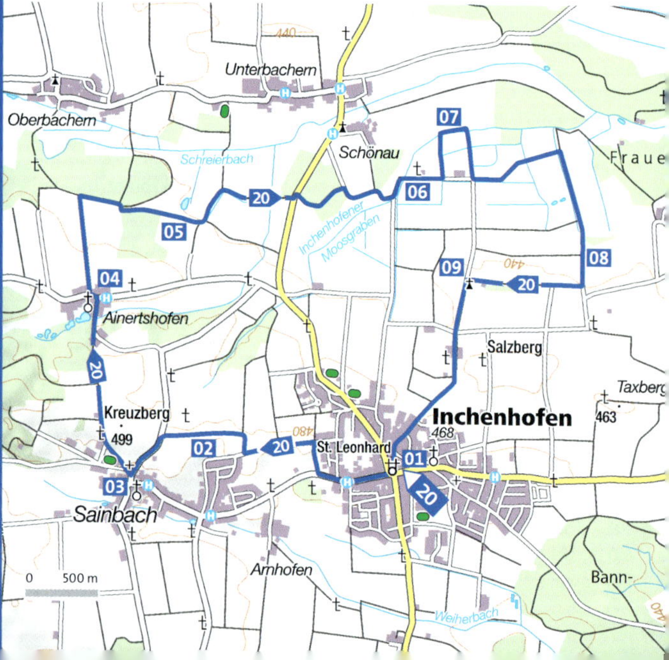

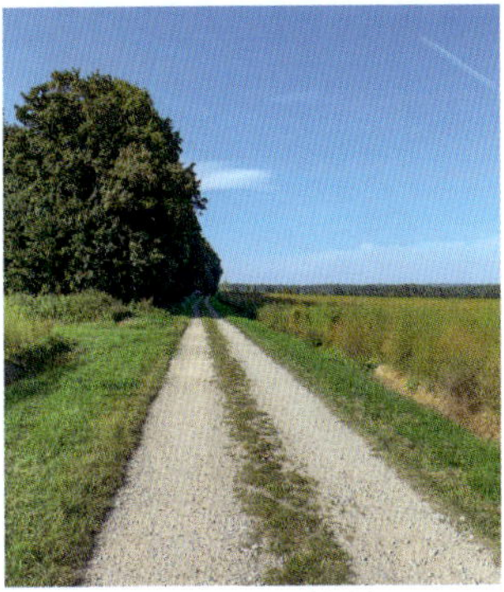

Zwischen den Spargelfeldern hindurch

der wir nach links folgen. In **Sainbach** 03 geht's rechts einmal um die Kirche herum, dann unterhalb der Kirche geradewegs auf einen Feldweg. An der nächsten Kreuzung mit Scheune bleiben wir geradeaus, zehn Minuten später geht's an einer weiteren Scheune geradeaus, einen herrlichen Hohlweg hinab. Unten bringt uns ein Sträßlein geradewegs durch **Ainertshofen** 04 hindurch.

An der hübschen Kirche mit Zwiebelturm vorbei, dann schwenken wir an der Edelbrennerei links und wieder rechts aus dem Örtchen hinaus, über einen asphaltierten Weg Richtung Oberbachern. Wir passieren ein paar Spargelfelder, dann halten wir uns am Waldrand rechts auf einen sandigen Weg. An der nächsten Weggabelung machen wir einen Rechts-Links-Schwenk und nehmen dabei den rechteren der beiden Wege. Er führt uns bald an einem **Weiher** 05 vorbei und an eine Wegkreuzung an einem Schilfgrasfeld. Wir biegen links ab und spazieren am Feldrand entlang. Am Ende des Schilfgrases gabelt sich der Weg in zwei Wiesenwege. Wir nehmen den rechten Weg und folgen ihm bis an die Landstraße nach Unterbachern. Sie queren wir schräg nach links und folgen einem Wiesenweg am Waldrand entlang. Bald schlendern wir durch einen herrlichen Wald bis zu einem Querweg. Wir wenden uns nach rechts. Er leitet uns gleich darauf um eine Linkskurve. Den einmündenden Weg von links ignorieren wir und folgen dem Hauptweg, der sich durch die Wiesen bis zu einem weiteren Querweg schlängelt. Wir biegen links ab und erreichen am Bach entlang kurz darauf einen **Bildstock** 06 und eine Infotafel des Wittelsbacher Landes. Ca. 100 Meter nach der Infotafel zweigt linker Hand ein Wiesenweg ab. Wir machen diesen kleinen Schlenker durchs **Rossmoos** 07, der uns allsbald nach einer Bachquerung rechts leitet.

Wenig später queren wir erneut nach rechts gewandt den Bach und gehen zurück zum Hauptweg. An der Kreuzung schwenken wir nach links und spazieren einige Minuten dahin, bis wir erneut an einem Querweg stehen. Rechts herum geht's durch die Niedermooslandschaft, nun stets geradeaus. Nur wenige Minuten nach einem **Modellflugzeugplatz** 08 biegen wir bei einem Betonplattenweg rechts auf einen Feldweg ein. Er steigt leicht an und leitet uns an Spargelfeldern vorbei bis zu einer **Kapelle** 09. Wir biegen links ab und folgen nun dem schmalen asphaltierten Weg in einer knappen halben Stunde zurück nach Inchenhofen. An der Baldaufstraße geht's links und über den Klosterberg in ein paar Schritten zurück zum Parkplatz am **Rathaus** 01.

VON HOLLENBACH INS KREBSBACHTAL

Waldwanderung zum Silberbrünnl

9,2 km | 2:25 h | 120 hm | 120 hm

START | Hollenbach. Parkplatz am Sportheim. Bus 226 von Aichach. [GPS: UTM Zone 32 x: 653460 m y: 5372401 m]
CHARAKTER | Zu Beginn asphaltierte Wege. Dann herrliche breite Forst- und Waldwege. Beim Silberbrünnl wurzelige Pfade. Wasserdichte Schuhe von Vorteil!

Ruhe und Entspannung erwarten uns heute in den Wäldern um Hollenbach. Silber finden wir hier zwar nicht, auch wenn das kleine Gewässer nur so glitzert vom Glimmerschiefer, der aus den Alpen einst angeschwemmt wurde. Rund herum nur Vogelgezwitscher, das Rauschen des Bächleins und der Wind in den Wipfeln. Sieben Quellen speisen das Brünnl und geben dem kleinen Moor seinen Charakter.

▶ Wir starten am **Sportheim Hollenbach** 01 und folgen zunächst dem asphaltierten Weg nach Westen. Wir queren die gleich folgende Kreuzung geradeaus und gehen bis zu einem kleinen Wohngebiet. Hier geht's rechts in den Kapellenweg und am Krebsbach links auf einen Schotterweg, der uns am Bach entlangleitet. Eine knappe viertel Stunde später erreichen wir den nächsten Ort. An der **FFW Schönbach** 02 schwenken wir nach links, nur 50 Meter später queren wir den Krebsbach nach links und folgen einem asphaltierten Weg. Er leitet uns gleich darauf rechts herum ins

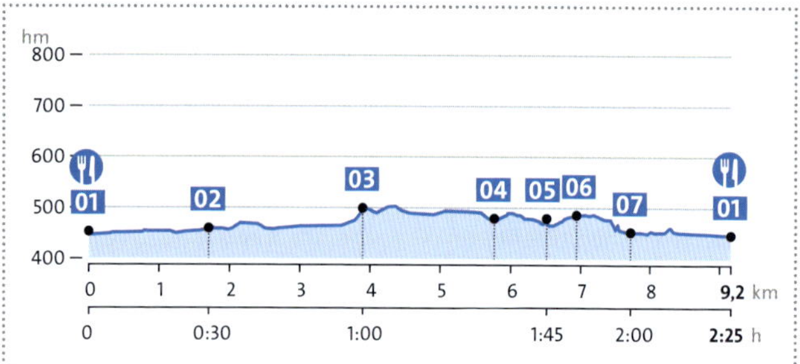

01 Sportheim Hollenbach, 451 m; 02 FFW Schönbach, 459 m; 03 Wiese mit Holzschnitzfiguren, 475 m; 04 Abzweig Silberbrünnl, 467 m; 05 Silberbrünnl, 472 m; 06 Forellenteich, 462 m; 07 Blick auf Hollenbach, 459 m;

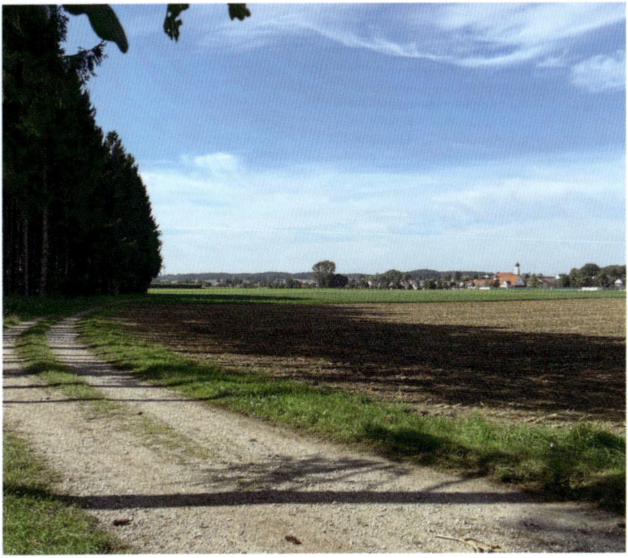

Blick auf Hollenbach

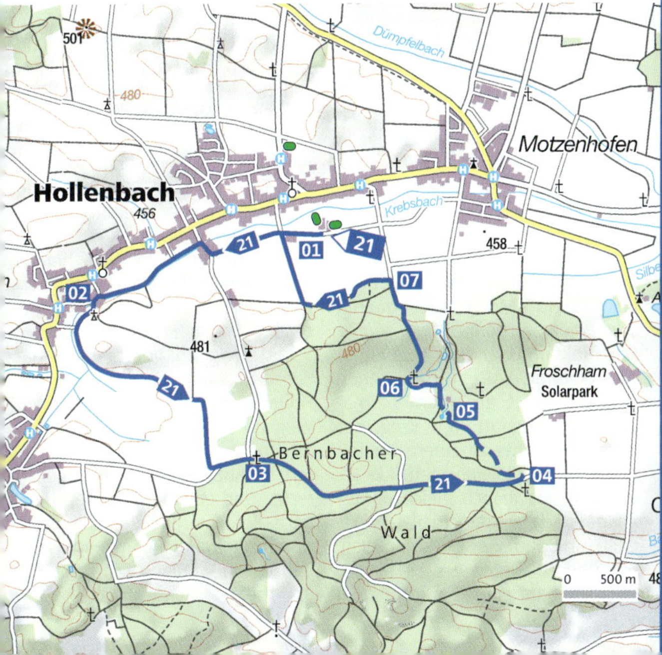

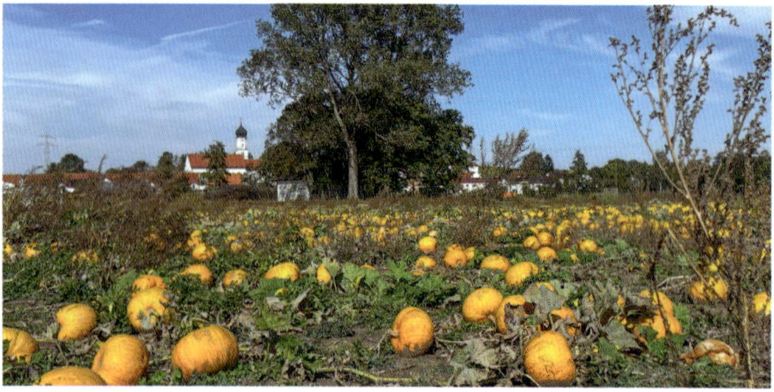

Kürbisfeld am Ortsrand von Hollenbach

Krebsbachtal. Wir wandern gute zwanzig Minuten auf diesem Weg, bis links ein Feldweg abzweigt. Wir ignorieren ihn und wandern weiter, noch kurz geradeaus. Dann beschreibt der Weg eine Rechtskurve, wird zum Feldweg und biegt nach ein paar Minuten wieder links herum. An einer **Wiese mit Holzschnitzfiguren** 03 geht's vorbei in den Wald hinein.

Jetzt wandern wir eine halbe Stunde durch einen herrlichen Wald, stetig auf dem Hauptweg nach Osten. Am Ende des Waldes biegen wir scharf links auf einen unscheinbaren Pfad ab – dem **Abzweig zum Silberbrünnl** 04, wie uns ein Schild verrät. Er führt uns kurz an einem Zaun entlang, dann schwenkt er an einem breiteren Waldweg nach links. Ca. 100 Meter später queren wir einen weiteren Weg schräg nach links und wandern weiter über einen herrlichen, naturbelassenen Weg. Er endet an einem schmalen, fein geschotterten Weg, der uns nach rechts zu einem breiten Waldweg führt. Wir biegen links ab, wenden uns jedoch gleich darauf wieder nach rechts – ein blaues Zeichen am Baum weist uns den Weg. Einhundert Meter weiter biegen wir rechts auf einen aufgegebenen Waldweg ein. Ein Radverbotsschild markiert die Stelle. Kurz darauf erblicken wir links schon den Bachlauf des **Silberbrünnl** 05, an dessen Ufer wir auf schmalem Pfad weiterwandern. Wir spazieren nun herrlich an der linken Bachseite entlang. Nach einigen Minuten halten wir uns an einem Abzweig links und haben kurz darauf schon wieder festeren Boden unter den Füßen. Die Route leitet uns in lichteren Wald und schließlich, stets ein bisschen links gehalten, am Waldrand entlang zum **Forellenteich** 06.

An Teich, Schuppen und Rastplatz vorbei geht's zum Hauptweg und hier rechts herum weiter. Er leitet uns nun geradewegs in einer viertel Stunde aus dem Wald heraus auf einem schönen, geschotterten Forstweg. Nach Waldaustritt zweigt linker Hand ein breiter Schotterweg ab. Von hier aus haben wir einen schönen **Blick auf Hollenbach** 07. Wir folgen dem Weg am Waldrand entlang, bis wir an eine große Kreuzung mit Marterl treffen. Wir schwenken nach rechts und gehen die letzten hundert Meter zurück zur bekannten Anfangskreuzung. Von hier aus haben wir in wenigen Schritten das Sportheim **Hollenbach** 01 erreicht.

VON KÜHBACH NACH UNTERWITTELSBACH

Von Schloss zu Schloss auf Sissis Spuren

11,6 km 3:10 h 165 hm 165 hm

START | Kühbach. Parkplatz am Schloss Kühbach. Bus 241 von Aichach. [GPS: UTM Zone 32 x: 661263 m y: 5373209 m]
CHARAKTER | Breite Wald- und Forstwege, teils auch Ortsstraßen und asphaltierte Rad- und Fußwege. Bis kurz vor Ende gut ausgeschildert.

Heute streifen wir durchs Wittelsbacher Land auf den Spuren Ihrer kaiserlichen Majestät. Wer hat noch nicht von ihr gehört – Elisabeth in Bayern, die durch ihre Heirat mit Kaiser Franz Joseph die spätere Kaiserin von Österreich und Königin von Ungarn wurde. Auf unserem Weg zum Wasserschloss von Herzog Max in Bayern besuchen wir vorher die ehemalige Burganlage Oberwittelsbach. Sie wurde 1209 zerstört. Auf ihren Burgresten erinnert jedoch heute noch die Marienkirche an den damaligen Stammsitz der Wittelsbacher. In Unterwittelsbach genießen wir die schöne Parkanlage und das hübsche Schlösschen, in dem heute ein Museum untergebracht ist.

Los geht's am Parkplatz direkt vor dem **Schloss Kühbach** 01. Wir kreuzen die Straße und folgen

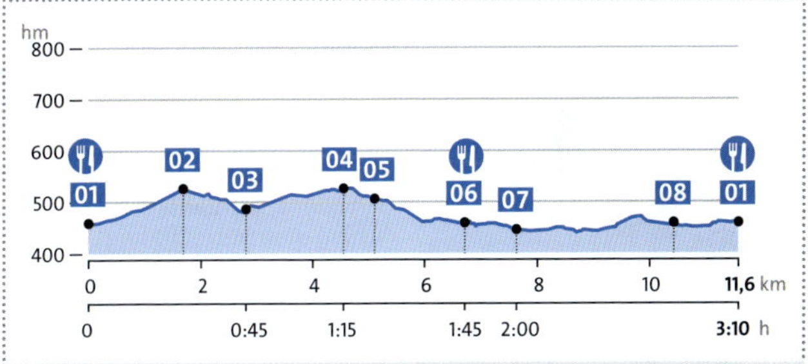

01 Schloss Kühbach, 460 m; 02 Kreuzung mit Schilderbaum, 523 m; 03 Wöresbach, 481 m; 04 Burg Wittelsbach, 525 m; 05 Holzstelen, 507 m; 06 Sissi-Schloss, 461 m; 07 Tennisplätze, 446 m; 08 Sportpark Kühbach, 454 m;

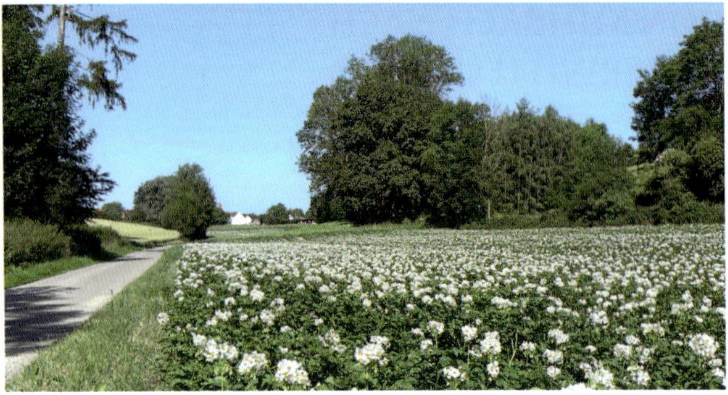

Auf dem Weg nach Unterwittelsbach

der Wöresbacher Straße Richtung Süden durch den Ort. Die Straße steigt immer weiter an und führt uns insgesamt gut zwanzig Minuten recht ordentlich bergauf. Am Ortsende leitet sie uns über die B 300 und mündet schließlich in einen Schotterweg. Auf breitem Weg wandern wir am Waldrand entlang und dann in den Wald hinein. Zehn Minuten später stehen wir an einer großen **Kreuzung mit einem Schilderbaum** **02**. Für uns geht es hier geradeaus weiter Richtung Wöresbach. Gut ausgeschildert leitet uns der Weg in einem Rechtsbogen nach **Wöresbach** **03**. Hier standen einst ein

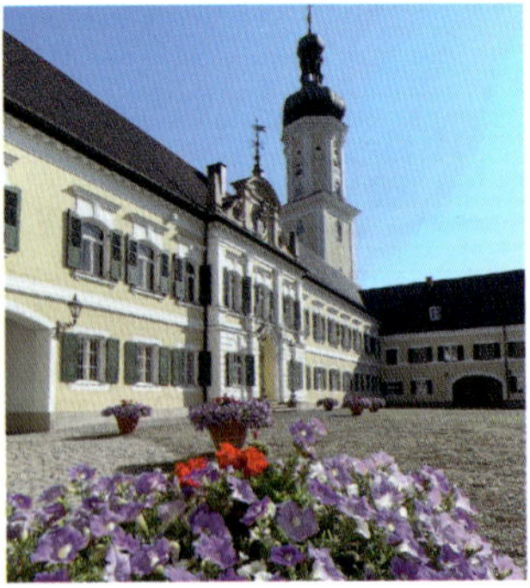

Innenhof von Schloss Kühbach

paar Bauernhöfe, die jedoch aufgrund unwirtschaftlicher Verhältnisse aufgegeben wurden. Wir wechseln die Richtung und wandern nun nach Westen, durch kleinere Waldstücke und an Kartoffelfeldern vorbei geradewegs nach Oberwittelsbach. Im Ort biegen wir an der Veroneserstraße rechts ein und gehen geradewegs über die Wittelsbacher Straße hinüber zur **Burg Wittelsbach** **04**, bzw. dem Platz, an dem einst die Burg stand. Heute sehen wir an ihrer Stelle die Kirche Maria vom Siege im roten Ziegelkleid erstrahlen. Auf der rechten Seite des Platzes befindet sich das Nationaldenkmal aus dem Jahr 1834 – ein 14 Meter hohes, neugotisches Sandsteindenkmal. 1978-1980 fanden am Burgberg Ausgrabungen statt. In diesem Zuge konnten drei verschiedene Burganlagen mit verschiedenen Verteidigungsanlagen nachgewiesen werden. Heute sind jedoch nur vereinzelte Mauerreste übrig. Nachdem wir uns die verschiedenen Schautafeln angesehen haben, setzen wir unseren Weg auf der linken Seite des Burgplatzes fort. Hier führt, kurz vor der Kirche, ein Pfad in den Wald hinab. An einem Mauerrest vorbei

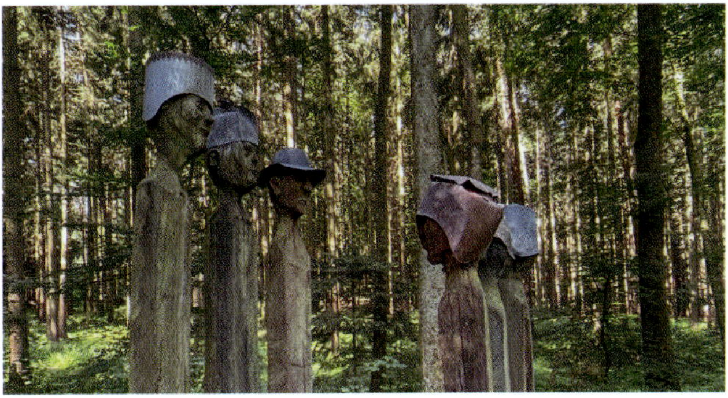

Holzstelen im Wald bei Unterwittelsbach

steigt er zu einem Teerweg hinab, dem wir nach rechts folgen. Er leitet bald auf weichem Waldboden durch den Wald, vorbei an 6 **Holzstelen** 05, figurartigen Kunstwerken des Künstlers Norbert Zagel. Wenig später geht's aus dem Wald hinaus bis kurz vor eine Scheune. Hier biegen wir links ab, folgen jedoch gleich der nächsten Abzweigung nach rechts. Wir wandern zweihundert Meter am Waldrand entlang, dann schwenken wir nach rechts über einen schmalen Weg zum Schlosspark Unterwittelsbach. Wir folgen einem Pfad

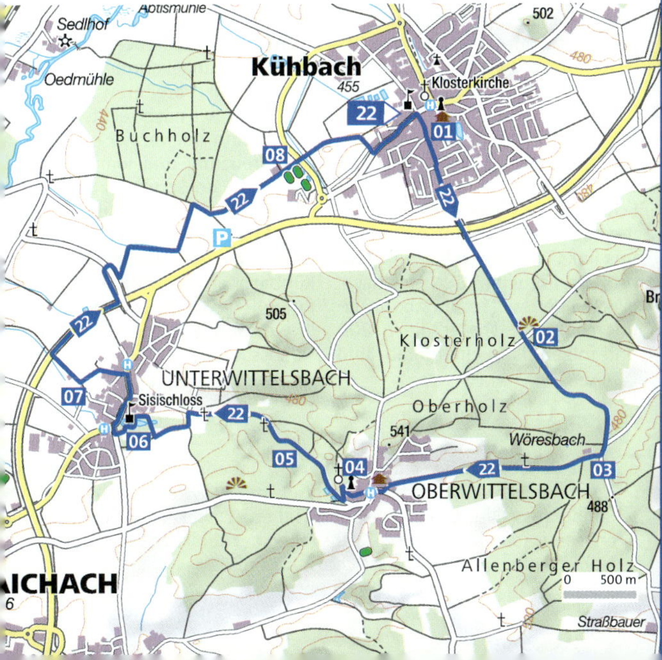

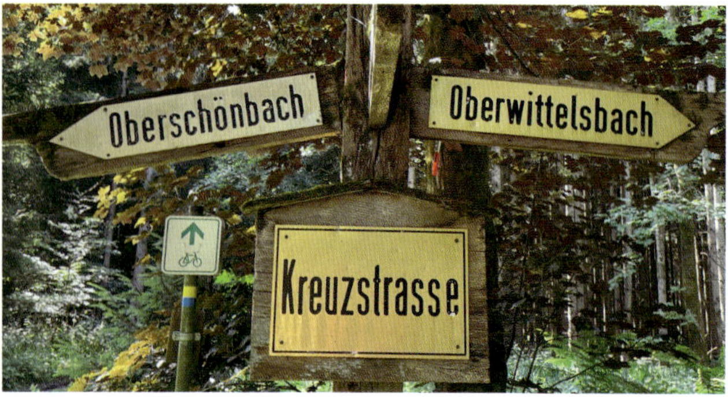

Wegschilder im Schrobenhausener Land

geradeaus, in einer Runde an zwei äußerst romantischen Weihern vorbei. Kurz danach stehen wir vor dem **Sissi-Schloss** 06. Wer die Zeit erübrigen kann, dem sei unbedingt ein Besuch im Museum ans Herz gelegt. Nach einem Besuch am Schloss gehen wir zur Straße. Wir folgen dem Klausenweg nach rechts zur Herzog-Max-Straße. Sie führt uns noch einmal nach rechts gewandt nordwärts aus dem Ort hinaus. Nach ein paar Minuten biegen wir am Gemeinschaftshaus links in den Sperberweg ein. Hier verlassen wir die Wegmarkierung. Bald geht's auf einem Schotterweg an Feldern vorbei. An der nächsten Gabelung halten wir uns links und gehen bis zum **Tennisplatz** 07 vom TC Wittelsbach. Hier biegen wir rechts ab, unterqueren wenig später die B 300 und folgen dann einem Rad- und Fußweg nach rechts, parallel zur Bundesstraße. Nach zehn Minuten biegen wir links ab und folgen der Route um eine 180-Grad-Kurve über eine Straße. Der Weg wird zu einem Feld- und Wiesenweg, dem wir ein paar Minuten folgen. Am Hochsitz kurz vor der freien Wiese halten wir uns links und wandern auf einem Feld- und Wiesenweg leicht bergan auf den Waldrand zu. Dort angekommen treffen wir auf einen breiteren Schotterweg, dem wir nach rechts folgen. Kurz darauf queren wir eine Feldweg-Kreuzung und wandern geradewegs am **Sportpark Kühbach** 08 vorbei. Danach queren wir eine Straße und folgen dem Weg weiter, bis er am Ortsrand von Kühbach an der Aichacher Straße endet. Mit ihr schlendern wir in wenigen Minuten zurück zum **Schloss Kühbach** 01.

Tipp

Einen Besuch im Sisi-Schloss sollte man unbedingt mit einplanen. Neben einer Dauerausstellung gibt es immer wieder wechselnde Sonderausstellungen zu Kaiserin Elisabeth. Dabei erhält der Besucher sehr spannende Einblicke ins Leben der königlich-kaiserlichen Hoheit. Infos unter www.sisischloss.bayern.de

VON RUPPERTSZELL NACH KEMNAT

Durch den Schiltberger Wald

6,5 km 1:15 h 135 hm 135 hm

START | Ruppertszell. Wanderparkplatz in der St.-Michael-Straße. Bus 241 von Aichach.
[GPS: UTM Zone 32 x: 668547 m y: 5370333 m]
CHARAKTER | Im ersten Abschnitt schmale, wurzelige Pfade. Trittsicherheit vonnöten. Zum Ende breite Waldwege, an einigen Stellen ist Orientierungssinn nötig! Im ersten Abschnitt gut beschildert.

Die Wanderfreunde von Ruppertszell haben in den 80er-Jahren einen wunderschönen Wanderweg beschildert, der uns quer durch die Schiltberger Mischwälder führt. Abenteuerlich ist es, an mancher Stelle kann es auch recht einsam sein. Auf jeden Fall offenbart sich um uns herum Natur pur. Was kann es schöneres geben?

▶ Wir starten am Wanderparkplatz in **Ruppertszell** 01. Zunächst gehen wir die Straße an der Kirche vorbei und beim Friedhof links zum Ortsausgang. Ein Feldweg führt uns noch ein paar Meter geradeaus, dann zweigen wir am folgenden Feldweg links ab. Nach ein paar Metern weist uns das Wanderschild schon leicht rechts in den Wald hinein: der **Beginn des Waldpfades** 02. Auf dem schmalen Pfad geht's zunächst noch eine Zeit lang parallel zum Feldweg, jedoch ein wenig oberhalb. Auf und nieder leitet er uns recht kurvenreich und teils auch wurzelig durch

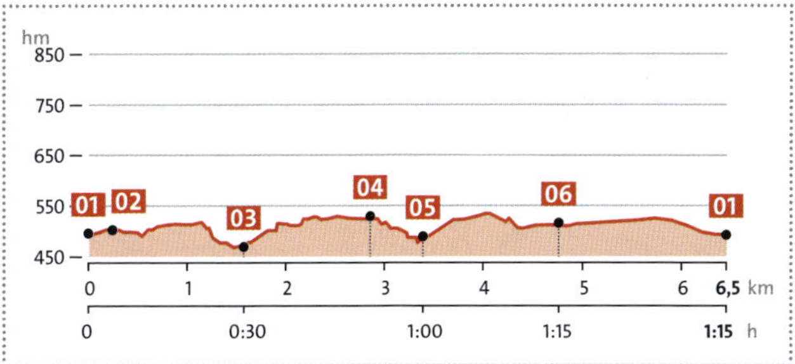

01 Ruppertszell, 492 m; 02 Beginn Waldpfad, 499 m; 03 Birglbacher Kapelle, 471 m; 04 Linksabzweig, 519 m; 05 Fischteich und Rastplatz, 483 m; 06 Marienkapelle, 512 m;

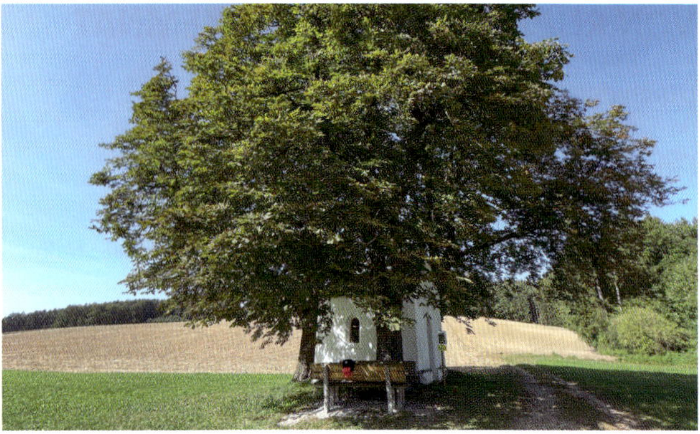

An der Birglbacher Kapelle

den herrlichen Wald nach Westen. Nach ca. zwanzig Minuten treffen wir auf einen breiteren Weg, der uns links herum aus dem Wald heraus auf eine freie Wiese führt. Links von uns erblicken wir Birglbach. Geradeaus wartet die hübsche **Birglbacher Kapelle** **03** auf uns mit einem schönen Rastplatz unterm Kastanienbaum. Der Weg leitet uns an der Kapelle vorbei, dann rechts herum und schnell links wieder in

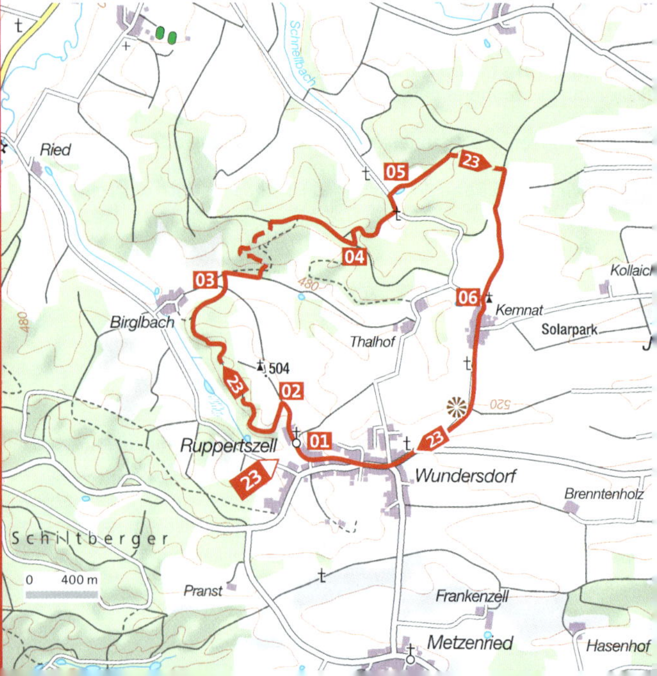

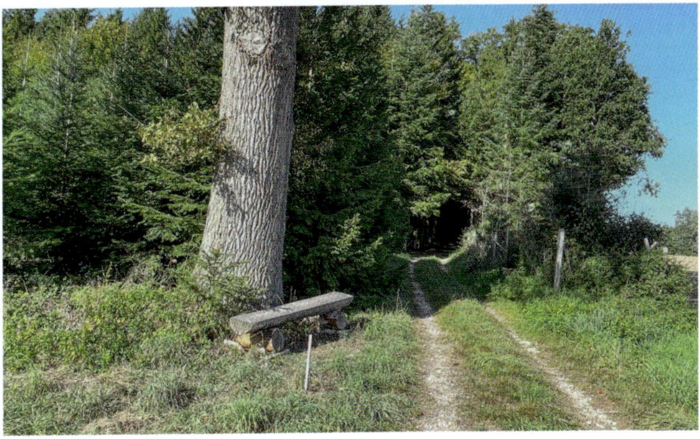

Immer wieder findet sich eine Rastbank

den Wald hinauf. In versetzten Kehren führt uns der Pfad nach Norden bis an einen Waldweg. Wir biegen links ein, schwenken jedoch gleich darauf wieder nach rechts. Wir folgen dem Weg ca. 250 Meter, dann erreichen wir eine Kreuzung. Hier müssen wir nun genau beachten, wohin wir gehen, denn die Wege sind nur schwer auszumachen. Wir bleiben auf unserem Weg und folgen ihm leicht rechts herum. Dann bleiben wir nochmal fünfhundert Meter auf diesem Weg, bis zu unserer Rechten wieder der Pfad einsetzt. An dieser Stelle nehmen wir – entgegen der Beschilderung – den **Linksabzweig** 04 und folgen dem schlecht erkennbaren Weg ca. 100 Meter geradewegs nach Norden.

Dann macht er eine kleine Rechtskurve und führt anschließend in einem Linksbogen zum Waldrand. Wir tangieren diesen jedoch nur und gehen mit einem deutlichen Weg leicht links gehalten noch kurz durch den Wald, dann treffen wir auch schon auf einen schönen breiten Schotterweg. Wir biegen links ein, schwenken bei der nächsten Gelegenheit nur hundert Meter später jedoch wieder nach rechts. Der Weg leitet uns an einem **Fischteich mit Rastplatz** 05 vorbei in den Wald hinauf. Kurz vor Waldeintritt sehen wir zu unserer Linken ein paar Rosen herüberschimmern, rechts von uns befindet sich nochmal ein schöner Rastplatz.

Der Weg führt uns nur wenige Minuten in den Wald hinauf, dann gabelt er sich. Wir halten uns hier rechts und wandern sanft durch den Wald weiter bergan. Oben am Waldrand treffen wir auf einen ausgeprägteren Querweg, dem wir nach rechts folgen. Nur wenig später spazieren wir vollends aus dem Wald heraus und geradewegs auf Kemnat zu. Am Ortsrand erwartet uns eine kleine **Marienkapelle** 06. Von hier aus geht es geradewegs durch den Ort hindurch – leider können wir den schöneren Weg durch Thalhof nicht nehmen, da der Weg durch die Höfe gesperrt ist. So begeben wir uns auf die Straße nach Wundersdorf. Hier halten wir uns zweimal rechts, über Holzlandstraße und Kirchweg zurück zum Wanderparkplatz in **Ruppertszell** 01.

KLEINE RUNDE UM SCHEYERN

Toskanafeeling auf dem Benediktus- und Panoramaweg

9,3 km 2:30 h 191 hm 191 hm

START | Parkplatz Klosterberg Scheyern. Bus 9241 von Pfaffenhofen. [GPS: UTM Zone 32 x: 681116 m y: 5374805 m]
CHARAKTER | Gut beschilderte Runde auf angenehmen Forst-, Feld- und Wiesenwegen, teils auch kurz über Straßen.

Heute sind wir auf einer Mischung vieler unterschiedlich ausgeschilderter Wege des Landkreises Pfaffenhofen an der Ilm unterwegs. Zwar folgen wir im Groben der Hauptroute des Panoramaweges, streifen aber zwischendurch auch den Benediktus- und sogar den Planetenweg. Dabei erhalten wir tolle Einblicke in die Wälder bei Scheyern und herrliche Ausblicke auf das hügelige Umland.

▶ Zunächst gehen wir vom **Klosterberg** 01 in Scheyern bis zum Ende des Parkplatzes in entgegengesetzer Richtung zum Supermarkt und biegen dann sofort rechts in den Benediktenweg ein. Er leitet uns hinab, dann halten wir uns geradeaus zwischen zwei **Weihern** 02 hindurch Richtung Prielhof. Gleich darauf stoßen wir auf einen Querweg, der auch die ersten Infotafeln des Planetenweges bereithält. Wir biegen links ab und wandern am Sauweiher entlang. Beim letzten Weiher mündet unser Weg in einen Feldweg, dem wir weiter nach Süden folgen. Wir

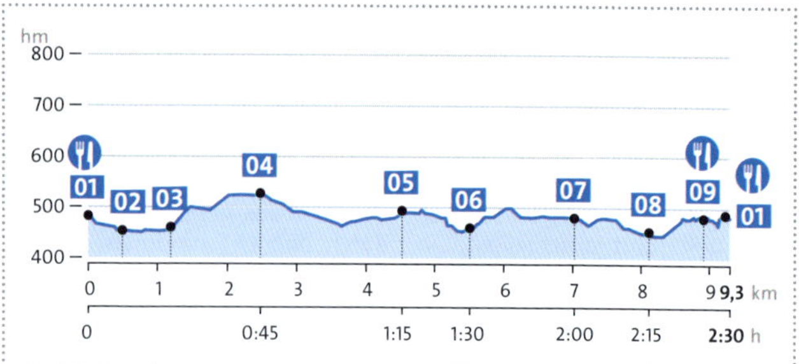

01 Klosterberg, 481 m; 02 Weiher, 453 m; 03 Planetenschild Saturn, 459 m; 04 Wasserschutzgebiet, 526 m; 05 Planetenschild Kometen, 491 m; 06 Unterschnatterbach, 455 m; 07 Kreuzung Landstraße, 478 m; 08 Baderweiher, 447 m; 09 Kloster Scheyern, 482 m;

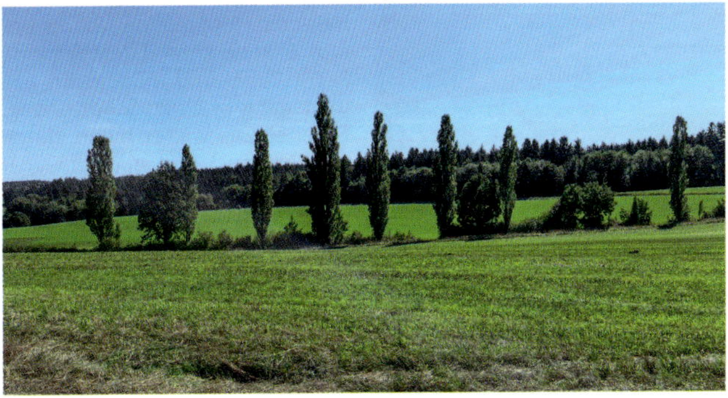

Scheyerner Toskana

ignorieren einen Abzweig nach links und lassen uns vom Planeten- und Panoramaweg leiten. Nach dem **Planetenschild Saturn** 03 steigt der Weg an und führt uns allmählich in den Wald hinein. Wir bleiben nun stets auf dem Hauptweg. Ca. zehn Minuten nach Eintritt in den Wald erreichen wir eine große Kreuzung. Hier biegen wir rechts ab, gehen jedoch nur gut 200 Meter bis zum nächsten Rechtsabzweig, der uns unbeschildert hinab ins **Wasserschutzgebiet** 04 führt. Zunächst ist der Weg recht steil. Der Wegverlauf

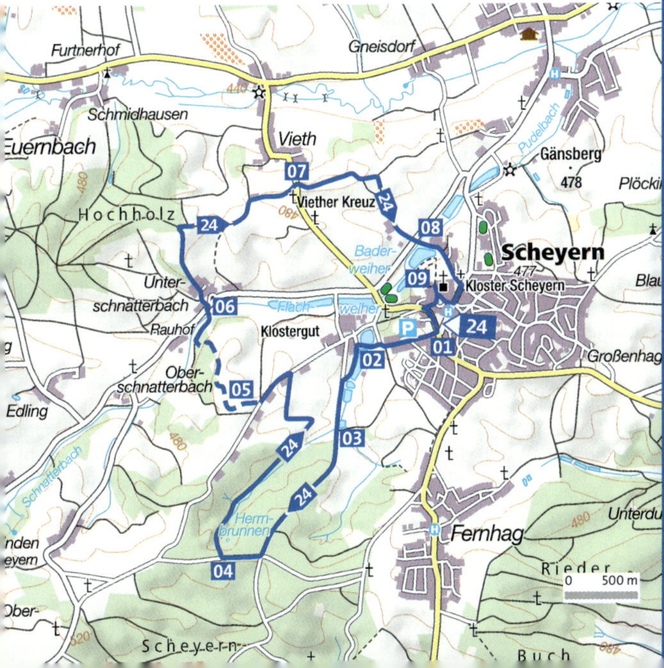

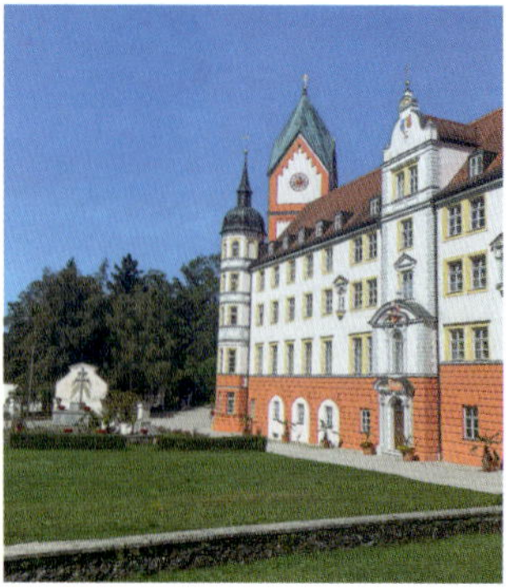

Willkommen im Kloster Scheyern

leitet uns unten um eine Rechtskurve, danach geht's stetig geradeaus. Zu unserer Rechten sehen wir einen kleinen Graben. Nach einer viertel Stunde treten wir aus dem herrlichen Wald heraus. Kurz bevor wir auf den bekannten Anfangsweg stoßen, biegen wir am Ende eines Zaunes scharf links auf einen Feld- und Wiesenweg hinauf ab. Er macht schnell eine Rechtskurve und führt uns mit herrlichen Blicken erst hinauf, dann hinunter und mündet schließlich in einen breiten Schotterweg. Wir schwenken nach links. Nun sind wir wieder ein Stück mit dem Planetenweg unterwegs. Fünf Minuten später weist uns ein Schild mit der Aufschrift „Kometen" nach rechts, über einen Wiesenweg auf einen kleinen Hügel mit Baum und dem **Planetenschild Kometen** **05**.

Ein herrlicher Ort. Ein Rundumblick vermittelt uns ein Gefühl, als wären wir mitten in der Toskana und nicht mitten in der Hallertau. Wir spazieren weiter auf der Route bis zu einem Wäldchen. Hier schickt uns das grüne Wanderschild nach rechts, weiter über die Wiese. Links unter uns schimmern die Hopfenfelder zu uns herauf. Bald beschreibt der Weg eine Rechtskurve und mündet im Abwärtsgang in einen Schotterweg. Er leitet uns weiter hinab, durch ein Waldstück und an einer Gabel rechts zur Straße. Nach den ersten Häusern von **Unterschnatterbach** **06** biegen wir links ab und folgen einem Sträßchen hinauf. An der ersten Möglichkeit halten wir uns rechts Richtung Scheyern über den Baderweiher. Am Ortsrand mündet unsere Route wieder in einen mit blauem Punkt gekennzeichneten Schotterweg, der uns an Feldern vorbeiführt. Nach fünf Minuten macht der Weg eine Linkskurve. Wir bleiben geradeaus, über ein kleines Wiesenstück und dann rechts wieder auf einen festeren Weg. Er führt hinab zur **Kreuzung an der Landstraße** **07**.

Wir überqueren sie und spazieren weiter, immer ein wenig rechts gehalten, an Feldern und Wiesen entlang, stets mit schönen Blicken auf Scheyern. Nach zehn Minuten führt ein deutlicher Weg rechts an einem Feld entlang hinab. Wir folgen ihm, den Turm vom Kloster Scheyern direkt vor der Nase, bis an ein Teersträßlein. An einer Autowerkstatt und einem letzten Hopfenfeld geht's vorbei, über die Straße und am **Baderweiher** **08** entlang. Dann spazieren wir mit dem Hohlweg hinauf und nach Scheyern hinein. An der Hauptstraße geht's rechts bis zum Eingang der Klosteranlage. Wir durchqueren den Innenhof vom **Kloster Scheyen** **09**, aber nicht ohne der herrlichen Basilika einen Besuch abzustatten. Auf der gegenüberliegenden Seite verlassen wir den Klosterhof, an der Brauerei vorbei zum **Klosterberg** **01** und zurück zum Parkplatz.

VON SCHEYERN NACH REICHERTSHAUSEN

Hügelgräber, Keltenschanze und einsame Wälder

21,8 km 6:00 h 394 hm 394 hm

START | Scheyern. Parkplatz am Klosterberg. Bus 9241 von Pfaffenhofen.
[GPS: UTM Zone 32 x: 681116 m y: 5374805 m]
CHARAKTER | Bequeme Wald- und Feldwege. Lange Runde, keine Einkehr unterwegs. Der Abschnitt am Golfplatz entlang erfolgt auf eigene Gefahr.

Heute erwartet uns eine herrliche Runde um Scheyern. Übers Klostergut geht's ein Stück mit dem Planetenweg in den Wald, mit einem anschließenden Besuch eines Hügelgrabes und einer Keltenschanze, tief in den Scheyerner Wäldern. Im Anschluss führen uns Feldwege wieder über ein paar hübsche Dörfer zurück in die herrlichen Wälder des Ilmtals.

Vom **Klosterberg** **01** in Scheyern gehen wir zunächst zur Brauerei. Hier wechseln wir die Straßenseite und folgen einem Schild mit der Aufschrift „Tennisplatz" an einem Parkplatz vorbei.

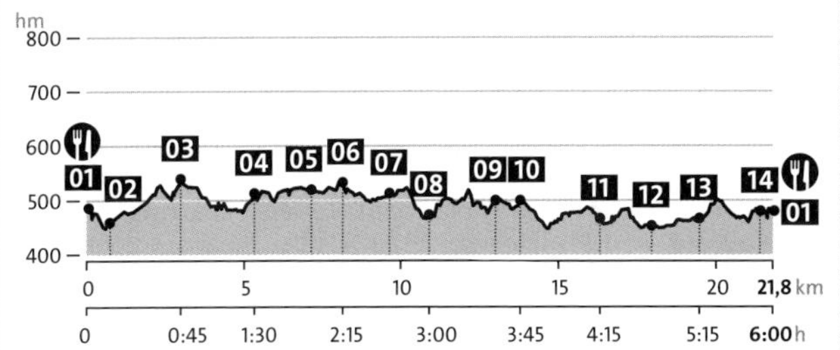

01 Klosterberg, 482 m; **02** Prielhof, 460 m; **03** Hügelgräber, 529 m; **04** Keltenschanze, 508 m; **05** Edersberg, 519 m; **06** Abgeholzte Fläche, 526 m; **07** Marterl vorm Haselhof, 510 m; **08** Haunstetten, 467 m; **09** Kreut, 496 m; **10** Golfplatz Reichertshausen, 484 m; **11** St. Peter und Paul, 470 m; **12** Abzweig beim Baum, 452 m; **13** Sandsteingrube, 463 m; **14** Basilika Hl. Kreuz, 482 m;

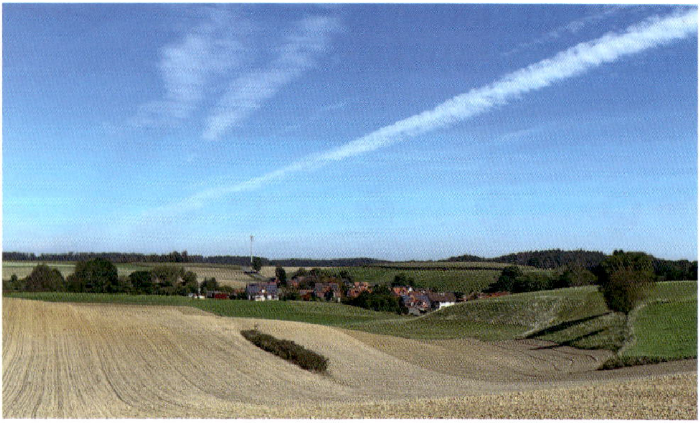

Blick auf Langweid

Das grüne Wanderschild führt uns auf einen schottrigen Weg hinab. Unten queren wir die Straße und schlendern an den hübschen Weihern des Klostergutes **Prielhof 02** vorbei. Zum Ende des Hofgeländes passieren wir einen Ziegenstall und wandern mit den ersten Schildern des Planetenweges über einen Schotterweg hinaus. Er leitet uns auf und ab, bald durch ein Waldstück und beschreibt schließlich nach zwanzig Minuten eine Linkskurve. Wir schlendern noch fünf Minuten am Waldrand entlang, dann treffen wir bei einer Bank auf einen anderen Weg.

Wir richten uns nach dem Wanderschild und biegen scharf links ab, weiter auf dem Planetenweg. Gleich darauf tauchen wir in den Wald ein. Ein paar Minuten später erblicken wir zu unserer Rechten ein Schild mit der Info **Hügelgräber 03**. Direkt dahinter sehen wir auch schon den sanften Hügel, der sich im Wald erhebt. Weiter geht's auf dem schönen Weg bis an eine Kreuzung. Wir biegen unbeschildert rechts ab und wandern hinab in den Wald. An der nächsten großen Kreuzung bleiben wir geradeaus, dann macht der Weg einen Rechtsbogen. Kurz danach biegen wir links auf einen grasbewachsenen, herrlichen Waldweg ab. Er leitet uns durch ein wunderschönes Waldstück in zehn Minuten bis an einen Querweg. Wir wenden uns nach rechts, treten sogleich aus dem Wald heraus und spazieren an einer wunderschönen Lichtung vorbei und wieder leicht bergan. Nach ein paar Minuten weist uns linker Hand ein Schild zur **Keltenschanze 04**.

Wir folgen ihm und begutachten die Reste des einstigen Keltenwalles. Ein Infoschild erklärt uns hierzu näheres. Zurück auf der Route geht's weiter geradeaus hinauf. Wir bleiben stets auf dem Hauptweg und halten uns an der Weggabelung kurz vor Waldende rechts hinauf und am Waldrand entlang. Ein paar Minuten später teilt sich der Weg. Wir halten uns links und spazieren nach **Edersberg 05**. Am Weiler geht's links, dann wieder rechts hindurch zur Straße. Wir queren sie geradeaus und wandern auf breitem Schotterweg weiter, bald am Waldrand entlang. Am

Ende des Waldes schwenken wir nach rechts, wieder am Waldrand entlang. Dann treten wir für ca. 100 Meter in den Wald ein. An der Weggabelung halten wir uns links, gehen an einer **abgeholzten Fläche** **06** vorbei und treten schnell wieder aus dem Wald heraus. Wir spazieren an einem Hochsitz vorbei und dann auf einem Wiesen- und Feldweg geradeaus. Er mündet bald in einen geschotterten Feldweg und gibt einen schönen Blick auf Langweid frei. Die folgende Querstraße überqueren wir schräg nach rechts, gehen noch kurz über eine asphaltierte Stelle und wechseln dann direkt auf einen Wiesenweg. An einem einsamen Baum geht's vorbei, weiter zwischen Wiese und Feldern. Am nächsten, schmalen asphaltierten Sträßlein biegen wir rechts ab. Beim Ortsschild und **Marterl vorm Haselhof** **07** wenden wir uns nach links.

Nun geht es erst auf sandigem Weg, dann über Wiese ein gutes Stück am Waldrand entlang, dann in den Wald hinein. Dort spazieren wir eine herrliche Hohlgasse hinab. Nach Waldaustritt dreht die Route nach links. Wir passieren ein paar Häuser, queren die Straße und folgen einer schmalen Straße durch **Haunstetten** **08** hindurch. Das Sträßlein steigt an und mündet am letzten Haus in einen Schotterweg. Vorm nächsten Weiler schwenken wir links herum, queren die Straße und gehen weiter geradeaus auf einem Schotterweg sanft bergan. Der Weg beschreibt bald eine Rechtsbiegung, dann leitet er uns wieder kurz hinab in den Wald. Gleich darauf stehen wir an einer Waldweggabelung mit 3 Wegen: Wir entscheiden uns für denjenigen, der schnurgeradeaus führt, schnell auf einen geschotterten Waldweg hinab. Nach ein paar Minuten verschmälert er sich und führt um eine Linkskurve zu einem Querweg. Wir wenden uns nach links und erreichen schnell den Waldrand und die ersten Häuser von **Kreut** **09**.

Noch vor der Straße biegen wir scharf rechts auf einen geschotterten Weg in den Wald ein. Er macht kurz darauf eine Linkskurve, wir wandern hier jedoch

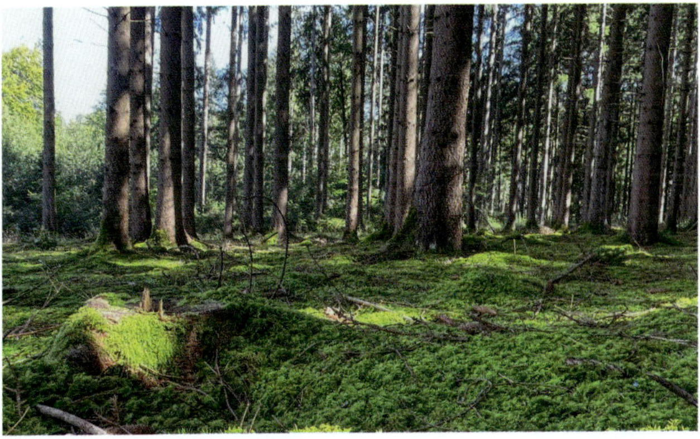

Herrlicher Wald bei Scheyern

geradeaus auf einen schmalen, grasigen Weg in den dichten Wald hinein. Wir folgen diesem stets gut erkennbaren Pfad eine viertel Stunde, dann lichtet sich der Wald und wir stehen am **Golfplatz Reichertshausen 10**. Achtung, das Begehen erfolgt auf eigene Gefahr. Schilder weisen darauf hin! An der Straße am Ortsrand von Reichertshausen wenden wir uns nach rechts hinab. An der Staatsstraße geht's links Richtung Ortsmitte. Nur wenige Minuten später wenden wir uns gegenüber von Schloss Reichertshausen nach links in die Straße Ilmtal. Am Riederweg geht's wieder links, beim Mozartring gehen wir rechts hinauf und gleich nach der Linksbiegung rechts

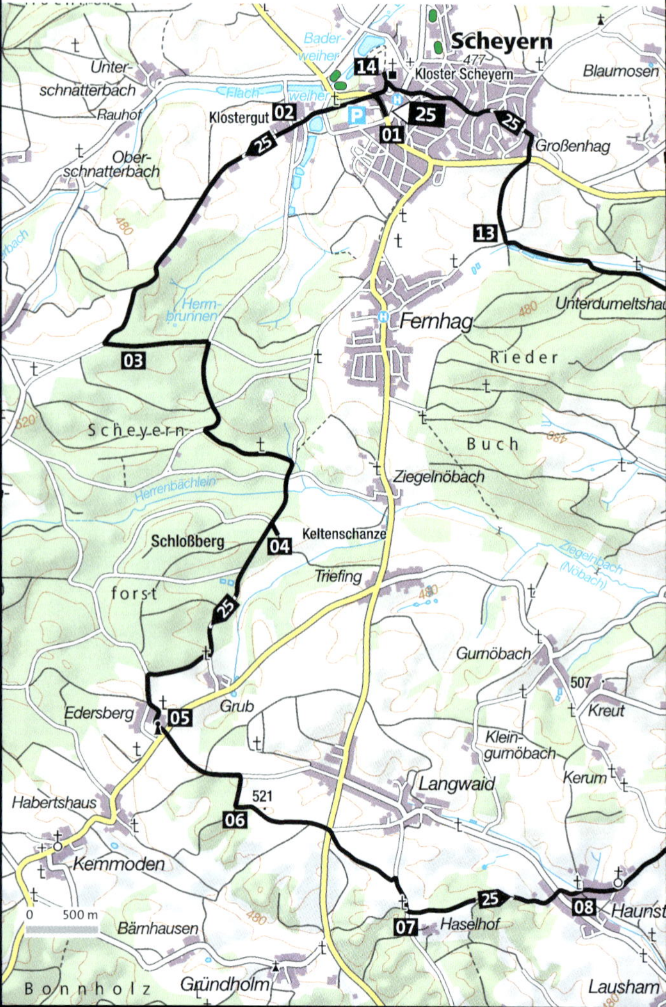

an den Häusern vorbei auf einen Wiesenweg. Er leitet uns an den Gärten entlang hinauf und schließlich über ein paar Felder, bis er in einen breiten Schotterweg mündet, der von rechts heraufkommt. Am nächsten Querweg halten wir uns rechts, passieren die kleine Kirche **St. Peter und Paul 11** und stehen schließlich in der Ortsmitte von

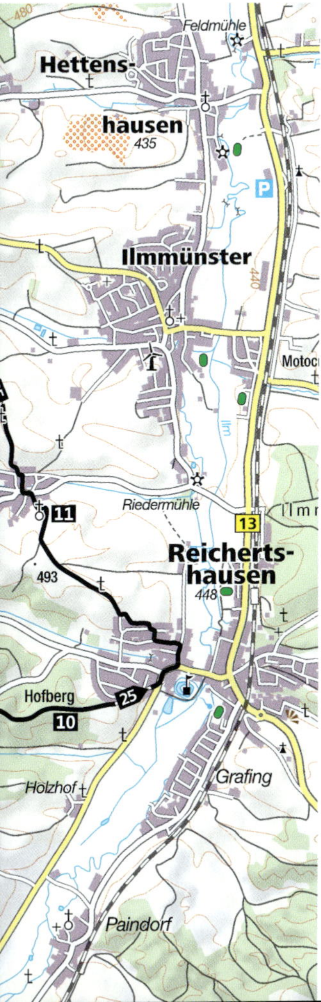

Ilmried mit hübscher Rastmöglichkeit um einen Baum. Wir wenden uns nach links und schwenken gleich nach dem Spielplatz rechts herum. Der Klosterweg begleitet uns schließlich aus dem Ort hinaus. Hinter den letzten Häusern geht's kurz über einen grobsteinigen Weg hinauf, dann wandern wir über die Felder bald wieder hinab. Wir bleiben stets geradeaus und spazieren die letzten Meter über einen tongefärbten Weg zur Straße. Nach links geht's nur ein paar Meter bis zu einem **Abzweig beim Baum 12**, an dem wir wieder links abbiegen. Wir wandern an Feldern entlang in den Wald. Wir halten uns nun stetig geradeaus auf dem Weg, der dem Waldsaum am nächsten ist. Nach fünf Minuten schwenkt der Weg rechts und wieder links aus dem Wald heraus und weiter am Dummelshauser Bach entlang. Wir schlendern über einen Wiesenweg, der bald zwei feine Schotterstreifen bekommt. Am Ende des Weges biegen wir rechts auf einen breiten Weg ab, an der **Sandsteingrube 13** vorbei.

Die nächste Straße queren wir geradeaus. Der Schotterweg führt zum Ortsrand von Scheyern. Hier folgen wir der Ludwigsstraße links hinab. Wir spazieren mit dem Straßenverlauf erst links, dann rechts herum. An einer Straßengabelung mit einem Baum halten wir uns links in die Grabmairstraße. Unten an einem kleinen Park geht's dann schräg nach links ein Wegerl steil hinauf zur Schyrenstraße. Wir stehen nun direkt gegenüber des Klosters Scheyern. Durch die Klosteranlage machen wir einen letzten Abstecher zur **Basilika Hl. Kreuz 14**, dann schlendern wir an der Brauerei vorbei zurück zum **Klosterberg 01**.

VON PAUNZHAUSEN NACH REICHERTSHAUSEN

Waldspaziergang durch's Reichertshauser Holz

14 km | 4:20 h | 250 hm | 250 hm

START | Paunzhausen. Parkplatz am Sportplatz. Bus 601 von Freising. [GPS: UTM Zone 32 x: 689530 m y: 5371752 m]
CHARAKTER | Breite Forst- und Waldwege. Orientierung im Reichertshauser Holz, kurz vor Reichertshausen. Teils beschildert.

Die Wanderung führt uns vom Örtchen Paunzhausen zunächst über die Felder bis zum Aussichtspunkt auf dem Christelberg, an dem wir auf einer Bank gemütlich das Panorama genießen können. Im Anschluss wandern wir einige Zeit durch herrlichen Wald, zwischendurch verlassen wir dabei die Markierungen. Hier haben wir die Möglichkeit, dem Schloss Reichertshausen einen Besuch abzustatten. Es ist ein typisches Hofmarkschloss, also ein ehemaliger Gutshof der geschlossenen Hofmark Reichertshausen. Der älteste Teil des Schlosses hat seinen Ursprung im späten 11. Jahrhundert. Das imposante, ehemalige Wasserschloss ist ein spätgotischer Bau; er geht auf die Herren von Pfeffenhausen zurück, im Torbogen wurden 1980 gotische Fresken freigelegt. Der Weg retour führt am Rande des Reichertshauser Holzes bald wieder durch herrlichen Wald und schließlich an Wiesen und Feldern über Walterskirchen zum Ausgangspunkt.

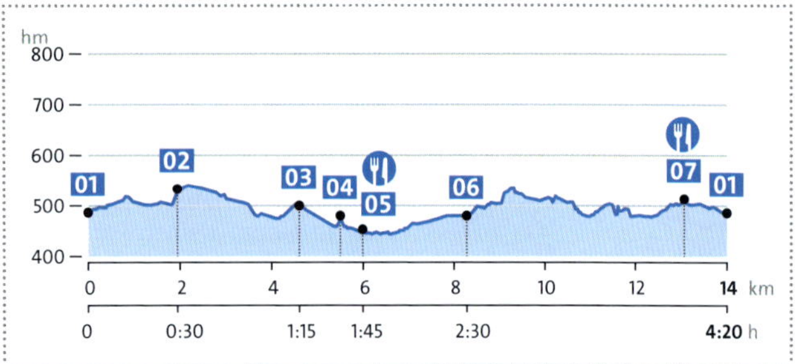

01 Sportplatz Paunzhausen, 507 m; 02 Christelberg, 482 m; 03 Drei Buchen, 498 m; 04 Waldfriedhof, 462 m; 05 Reichertshausen, 446 m; 06 Salmanding, 463 m; 07 Walterskirchen, 502 m;

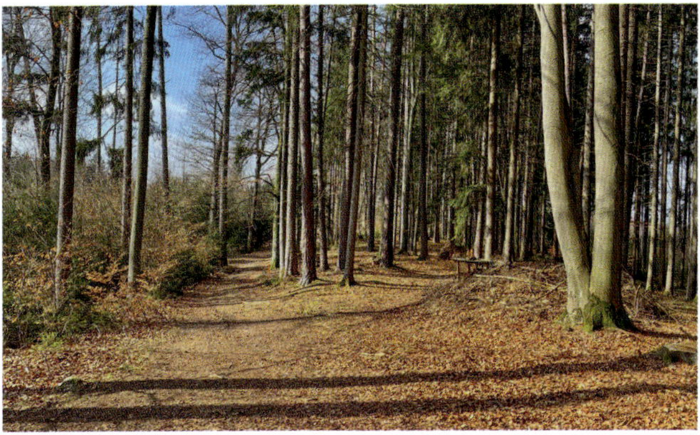

Durch den Illmünsterer Wald

▶ Wir beginnen die Wanderung am Parkplatz beim **Sportplatz Paunzhausen** 01. Nach einigen Minuten Richtung Ortszenturm biegen wir an der Reichertshauser Straße links ein Richtung Ilmünster. Die Straße führt aufwärts aus dem Ort hinaus. Am Ortsrand halten wir uns auf dem linken Feldweg, an ein paar Hopfenfeldern vorbei, bis wir eine Weggabelung erreichen. Wir entscheiden uns

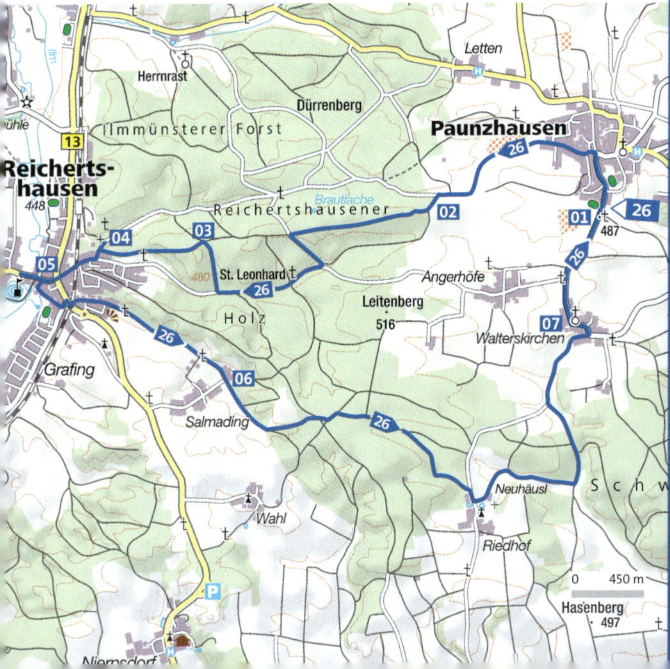

nochmals für den linken Weg, leicht aufwärts auf den **Christelberg** 02. Hier biegen wir rechts ab in den Wald hinein. Ein paar Minuten später gabelt sich an einem Sendemast der Weg erneut. Wir halten uns links und folgen den Schildern mit den Nummern 2 und 4 über weichen Waldboden und einen sehr schönen Waldweg. Der Weg leitet uns an einer Rastbank mit Tisch und einer Futterkrippe vorüber. Gute zehn Minuten später erreichen wir einen breiten, befestigten Waldweg. Hier knicken wir scharf nach links ab und folgen der roten 4 bis zu einer T-Kreuzung. Es geht nun nach rechts, dann stets geradeaus bis zu einem Wegweiser, an dem wir im 90-Grad-Winkel rechts auf einen breiten Wiesenweg abbiegen. Er leitet uns durch eine Waldschneise, an einem Hochsitz vorbei und bald steil hinauf. Oben an der Kreuzung **Drei Buchen** 03 biegen wir links auf einen schmalen Waldweg ab und folgen ab hier der grünen 2.

Der schmale, teils wurzelige und grasige Weg bringt uns in ca. 15 Minuten an den Ortsrand von Reichertshausen. Wir stehen an einem geteerten Parkplatz, gegenüber befindet sich der **Waldfriedhof** 04.

Wir laufen links bis zur nächsten Querstraße und folgen ihr nach rechts in den Ortskern. Wir sind in **Reichtertshausen** 05 angekommen. Mit ein wenig Zeit können wir auf der anderen Seite der Hauptstraße dem Schloss einen kurzen Besuch abstatten. Es ist jedoch nur von außen zu sehen. Auf dem Rückweg biegen wir kurz nach dem Schloss rechts auf einen Fußweg ein. Wir überqueren die Ilm und laufen in einem Bogen nach links, durch den Park und nochmal über den Bach. Dann passieren wir eine Schule und wenden uns an der Paindorfer Straße nach links, vor zur B2. An der Ampel queren wir die Straße und gehen nach rechts unter den Gleisen hindurch. Gleich danach biegen wir links ab, laufen durch die Siedlung aus dem Ort hinaus und dann auf asphaltiertem Weg am Wald entlang nach **Salmading** 06. Nach dem Haus in der Maibaumstraße 22 schwenkt der Asphaltweg nach rechts, wir wandern jedoch weiter geradeaus und folgen der blauen 1 auf einem Feldweg. Beim Waldeintritt gabelt sich der Weg – wir halten uns links, stetig leicht hinauf durch den Wald. Einige Minuten später halten wir uns an einer lichten Stelle mit Dreieckskreuzung rechts. An der folgenden Gabel bleiben wir ebenfalls rechts.

Ein paar hundert Meter später gabelt sich der Weg erneut: Wir folgen der Beschilderung nach rechts auf einen erdigeren Weg. Nach einem weiten Linksbogen mündet der Weg in einen weiteren Waldweg und führt schließlich aus dem Wald heraus. Wir haben den Weiler Riedhof erreicht. Am breiten Weg beim Waldaustritt biegen wir rechts ab, 75 Meter später biegen wir nach links auf einen asphaltierten Weg ab. Dann geht's auf schönem Feldweg an Wiesen vorbei und am Waldrand entlang bis an eine T-Kreuzung: nach links, dann stets geradeaus bis sich der Weg an seinem Ende teilt. Wir halten uns rechts, bald geht es sanft bergan nach **Walterskirchen** 07.

An der Ortsstraße biegen wir links ab und laufen durch den Ort, an der Kirche vorbei, zurück zum **Sportplatz Paunzhausen** 01.

VON HERRNRAST NACH ENTRISCHENBRUNN

Waldwanderung durch den Ilmmünsterer Forst

9,6 km 2:30 h 190 hm 190 hm

START | Wanderparkplatz an der Wallfahrtskirche Herrnrast. Von Ilmmünster über die St 2084 Richtung Paunzhausen. Nach ca. 400 Metern rechts auf schmalem Weg zum Parkplatz.
[GPS: UTM Zone 32 x: 686223 m y: 5372854 m]
CHARAKTER | Meist breite Forst- und Waldwege. Vorsicht bei der Querung der Staatsstraße. Kurz danach steil auf schlecht erkennbarem Pfad durch den Wald hinauf. Orientierung ist hier hilfreich.

Die heutige Wanderung beginnt an der Wallfahrtskirche Herrnrast bei Ilmmünster. Das hübsche Kircherl gehörte zum Stift und später zur Pfarrei Ilmmünster. Der Legende nach sah ein Hirtenmädchen den Herrn auf dem Hügel, auf dem die Kirche heute thront, auf einem Baumstamm rasten und schließlich emporsteigen. Eine andere Geschichte geht auf einen Schafhirten zurück, dem sich im Geäst eines Baumes der rastende Herrgott zeigte. Der Knecht nahm das Bild an sich und verwahrte es. Am nächsten Morgen war es jedoch wieder im Baum. Mit Sagen und Legenden geht es auch an der Brautlache weiter: Das kleine Marterl erinnert an ein großes Unglück. Auf dem Weg zur Hochzeit scheuten die Pferde und der festliche Kutschwagen begrub die Braut unter sich. Als nach langer Anstrengung die Kutsche geborgen werden konnte, war die Braut

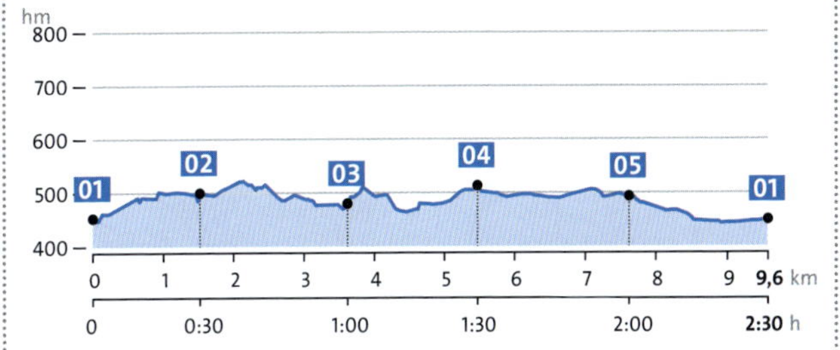

01 Parkplatz Herrnrast, 450 m; 02 Brautlache, 495 m; 03 St2084, 476 m; 04 Entschrischenbrunn, 511 m; 05 Ilmmünster Blick, 488 m;

in einer Lache, die sich nach vielen Regentagen mit Wasser gefüllt hatte, ertrunken.

▶ So düster starten wir heute nicht auf die schöne Wanderung. Vom **Parkplatz Herrnrast** 01 steigen wir den Feldweg kurz zum Kircherl empor und statten ihm gleich einen Besuch ab. Die Wallfahrtskapelle wurde 1599 erbaut und trotzte über die Jahrhunderte guten und schlechten Zeiten. In den 1970er-Jahren befand sie sich schließlich in einem arg heruntergekommenen Zustand. Der Initiative von Claus Hipp ist es zu verdanken, dass die Kapelle 1973-74 renoviert werden konnte. An der Kirche vorbei bringt uns der Feldweg allmählich in den Wald hinein. Nach zehn Minuten halten wir uns an einer Gabelung im Wald rechts, gehen kurz über einen Pfad zu einem breiten Waldweg und folgen ihm dann nach rechts, bald bergan, bis an eine Kreuzung. Hier finden wir einen Pfahl mit den verschiedenfarbigen Wegnummern. Wir folgen dem Wanderschild Richtung Brautlache geradeaus. Es geht hinab zu einer Kreuzung, an der wir schräg gegenüber bereits das Marterl erblicken. Ein breiter Lattenzaun trägt die Aufschrift **„Brautlache“** 02.

Wir laufen weiter Richtung Osten und Paunzhausen. Nach wenigen hundert Metern erreichen wir eine Gabelung, an der wir der roten 4 nach rechts folgen. Kurz darauf wandern wir an der Kreuzung an lichter Stelle nochmal 100 Meter geradeaus Richtung Paunzhausen, dann nehmen wir den linken Weg über den hellen Schotter. Gleich darauf biegt dieser Weg

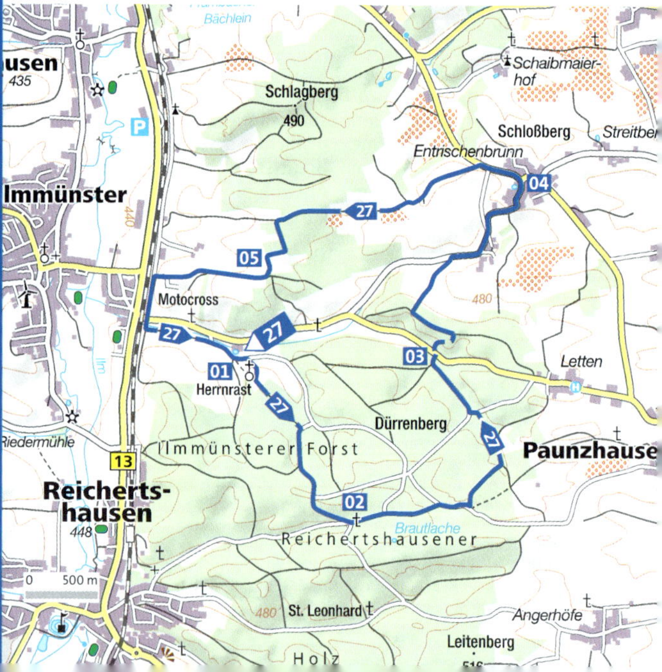

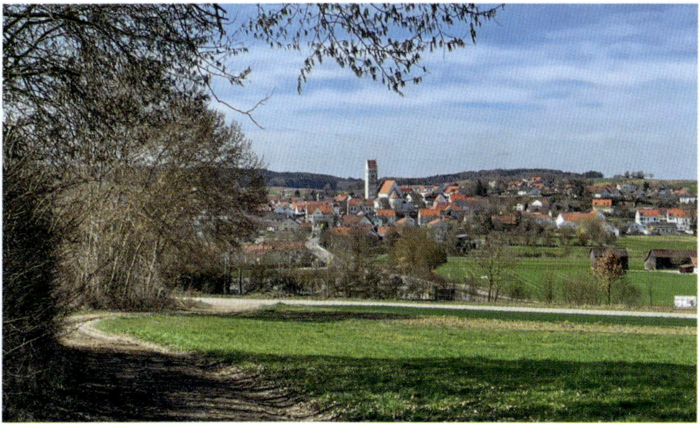

Panoramablicke nach Ilmmünster

links ab, senkt sich hinab und beschreibt nochmals eine Linkskurve. Nun gehen wir geradewegs Richtung Nordwesten, geradeaus über ein Kreuzung hinüber. Kurz vor der Staatsstraße **St2084** 03 schwenken wir nach rechts Richtung Entrischenbrunn.

Wir überqueren die Straße geradeaus und steigen dann auf einem verwachsenen, schlecht erkennbaren Weg in den Wald hinauf. Zum Glück zeigt uns ein Wegschild die Richtung an. Wir folgen der Wegspur um einen Rechtsbogen. An einem abgesägten Baum mit Vogelhäuschen biegen wir links ab und erreichen kurz darauf eine Forststraße. Hier wenden wir uns nach links und wandern bis zur nächsten Gabelung, an der wir rechts hinablaufen. Es geht aus dem Wald heraus, an einem Hochsitz vorbei und über die Felder bis zur Straße. Die Route lenkt uns nach rechts nach **Entrischenbrunn** 04 hinein. Wir gehen durch den Ort bis zur Kapelle St. Christoph und zur Landstraße hinauf. Hier biegen wir links ein, folgen der Straße bis kurz hinter den Ort und halten uns dann links auf einen Feldweg. Über sonnige Fluren geht es nun über den Kreuzberg bis zur nächsten Weggabelung. Nach links gewandt senkt sich der Weg allmählich ab und bringt uns wieder in den Wald hinein. An der Gabelung am Waldrand halten wir uns links, gehen nochmal ein paar Minuten durch den lichten Wald und folgen der Route bei Waldaustritt um die Rechtskurve an einem Zaun entlang. Wir schlendern noch kurz am Waldrand entlang, dann erreichen wir eine weite, baumfreie Fläche. Von hier aus bietet sich ein herrlicher **Ilmmünster Blick** 05.

Ab jetzt zieht sich der Weg über die freien Felder allmählich hinab nach Ilmmünster. Immer wieder erhaschen wir nun herrliche Blicke auf das kleine Städtchen. Am asphaltierten Sträßchen biegen wir links ein und gehen bis zur Staatsstraße. Wer möchte, kann nach rechts einen Abstecher ins Ortszentrum machen. Andernfalls überqueren wir die Straße und folgen einem Feldweg zurück zum **Parkplatz Herrnrast** 01.

28

PFAFFENHOFEN OST

Über Siebenecken durch den Schindelhauser Forst

14,1 km 3:50 h 195 hm 195 hm

START | Pfaffenhofen. Parkplatz an der Schulstraße. Zugverbindung von Ingolstadt.
[GPS: UTM Zone 32 x: 685147 m y: 5378065 m]
CHARAKTER | Teils beschildert auf bequemen Forst- und Feldwegen. Teils auch schmale Straßen.

Wir starten am **Parkplatz Schulstraße** 01 in Pfaffenhofen und folgen zunächst der Hauptstraße bis zum Kreisverkehr. Wir überqueren ihn geradeaus und gehen am Sparkassenplatz rechts die Treppen hinauf und überqueren ihn bis wir an der Ilm sind. Über die Brücke und links herum an der Ilm entlang kommen wir wenig später über den Rad- und Fußweg zum Bürgerpark. Wir schwenken nach links über die Brücke und folgen einem Pfad durch den Park. An der nächsten Straße wechseln wir die Uferseite und spazieren weiter durch das Gelände des TC Pfaffenhofen. Ein paar Minuten später passieren wir das **Freibad** 02, dann biegen wir rechts ab und folgen der Straße über die B13, dann queren wir nochmal eine Brücke und biegen danach am Inselweg links ab. In einem Rechtsbogen geht's durchs Wohngebiet, unter den Gleisen hindurch und dann geradeaus weiter Richtung Riedhof, über die

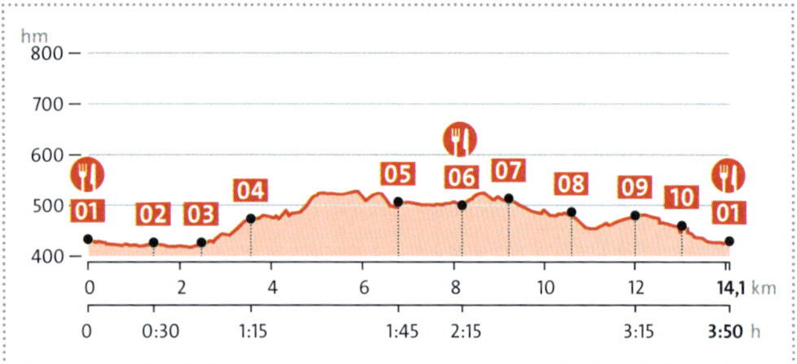

01 Parkplatz Schulstraße, 432 m; 02 Freibad, 425 m; 03 Steinstele, 430 m; 04 Marterl, 483 m; 05 Siebenecken, 501 m; 06 Hotel Straßhof, 497 m; 07 Überdachte Bank, 519 m; 08 Maschinenhaus, 483 m; 09 Wiesenweg, 480 m; 10 Fußballwiese, 456 m;

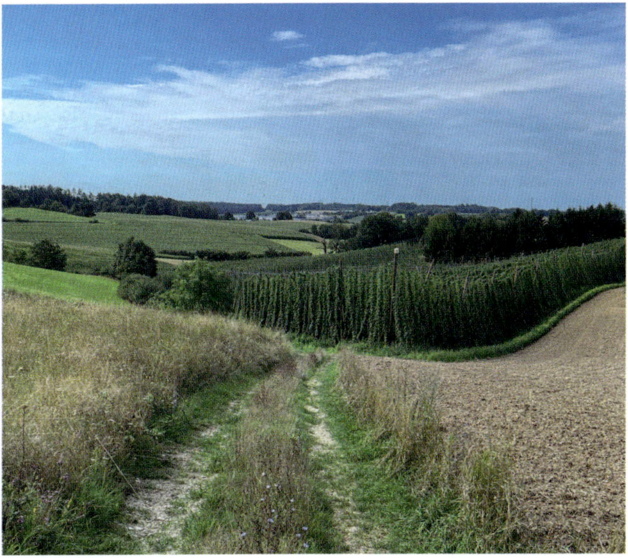

Toller Blickins Ilmtal

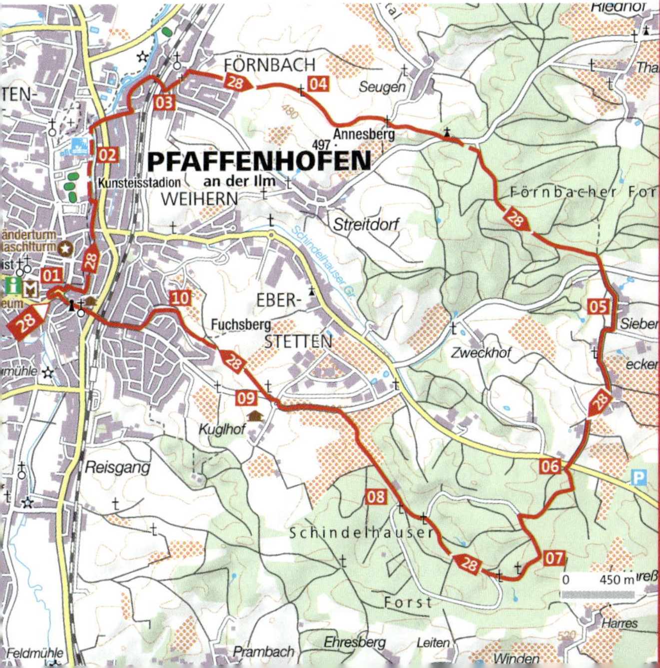

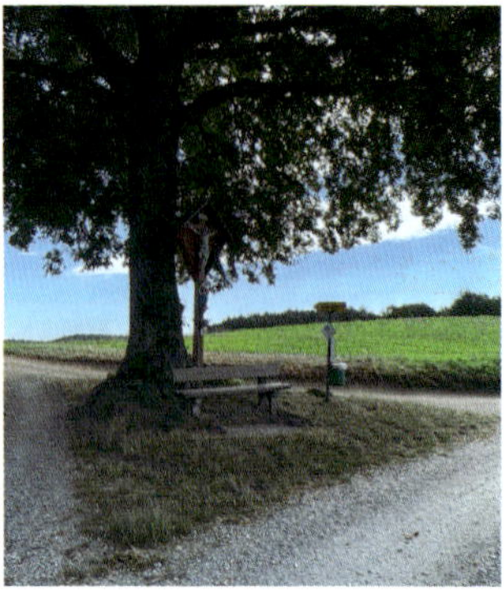

Rast an der Dreieckskreuzung

folgende Straße hinüber. An den neu gebauten Häusern und der **Steinstele** 03 geht's links hinauf. Gegenüber des Friedhofes halten wir uns rechts in den Hohlweg.

Die Straße bringt uns nun aufwärts aus Pfaffenhofen hinaus. Am Ortsende erwartet uns ein Schotterweg, der uns durch einen Hohlweg auf die Felder hinausbringt. An einer Dreieckskreuzung mit einem schönen **Marterl** 04 halten wir die Richtung geradeaus, bis wir auf eine kleine Kapelle treffen. Wir folgen dem Sträßlein nach links, dann biegen wir mit der Beschilderung rechts wieder in den Wald ein. Ein Waldweg führt uns nun stetig geradeaus bald an einer Lichtung mit einem Windrad vorbei. Wir bleiben auf dem Hauptweg, ignorieren alle Abzweigungen und treffen schließlich, nach fast einer halben Stunde, am Waldrand auf eine Straße. Wir queren sie geradeaus und stehen kurz darauf im Örtchen **Siebenecken** 05.

Wir spazieren auf dem Sträßchen nun stetig nach Süden, bis wir am **Hotel Straßhof** 06 auf die Staatsstraße treffen. Vorsicht jetzt beim Queren nach links! Ein kurzes Pfadstück bringt uns wieder hinauf auf den breiten Forstweg. Wir folgen ihm nach rechts, gleich darauf beschreibt er eine Linkskurve. Nach wenigen hundert Metern schicken uns die grünen Schilder nach rechts über einen Waldweg, der uns in wenigen Minuten zu einem hell geschotterten Weg führt. Am Querweg halten wir uns links hinauf. Wir folgen dem Weg bis zu einer **überdachten Bank** 07 und einem Kreuz, dann biegt er sanft um eine Rechtskurve.

Wir bleiben nun stets auf dem Hauptweg durch den schönen Mischwald des Schindelhauser Forstes. Auch an der Dreieckskreuzung bleiben wir dem Weg treu, der uns bald an einem **Maschinenhaus** 08, dann am Wanderparkplatz vorbei aus dem Wald leitet. Wir passieren ein paar Hopfenfelder, dann stehen wir an der Moosburger Straße. Wir folgen ihr nach links auf einem Rad- und Fußweg bis zu einem Kreisverkehr. Diesen kreuzen wir noch geradeaus, unmittelbar darauf geht's schräg rechts auf einen Feld- und **Wiesenweg** 09. Zehn Minuten später machen wir einen Links-Rechts-Schwenk durch Buschwerk auf einen Pfad durch einen Hohlweg. Er bringt uns an eine **Fußballwiese** 10 mit zwei Toren. Wir gehen links herum und folgen einem Pfad hinab. Zu guter Letzt geht's an Gärten entlang hinab ins Wohngebiet. Die letzten zehn Minuten müssen wir mit der Moosburger Straße zurück ins Städtchen spazieren. Über den ersten Kreisel geht's geradeaus, am zweiten, bekannten Kreisel wenden wir uns links herum zurück zum Parkplatz **Schulstraße** 01.

PFAFFENHOFEN WEST

Auf dem Panoramaweg

15,5 km | 4:05 h | 310 hm | 310 hm

START | Parkplatz am Bolzplatz Sulzbach. Vom Bistumerweg am Kindergarten Arche Noah links. Zugverbindung von Ingolstadt. [GPS: UTM Zone 32 x: 683375 m y: 5378719 m]
CHARAKTER | Schmale und breite Wald- und Forstwege, teils auch Feldwege und asphaltierte Straßen. Teilweise ausgeschildert.

Heute erwartet uns ein schöner, fast vollkommen beschilderter Wanderweg über die Höhenzüge und durch die Wälder westlich von Pfaffenhofen. Nur am Anfang weichen wir von der beschilderten Route ab und machen einen kleinen Schlenker durch den Stadtwald und durchs Schleiferholz.

Wir starten am **Bolzplatz** 01 am Rande von Sulzbach bei Pfaffenhofen an der Ilm. Auf breitem Asphalt geht's bis zum Holzkreuz, dann spazieren wir geradeaus auf einem mit Erde aufgeworfenen Weg bis zum Ende des kleinen Wäldchens. Wir biegen links ab und gehen durch eine frisch abgeholzte Stelle auf einem Waldweg hinauf. Wenig später stoßen wir auf einen breiteren Forstweg, dem wir nach rechts folgen, weiter aufwärts bis an eine Weggabelung mit Schilderbaum. Wir gehen geradeaus Richtung Königsberger Straße, kurz darauf weist uns das Schild nach links zur **Trimm-Dich-**

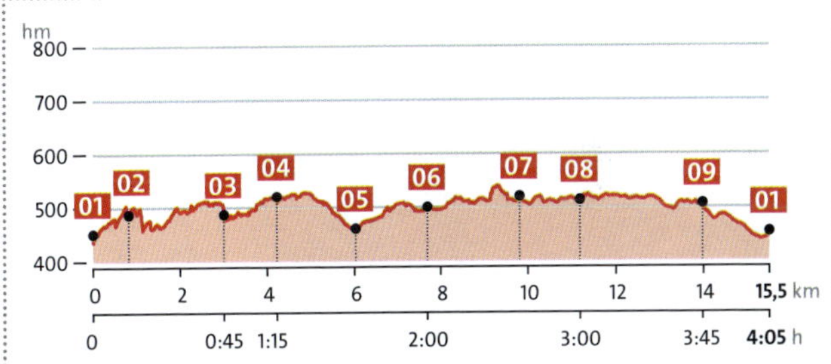

01 Bolzplatz, 445 m; 02 Trimm-Dich-Pfad-Station 3, 489 m; 03 Marterl, 477 m; 04 Trimm-Dich-Pfad-Station 9, 510 m; 05 Fürholzen, 460 m; 06 Schabenberg, 496 m; 07 Wegkreuzung vor Waldeintritt, 514 m; 08 Rechtskehre, 513 m; 09 Waldaustritt, 445 m;

Pfad-Station 3 **02**. Nur ein paar Meter später halten wir uns rechts auf einen unmarkierten schmalen Waldweg. Er führt uns bald steil hinab. Unten drehen wir uns nach rechts und folgen einem relativ breiten Pfad noch einmal recht steil hinunter. Unten treffen wir auf einen schmalen Querweg. Wir wenden uns nach links, schwenken dann jedoch gleich rechts auf einen Pfad am Waldrand entlang. An der Waldrandecke folgen wir einem scharfen Rechtsknick weiter auf breiterem Weg, der uns herrlich am Waldrand entlang weiter begleitet. Der Weg verschmälert sich allmählich und mündet an einer Kreuzung beim Waldeintritt. Nun geht's mit der Beschilderung nach links, weiter am Waldrand entlang. Kurz bevor der Wald endet, erhaschen wir noch einen schönen Blick auf Pfaffenhofen, dann geht's rechts herum sanft aufwärts. Der Weg verschmälert sich, wird wurzeliger und leitet uns gut beschildert geradeaus. Nach ca. zehn Minuten senkt er sich steil hinab. Unten machen wir einen Links-Rechts-Schwenk durch die Bäume und auf einen breiteren Weg. Er mündet in einen Forstweg bei einem schönen **Marterl** **03**. Kurz darauf wenden wir uns an einem privaten Rastplatz rechts in den Wald hinauf. Der Weg verschmälert sich und führt aufwärts an einer Hütte mit Bienenstöcken vorbei, dann stetig geradeaus. An einem lichten Waldstück wandern wir nur noch auf einem Pfad. Schließlich stoßen wir auf einen breiten Waldweg, dem wir rechts hinauffolgen. Wir wandern gute zehn Minuten durch den Wald, dann erreichen wir eine große Kreuzung mit der **Trimm-Dich-Pfad-Station 9** **04**.

Hier biegen wir links ab und spazieren nun stetig geradeaus. Auch beschilderte Abzweige ignorieren wir. Allmählich leitet uns der Weg aus dem Wald heraus; am Schweinemastbetrieb biegen wir um eine Linkskurve und durchqueren danach ein kleines Waldstück. Nach ein paar Feldern erreichen wir schließlich Holzried. Wir folgen der Straße nach rechts hinab nach **Fürholzen** **05**.

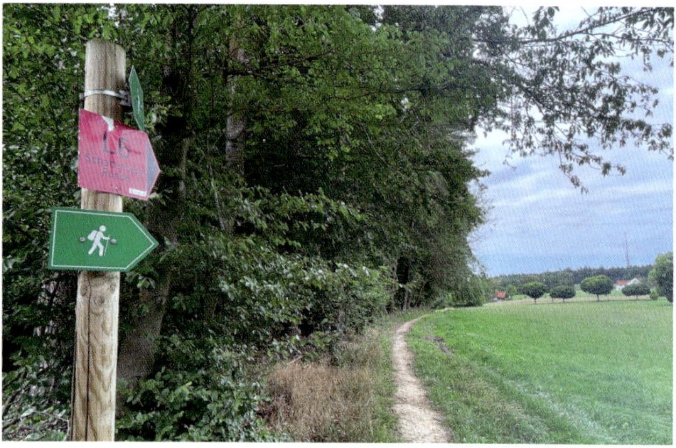

Pfade am Waldrand entlang

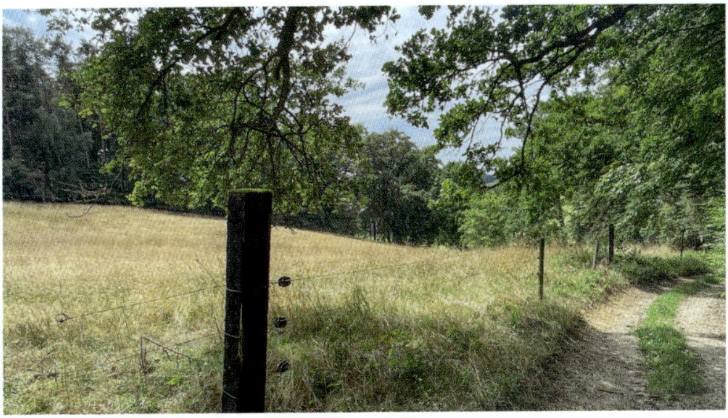

Herrliche Wege durch den Wald

An der Vorfahrtsstraße geht's schräg nach rechts an der Kapelle vorbei und hinauf. Am Ortsende wandern wir dann auf breitem Wirtschaftsweg mit tollen Blicken weiter. Fünf Minuten, nachdem wir in den Wald eingetaucht sind, biegen wir rechts auf einen schmalen Weg ab. Gleich darauf wenden wir uns erneut nach rechts und wandern ein paar Meter später wieder am Waldrand entlang. Gut beschildert wandern wir weiter und erreichen bald eine

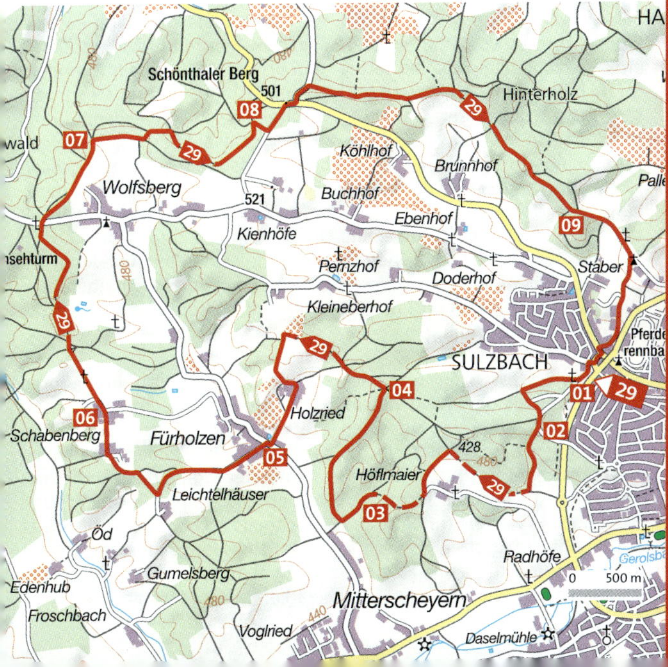

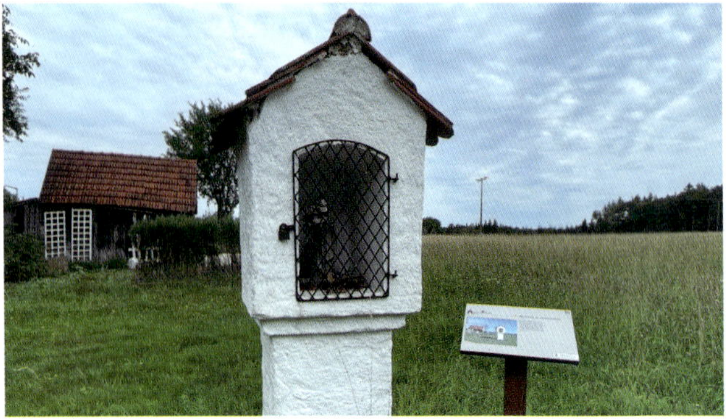

Bildstock Schabenberg

Straße, die uns nach **Schabenberg** 06 führt. Im Örtchen halten wir uns links, dann schlendern wir nordwärts aus dem Ort hinaus, an einem Hopfenfeld und einem Wegkreuz vorbei in den Wald. Nun geht's auf gut beschilderten Wegen immer gen Norden durch den Wald. Ganz in der Nähe des Fernsehturmes von Pfaffenhofen stoßen wir auf ein asphaltiertes Sträßchen. Wir queren es und halten uns an der ersten Gabelung auf den rechten Waldweg, der uns schon bald am Waldrand entlang weiterführt. An einer **Wegkreuzung vor Waldeintritt** 07, bevor der Weg beginnt anzusteigen, wenden wir uns rechts herum und folgen einem schmäleren Weg zwischen Wiese und jungen Baumsetzlingen entlang.

Schließlich schwenken wir nach links wieder in den Wald hinein. Kurz darauf treffen wir auf einen Schotterweg, dem wir nach rechts folgen. Er leitet uns hinab an eine Kreuzung, an der wir rechts abbiegen. Eine viertel Stunde später beschreibt die Route eine **Rechtskehre** 08 und führt wieder bergan zur Straße. Wir gehen links vor zur Landstraße und queren sie nach rechts. Gleich darauf schickt uns ein Wegschild links Richtung Entenhofen die Straße hinauf. Nur hundert Meter später biegen wir auf der Höhe rechts auf einen Waldweg Richtung Pfaffenhofen ein. Wir folgen dem Weg nun stetig geradeaus, entlang des hügeligen Kammes. Wir passieren ein lichtes Waldstück mit jungem Baumbestand, dann steigt ein breiter, weicher Waldweg durch den Mischwald bergan. Wir folgen nun stets dem Hauptweg, bald am **Waldaustritt** 09 mit Bankrast weiter geradeaus, am Waldrand entlang und dann herrlich über die Höhen und wieder in ein Laubwäldchen und an einem versteckten Marterl zu unserer Linken vorbei.

Kurz vorm Tierheim Pfaffenhofen halten wir uns rechts. Ein Schotterweg führt uns geradewegs hinab ins Wohngebiet. An der Hohenwarter Straße biegen wir links ab, gleich darauf geht's rechts und nochmals rechts in den Bistumer Weg. Links, am Kindergarten vorbei und in wenigen Schritten zum Parkplatz am **Bolzplatz** 01.

HOPFENRUNDE BEI WAAL

Auf einsamen Wegen durchs Ilmtal

13 km 3:20 h 245 hm 245 hm

START | Waal bei Rohrbach. Parkplatz am Spielplatz. Am Ortsende Richtung Rohr rechts. [GPS: UTM Zone 32 x: 687338 m y: 5386123 m]
CHARAKTER | Feldwege und schmale Straßen. Teils versteckte Waldwege. Im zweiten Abschnitt in den Wäldern Orientierung nötig.

Hopfen und Wald wechseln sich auf unserer heutigen Runde ab. Dabei streifen wir besonders zu Beginn der Tour durch die herrlichen Hopfengärten um Rohr und Rinnberg. Im zweiten Teil ist unser Orientierungsvermögen gefragt: In den Wäldern vor und nach Gambach sind die Wege verschlungen, teils müssen wir mutig auf ganz unscheinbaren Waldwegen einfach drauflosschreiten ...

▶ Vom Parkplatz am **Spielplatz Waal** 01 aus wenden wir uns auf der Verbindungsstraße Richtung Rohr zu. Nach ein paar kleinen Weihern biegen wir am Ortsrand von Rohr links auf einen Teerweg ab. Er führt uns sogleich rechts herum, dann folgen wir einem Weglein um einen Linksbogen am Waldrand entlang und sanft bergan. Nach wenigen hundert Metern macht der Weg einen Rechtsbogen. Wir folgen ihm weiter bis zu einer Weggabelung. Hier halten wir die Richtung geradeaus und betreten gleich darauf einen Feldweg. Er leitet uns bald

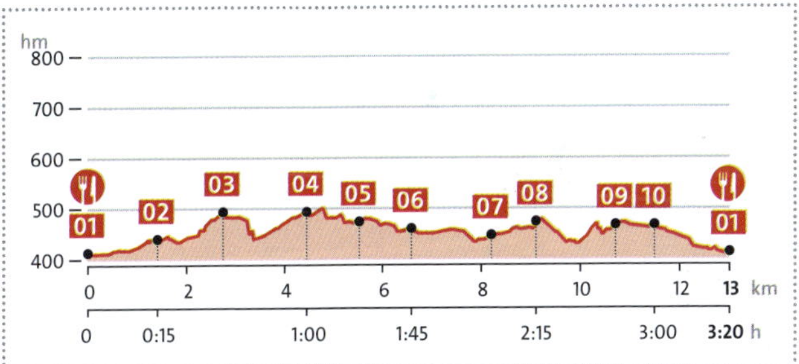

01 Spielplatz Waal, 414 m; 02 Hochsitz, 441 m; 03 Abgesägter Baumstamm, 476 m; 04 Gemaltes Wanderschild, 491 m; 05 Teerweg, 474 m; 06 Hopfenfeld am Waldrand, 453 m; 07 Gambach, 447 m; 08 Waldweg, 463 m; 09 Abgeholzte Stelle, 472 m; 10 Marterl mit Marienfigur, 461 m;

rechts herum hinauf, dann über einen Wiesenweg bis zu einem **Hochsitz** 02. Hier biegen wir scharf links ab und gehen weiter aufwärts am Waldrand entlang über einen Wiesenweg. Wenig später stoßen wir auf einen breiten Schotterweg, dem wir nach rechts steil hinabfolgen. An der Einmündung zum asphaltierten Weg wenden wir uns nach links und wandern wieder bergan. Auf der Höhe geht der Weg wieder in einen Schotterweg über. Nach einer Rechtskurve erreichen wir den Waldrand. Wir schwenken rechts auf den Wald- und Wiesenweg an einem Hochsitz vorbei und dann leicht bergan über eine lichte Stelle im Wald. Kurz darauf stehen wir rechts eines **abgesägten Baumstammes** 03.

Hier gabelt sich der Weg. Wir halten die Richtung geradeaus. Der Weg ist stets gut erkennbar und führt uns nach ein paar Minuten an eine Lichtung mit jungem Baumbestand. Hier gabelt sich der Weg erneut: Wir halten uns rechts, über Gras und eine lichte Stelle wieder auf den Wald zu, dann führt der Weg stetig abwärts. Er wird immer deutlicher und mündet schließlich unten in einen Teerweg am Waldrand. Wir folgen ihm nach links, nun stets geradeaus nach Westen. Wenig später stehen wir an einer großen Kreuzung im Wald mit einem **gemalten Wanderschild** 04.

Wir biegen rechts ab und folgen dem Weg unmarkiert nun nach Norden. An der Waldweggabelung wenig später halten wir uns links, bald sanft auf und ab am Waldrand entlang. Schließlich verlassen wir den Wald und wandern weiter an Feldern ent-

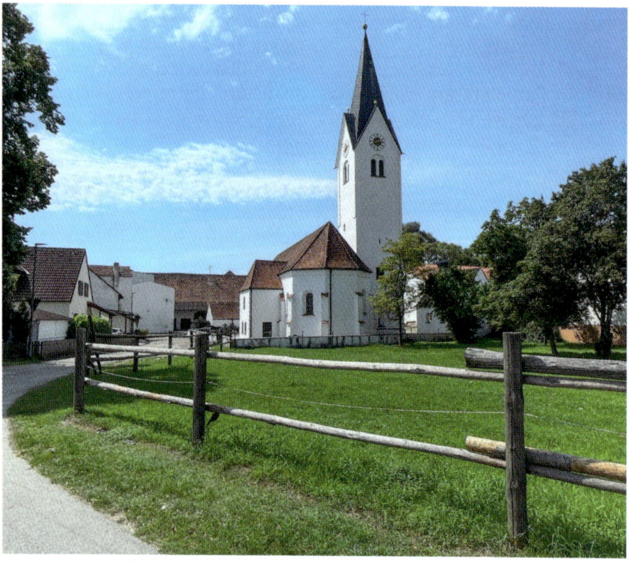

Maria Himmelfahrt in Waal

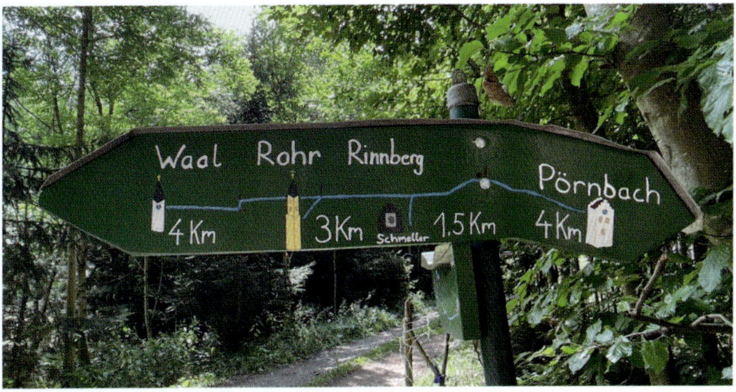

Selbst gemaltes Wegschild

lang. Wir queren einen Feldweg und schließlich endet unser Weg an einem Querweg. Wir folgen ihm nach rechts. Der Weg macht gleich darauf eine Linkskurve und bringt uns an einen **Teerweg** 05.

Über ihn geht's nun nach links, an Hopfen vorbei und durch den Wald hinab bis zu einer Kreuzung mit einem Radschild. Wir verlassen das schmale Sträßlein und machen eine 90-Grad-Drehung nach rechts auf einen Wald- und Feldweg, kurz parallel zur Straße und an einem Zaun entlang. Er leitet uns nun stetig geradeaus durch den Wald, an der nächsten

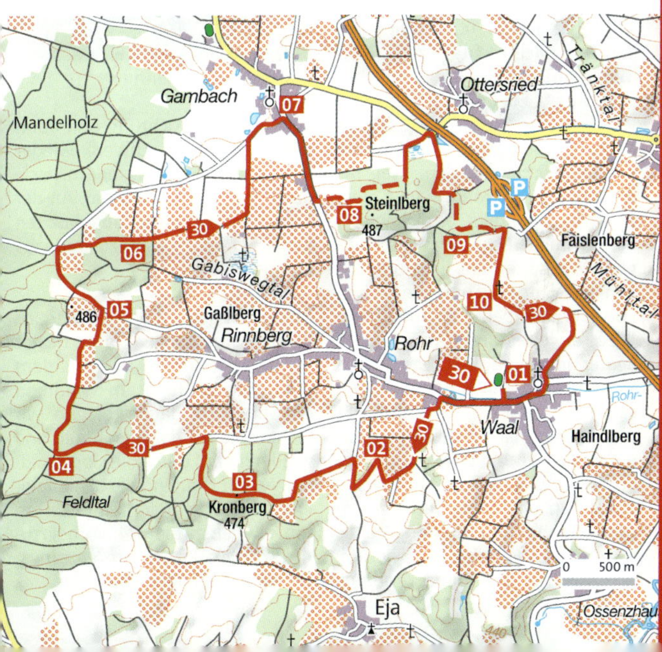

angedeuteten Weggabelung weiter über ein kurzes Wiesenstück geradeaus wieder in den Wald. Bei Waldaustritt erwartet uns ein **Hopfenfeld** am **Waldrand** 06.

Wir bleiben auf unserem Weg am Waldrand entlang. Ein paar Minuten später geht links ein Schotterweg ab. Wir wandern weiterhin geradeaus, über einen Wiesenweg an Hopfen-, Mais- und Getreidefeldern entlang. Zehn Minuten später treffen wir auf einen Querweg. Wir folgen ihm links hinab und erreichen wieder das Sträßlein, das wir vorhin bei den Radschildern verlassen haben. Es bringt uns nach rechts nach **Gambach** 07 hinein. An der Freiwilligen Feuerwehr geht's rechts und dann mit der Straße aus dem Ort hinaus. Nach ca. 250 Metern, nach einem Haus zu unserer Rechten, biegen wir links auf einen Feldweg hinauf ab. Er führt an einem Hopfenfeld entlang bis zum Waldrand. Wir wenden uns nach rechts, nach ca. 50 Metern führt links ein deutlicher **Waldweg** 08 in den Wald.

Achtung, jetzt wird es ein wenig knifflig. Wir folgen dem Weg bis wir nach ca. 100 Metern eine grasbewachsene Stelle erreichen, an der es nach rechts und links abgeht. Wir halten uns links und folgen der Route bald um eine Rechtskurve. Wir bleiben stets auf diesem Weg; er leitet uns fünf Minuten später um eine Linkskurve aus dem Wald hinaus und hinab an einen schmalen, asphaltierten Weg. Wir wenden uns nach rechts, passieren einen Weiher und schwenken kurz vor der Autobahn wieder rechts auf einen weiteren Teerweg hinauf. Am Ende der Steigung geht's mit einem Waldweg links herum, an Wald- und Feldrand entlang,

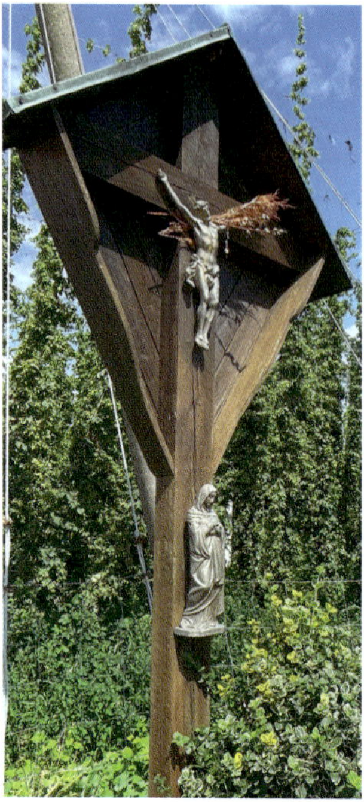

Marterl mit Marienfigur

kurz über eine Lichtung und dann mit einem Rechtsschwenk wieder in den Wald. Wir wandern geradeaus hinauf in den Wald. An der Kreuzung bei der **abgeholzten Stelle** 09 geht's weiter geradeaus hinauf.

An der Weggabelung kurz danach halten wir uns links. Ein herrlicher Waldweg führt uns nun aus dem Wald hinaus, dann am Waldrand entlang. Kurz darauf biegen wir rechts ab und spazieren hinab und wieder hinauf durch die Hopfenfelder. An der Hopfenhalle biegen wir links ab und wandern am **Marterl mit Marienstatue** 10 vorbei zurück zum Parkplatz am Ausgangsort, dem **Spielplatz Waal** 01.

VON ROHRBACH NACH ST. KASTL

Ausflug zu einer spätgotischen Wallfahrtskirche

10,5 km 2:45 h 185 hm 185 hm

START | Rohrbach. Parkplatz gegenüber vom Friedhof. Zug von Ingolstadt. Zugverbindung von Wolnzach.
[GPS: UTM Zone 32 x: 688779 m y: 5387412 m]
CHARAKTER | Breite Feldwege und schmale asphaltierte Straßen.

Seit 1447 thront die kleine Wallfahrtskirche über einem Hügel zwischen Rohrbach und Langenbruck. Aber bereits zuvor dürfte an dieser Stelle eine ältere Kapelle gestanden haben. Hervorzuheben sind die Votivtafeln an den Seitenwänden und der Hochaltar aus dem Jahr 1671. Auf dem Rückweg geht's durch tolle Wälder zum Alpenblick. Ein herrlicher Rastplatz, der bei passendem Wetter ein Alpenpanorama par excellence bietet.

▶ Wir gehen vom Parkplatz in **Rohrbach** 01 rechts am Friedhof entlang kurz die Straße hinab, dann wenden wir uns am Ende des Friedhofes links. Ein Sträßlein führt uns aus dem Ort hinaus. Am ersten Hopfenfeld gehen wir weiter geradeaus, dann gabelt sich die Straße. Wir halten uns rechts, durch einen baumbestandenen Abschnitt hindurch und dann auf die Felder hinaus. Bald senkt sich der Weg sanft hinab. An der Dreieckskreuzung mit dem langgezogenen Grünstreifen in der Mitte biegen wir rechts ab und gehen hinab zur Straße. Ihr folgen wir nach links auf dem Fuß- und Radweg. Kurz darauf halten wir uns rechts auf einen asphaltierten Weg. Er führt an Feldern vorbei zu einer

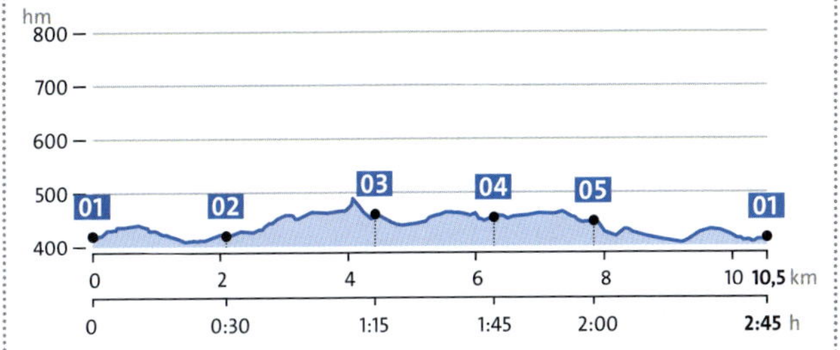

01 Rohrbach, 420 m; 02 Marterl und Scheune, 416 m; 03 St. Kastulus, 469 m; 04 Fürholzen, 454 m; 05 Alpenblick, 449 m;

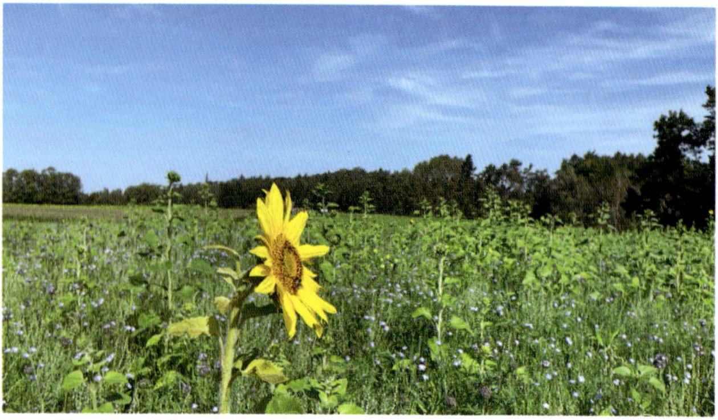

Blick übe die Felder nach St. Kastl

Weggabelung mit **Marterl und Scheune** 02. Wir bleiben auf dem Asphalt, folgen dem Linksbogen und wandern dann stetig geradeaus durch die Hopfengärten. Nach einigen Minuten geht der Weg in einen Schotterweg über und leitet an den Waldrand. Wir folgen der Wegführung um die Linkskurve hinauf zum nächsten Hopfenfeld, dann rechts herum, weiter auf einem sandigen Wiesenweg stetig geradeaus bis zu einem asphaltierten Weg. Hier biegen wir rechts ein. Wir queren wenig später eine Straße und wandern geradeaus, an einem Haus vorbei in den Wald. Ca. 75 Meter nach Waldeintritt

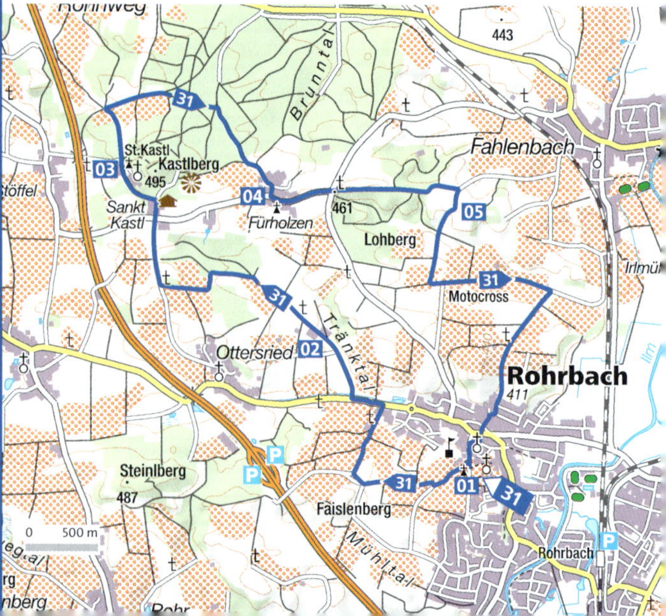

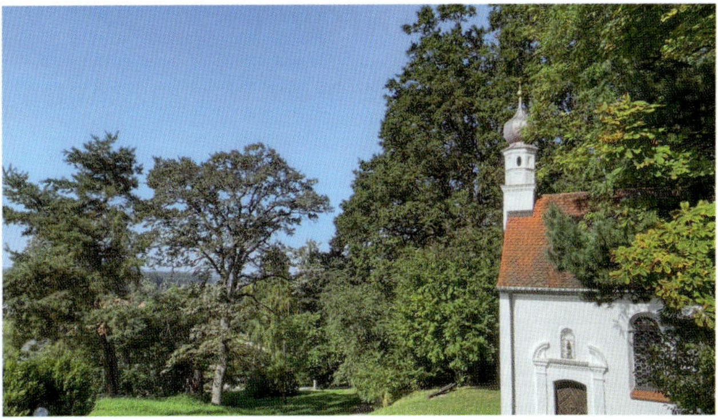

Wallfahrtskirche St. Kastulus

führt linker Hand ein schmaler Waldweg direkt zur Wallfahrtskirche **St. Kastulus** 03.

Nach Besuch der Kirche gehen wir das Sträßlein hinab und rechts herum zu einer Kreuzung. Wir queren sie geradeaus und spazieren auf einem Forstweg am Waldrand und einer Baumschule entlang. Am Querweg biegen wir rechs ab und folgen dem grünen Wanderschild. Nach wenigen Minuten biegt der hell geschotterte Weg um eine Linkskurve. Hier verlassen wir die Wegbeschilderung und gehen geradeaus über einen Wiesenweg zum Waldrand. Dort halten wir uns an der Gabelung rechts. Wir bleiben gute fünf Minuten auf diesem Weg und ignorieren alle Abzweige. Schließlich stoßen wir auf einen breiten Schotterweg. Wir folgen ihm nach rechts bis zum Waldrand. Dann wenden wir uns nach links. Ein sandiger Feldweg führt uns nun direkt nach **Führholzen** 04. Wir schlendern durchs beschauliche Hopfendorf und biegen an der Hauptstraße links ab. Mit Blick auf einen Sandabbruch geht's dann auf der kaum befahrenen Straße zu einer T-Kreuzung mit Marterl. Am Marterl geradeaus vorbei auf einen herrlichen Waldweg. Zehn Minuten später treten wir aus dem Wald heraus und halten uns an einer Gabelung rechts. Ein asphaltierter Weg leitet uns hinab zu einem Querweg. Hier wenden wir uns nach rechts und gehen wieder hinauf. Auf der Höhe endet der Asphalt. Nach rechts gewandt gehen wir zu ein paar Bänken am **Alpenblick** 05.

Hier führt uns ein deutlicher Wiesenweg teils steil hinab, dann wieder hinauf, zwischen Feldern und Wiesen hindurch. Am Querweg biegen wir schließlich links ab und wandern an einem riesigen Hopfenfeld entlang hinab, bald auf einem asphaltierten Weg. An der Gabelung mit dem Schilfgras biegen wir rechts ein, erreichen nach ein paar Minuten eine Biogasanlage und die ersten Häuser von **Rohrbach** 01. Wir biegen rechts, gleich darauf am Selbstbedienungskühlschrank wieder links ab, queren die Ortsstraße und gehen am Rathaus und dem ehemaligen Gasthof von Rohrbach vorbei. Am alten Schloss halten wir uns rechts und erreichen kurz darauf den Parkplatz.

DURCH DEN FEILENFORST

Runde durch alte Weide-, Teich- und Waldlandschaften

12,2 km 3:15 h 190 hm 190 hm

START | Wanderparkplatz im Feilenforst. Von Baar-Ebenhausen über die Olympiastraße am Baarer Weiher vorbei und über die A9. Ca. 450 Meter nach Autobahnquerung rechts auf den Parkplatz. [GPS: UTM Zone 32 x: 685127 m y: 5393895 m]
CHARAKTER | Schmale und breite Wald- und Forstwege. Zum Schluss auf der Straße. Bademöglichkeit an einem der nahen Weiher.

Der Feilenforst ist ein Waldkleinod vor den Toren Ingolstadts. Nach der letzten Eiszeit haben sich südlich der Donau große Sandablagerungen gebildet. Sie schufen zwischen dem fruchtbaren Donautal und dem Tertiärhügelland ein Mosaik aus mageren und nassen Flächen, die einen vielfältigen Lebensraum ermöglichen. Besonders viele verschiedene Vogelarten wie Waldschnepfe, Specht oder Bienenfresser haben sich hier angesiedelt.

Unsere Runde startet am **Wanderparkplatz** 01 mitten im Feilenforst. Wir folgen zunächst dem Forstweg weg von der Straße. An der ersten Weggabelung halten wir uns links auf einem wunderschönen Waldweg durch einen noch schöneren Waldabschnitt, der meist durch lichte Stellen

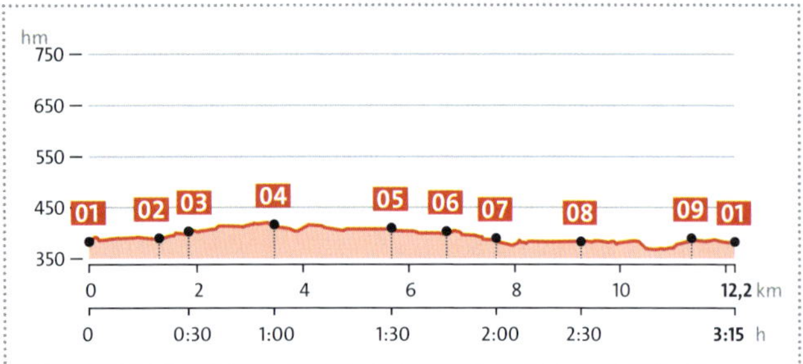

01 Wanderparkplatz, 388 m; 02 Waldpfad, 372 m; 03 Lichtung, 389 m; 04 Blaues Kreuz, 420 m; 05 Rotes Kreuz, 414 m; 06 Mitterbachel, 397 m; 07 Wanderparkplatz Mitterbachel, 397 m; 08 Waldweg, 367 m; 09 Weißes Kreuz, 383 m;

führt. Am Schotterweg nach einer viertel Stunde biegen wir links ab. Wir spazieren etwa 300 Meter geradeaus, dann zweigt rechter Hand ein Waldweg ab. Er ist mit dem Schild „Wanderweg“ gekennzeichnet. Sofort verschmälert er sich zu einem **Waldpfad** 02. Nach Regenfällen geht es hier ziemlich matschig zu! Wir wandern gute zehn Minuten auf dem wurzeligen Pfad durch herrlichen Wald, bis uns ein Wegschild erst rechts, dann wieder links herum und zuletzt an einer Wiese mit ein paar Bäumen vorbeischickt.

An dieser **Lichtung** 03 treffen wir auch wieder auf einen Schotterweg. Wir folgen ihm ein paar Meter nach links, dann wenden wir uns schräg nach rechts einem schmalen Waldweg zu. Er leitet uns sanft bergan; eine Abzwei-

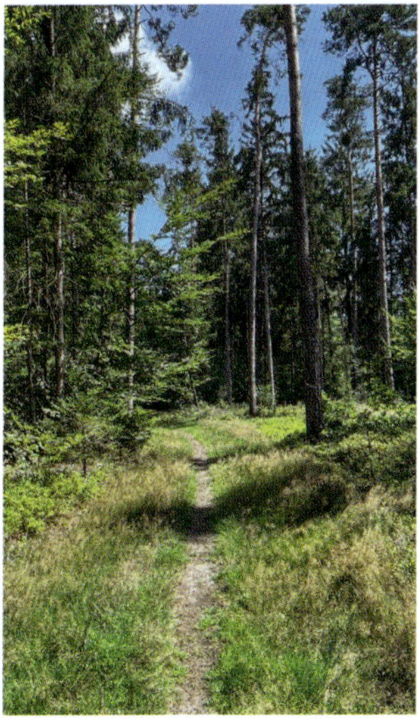

Traumhafte Pfade durch den Feilenforst

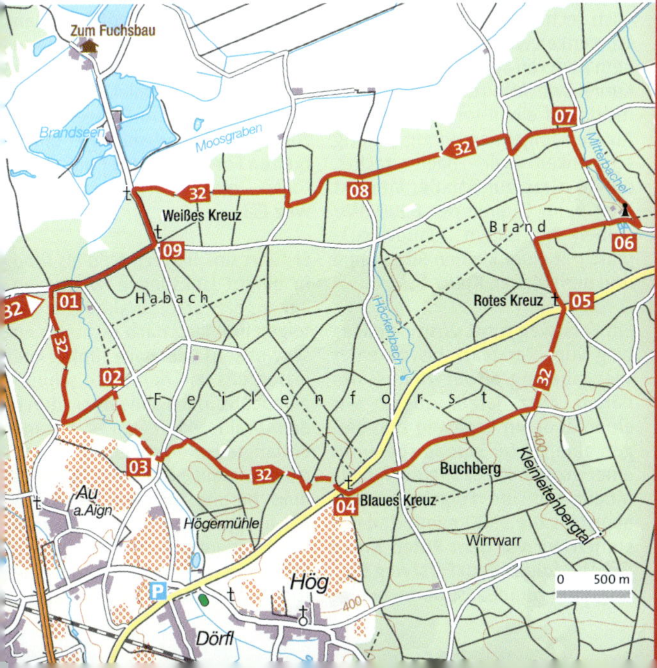

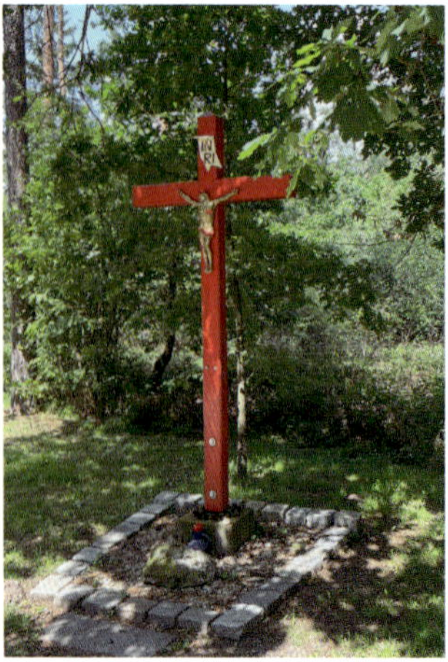

Am roten Kreuz

gung ignorieren wir und landen so schließlich wieder auf einem Schotterweg. Er bringt uns rechts bis zur Straße. Wir folgen ihr nach rechts, nur 50 Meter später schwenken wir wieder links mit einem anderen Schotterweg um die Kurve. Zwei Minuten später geht's rechts auf einen tollen Waldpfad. An der folgenden Pfadgabelung schwenken wir nach rechts, durchs Gras zur Straße. Vorsicht jetzt beim Queren der B300. Wir stehen an einem Wanderparkplatz mit einer kleinen Sitzgruppe und dem **blauen Kreuz** **04**.

Ein Forstweg führt uns nach links weg vom Parkplatz bis zu einer Weggabelung, an der wir uns links halten. Kurz darauf queren wir einen anderen Forstweg und biegen eine viertel Stunde später an einer großen Kreuzung nach links hinauf ab. Im Folgenden wird abermals die B300 gequert, dann stehen wir vor dem **Roten Kreuz** **05**. Wir folgen dem Forstweg fünf Minuten geradeaus, dann zweigt linker Hand ein Weg ab, der uns nun geradewegs zu den Weihern und dem Rastplatz am **Mitterbachel** **06** führt. Hier gibt es auch einen kleinen Baumlehrpfad. An den malerischen Weihern lässt sich außerdem prima Pause machen. Gleich nach dem zweiten Weiher lenkt uns die Route nach links, einen Pfad hinauf. Oben schwenken wir dann gleich um eine Linkskurve und wandern auf deutlichem Waldpfad – mal breiter, mal schmäler – einen halben Kilometer durch den schönen Wald. Dann führt er uns nach links wieder hinab zum Schotterweg, dem wir nach rechts folgen. Am **Wanderparkplatz Mitterbachel** **07** schwenken wir nach links auf einen breiten Waldfahrweg.

Fünf Minuten später nutzen wir die nächste Möglichkeit auf der rechten Seite, um ihn wieder zu verlassen. Am darauffolgenden Schotterweg biegen wir dann links ab und wandern nun mehr oder weniger parallel zur Waldfahrstraße. An der nächsten Kreuzung geht's geradeaus über einen breiten Forstweg weiter auf einen tollen, grasbewachsenen **Waldweg** **08**.

Er führt uns herrlich bald als Pfad in einem Linksbogen wieder an einen breiteren Waldweg. Wir folgen ihm kurz nach rechts, dann schwenken wir nach links und lassen uns von der Route schnurgeradeaus noch ein Stück durch den Wald, dann am Waldrand entlangleiten. Schließlich erreichen wir ein Sträßchen, das uns links herum zum **weißen Kreuz** **09** bringt. Von hier geht es nach rechts, abermals auf der schmalen Straße, in einer viertel Stunde zurück zum **Wanderparkplatz** **01**.

VON GEISENFELD NACH FAHLENBACH

Durchs Ilmtal zu einem kleinen Geotop

17 km · 4:30 h · 145 hm · 145 hm

START | Parkplatz am Stadtplatz Geisenfeld. Bus Nr. 16 von Ingolstadt. [GPS: UTM Zone 32 x: 692249 m y: 5395597 m]
CHARAKTER | Breite Forst- und Feldwege und schmale, versteckte Waldpfade. Lange Tour, Getränke und Essen nicht vergessen.

Geisenfeld ist eine kleine Perle mitten im Hopfenland Hallertau. Eine Besonderheit ist der historische Stadtkern: Uns erwarten nicht nur mit dem ehemaligen Benediktinerinnenkloster außergewöhnliche Bauten und malerische Plätze, wie den Stadt- oder den Marienplatz. Direkt vor den Toren der kleinen Stadt erwartet uns das Ilmtal mit seiner herrlichen Aulandschaft. Aber auch die Wälder runherum bescheren uns ein heimeliches Wandervergnügen auf teils sehr einsamen Pfaden.

Los geht's am **Stadtplatz von Geisenfeld** 01. Direkt gegenüber folgen wir der Augsburger Straße ein paar Meter, dann biegen wir auch schon links in die Fuchsbüchlerkellerstraße ab. Sie leitet uns in den „Ilmgrund" hinab, in dem wir auf das große **Sportgelände** 02 von Geisenfeld treffen. Wir gehen auf einem Rad- und Fußweg zwischen den Tennis- und Bolzplätzen hindurch und queren gleich darauf den Festplatz. Dann folgen wir der Jahnstraße nach rechts. Der Straßenverlauf macht

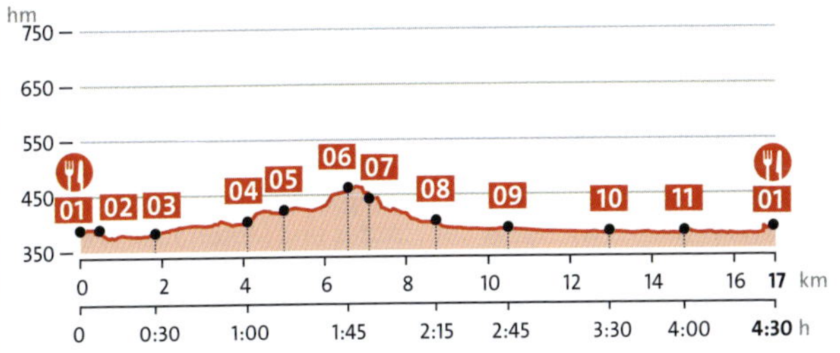

01 Stadtplatz Geisenfeld, 389 m; 02 Sportgelände, 381 m; 03 Holzleiten, 389 m; 04 Bildstock und Marterl, 406 m; 05 Waldweg, 428 m; 06 Weißer Grenzstein, 464 m; 07 Waldrand, 441 m; 08 Artesische Quelle, 399 m; 09 Ilmauen, 386 m; 10 Ilmufer, 381 m; 11 St. Ulrich, 383 m;

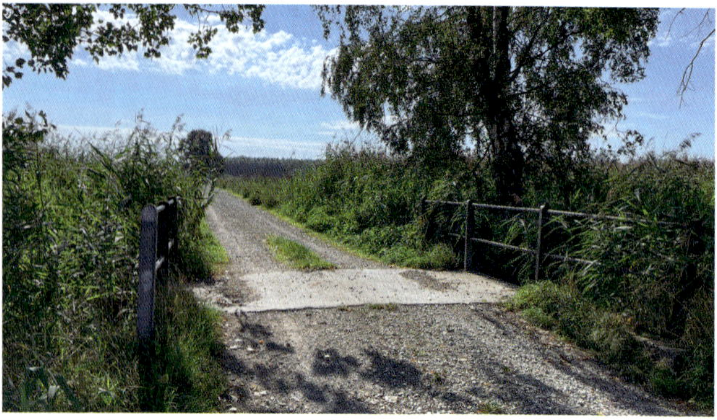

Durch die Ilmauen

einen Rechtsbogen, die nächste Straße überqueren wir geradeaus. An einer Schule vorbei und durchs Wohngebiet erreichen wir nach ein paar Minuten den Ortsrand von Geisenfeld. Auf breitem Schotterweg, dann über ein Sträßlein erreichen wir **Holzleiten** 03.

Wir durchqueren den Ort und halten uns kurz vor Ortsende rechts. Gleich darauf macht die Straße einen Rechtsknick – wir verlassen sie hier und wandern geradeaus weiter. Nach ein paar Metern halten wir uns an der Gabelung links auf einen schmalen asphaltierten Weg. Er führt uns auf die Hopfenfelder hinaus. Nach einer halben Stunde – wir sind jetzt mitten in den Hopfengärten – erreichen wir eine schöne Rastbank, einen gemauerten **Bildstock und ein Marterl** 04. Hier biegen wir rechts auf einen erdigen Feldweg ab – nach Regen kann der Weg durchaus mal unter Wasser stehen. Wir wandern geradeaus auf einem gut erkennbaren Waldweg in den Wald hinein. Er endet an einem breiten Schotterweg. Wir wenden uns nach links und schon ein paar Minuten später gabelt sich der Weg kaum merklich. Wir halten uns links auf einen unscheinbaren **Waldweg** 05. Er führt uns nun stetig geradeaus. Zwischendurch kommen wir an ein paar Wegschildern vorbei, die wir jedoch nicht beachten. Einige Minuten, nachdem wir ein kleines Gedenkkreuz zu unserer Rechten passiert haben, steigt der Weg ziemlich steil einen kleinen Hang im Wald hinauf. Oben gehen wir geradeaus an einer kleinen, abgeholzten Lichtung vorbei. Kurz darauf halten wir nach einem niedrigen, **weißen Grenzstein** 06 Ausschau: Hier befindet sich eine Gabelung, an der wir uns rechts halten müssen.

Der Waldweg bringt uns in fünf Minuten an eine Waldwegkreuzung mit einem Verbotsschild für Autos und Motorräder. Wir biegen links ab und lassen uns sanft hinab zum **Waldrand** 07 führen. Hier wechseln wir auf einen breiteren Weg, der uns rechts herum bald an ein paar Hopfenfeldern vorbeileitet. Am Teerweg halten wir uns links hinab. Bald gabelt sich der Teerweg. Wir wählen den rechten Weg und erreichen wenig später

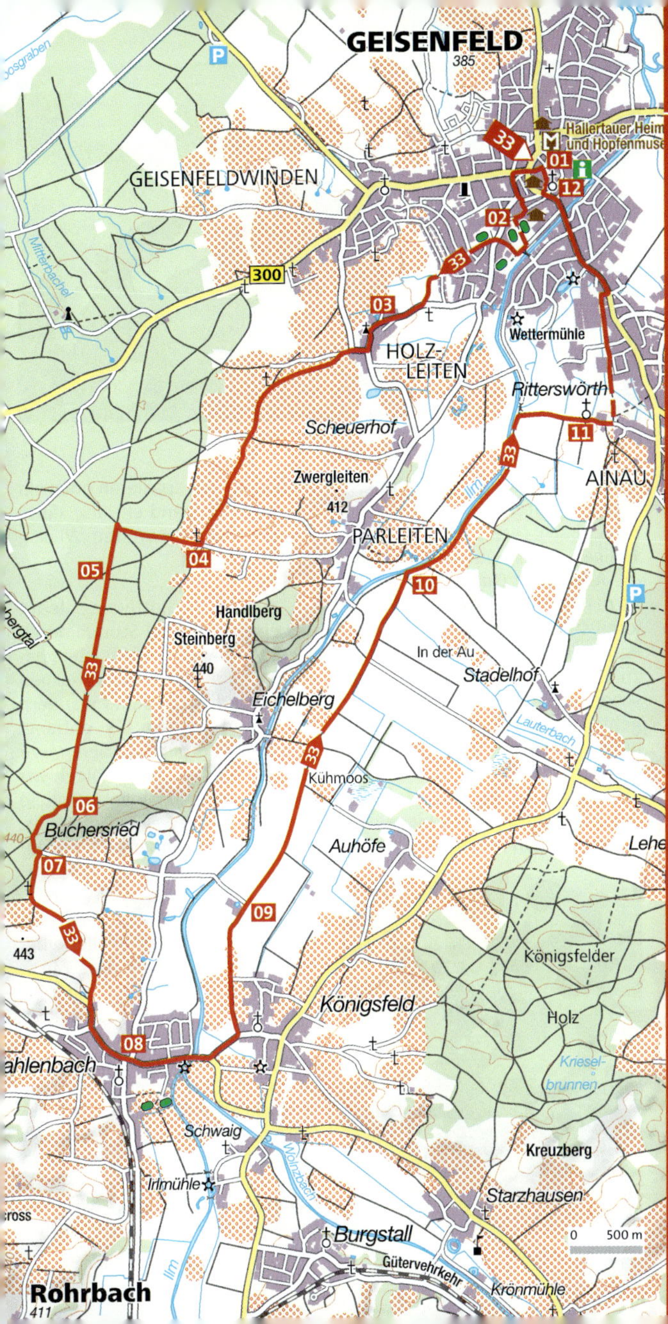
GEISENFELD
385
Hallertauer Heimat- und Hopfenmuseum
GEISENFELDWINDEN
Mitterbachel
300
HOLZLEITEN
Wettermühle
Ritterswörth
Scheuerhof
Zwergleiten
412
AINAU
PARLEITEN
Ilm
Handlberg
Steinberg
440
In der Au
Stadelhof
Eichelberg
Lauterbach
Kühmoos
Buchersried
Auhöfe
Lehe
443
Königsfelder
Holz
Königsfeld
Kriesel-
brunnen
Schwaig
Kreuzberg
Irlmühle
Wolnzbach
Starzhausen
Burgstall
Gütervehrkehr
Krönmühle
Rohrbach
411
0
500 m
01
02
03
04
05
06
07
08
09
10
11
12
33

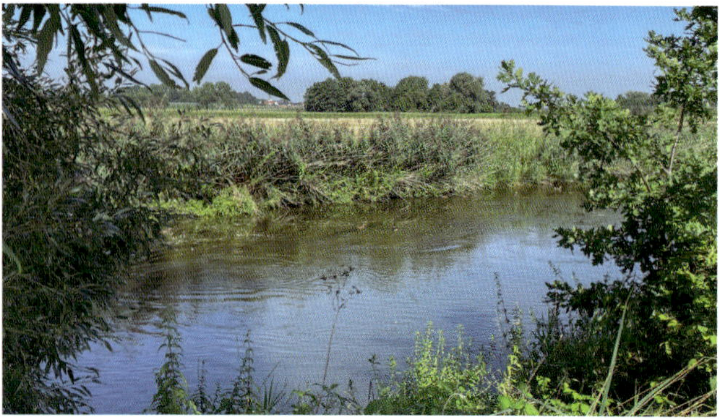

An der Ilm

eine Straße. Sie führt uns in wenigen Minuten ins Zentrum von Fahlenbach. Direkt hinter der Freiwilligen Feuerwehr befindet sich die **Artesische Quelle** **08**. Der ca. 1,4 m hohe Block aus Malm-Riffdolomit stammt aus dem Eichstätter Raum. Er wurde durchbohrt und zu Zierzwecken über der Artesischen Quelle aufgestellt. Weiter geht's an der Hauptstraße entlang zum Ortsende. Gleich hinter der Brücke über die Ilm halten wir uns links Richtung Königsfeld. Bei den nächsten Häusern biegen wir dann nochmal links Richtung Geisenfeld ab. Wir spazieren noch ein Stück am Ortsrand entlang, dann erreichen wir die weiten Wiesen der **Ilmauen** **09**.

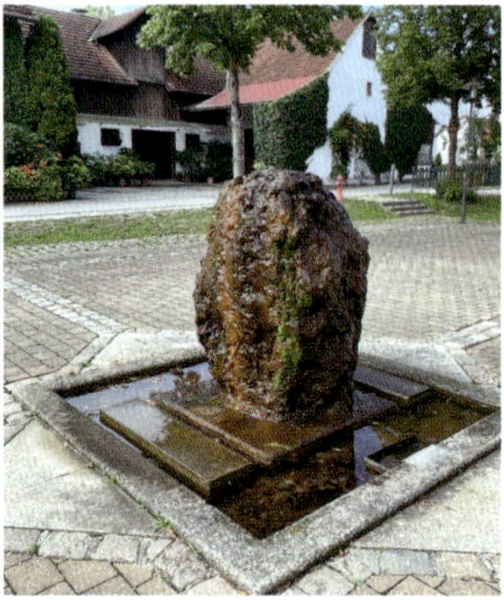

Artesische Quelle in Fahlenbach

Ein schöner Schotterweg leitet uns eine dreiviertel Stunde durch die schöne Aulandschaft, stets parallel zur Ilm. Schließlich erreichen wir direkt den Fluss und wandern weiter am **Ilmufer** **10** entlang. Zwanzig Minuten spazieren wir gemütlich dahin, dann folgen wir kurz vor einem kleinen Brücklein einem Schotterweg nach rechts. Wenig später stehen wir an der Pfarrkirche **St. Ulrich** **11** in Ainau.

Der romanische Bau war vermutlich einst die Burgkapelle einer mittelalterlichen Burg. Das Kirchlein hütet einen reichen Skulpturenschmuck und besitzt ein aufwendig gestaltetes Portal. Kurz vor Ainau biegen wir links ab. Hier haben wir nach wenigen Metern die Möglichkeit, nach rechts einen Abstecher zur Gaststätte Birnthaler zu machen. Andernfalls wandern wir am Ortsrand entlang bis zur Hauptstraße. Ihr folgen wir dann die letzte viertel Stunde zurück zum **Stadtplatz Geisenfeld** **01**.

HÜGELGRÄBER BEI GEISENFELD

Streifzug durch die Bronzezeit

4,9 km 1:25 h 70 hm 70 hm

START | Parkbucht an der St2232. Auf der Staatsstraße von Ainau Richtung Königsfeld. Die Parkbucht befindet sich ca. 500 Meter nach Ainau auf der linken Seite.
[GPS: UTM Zone 32 x: 692992 m y: 5392736 m]
CHARAKTER | Vornehmlich breite Forst- und Waldwege. Der letzte Abschnitt führt über einen unscheinbaren, herrlichen und naturnahen Waldweg

Heute erkunden wir die Wälder rund um eines der größten Grabhügelfelder Süddeutschlands. Seit über 3500 Jahren liegen hier 185 Hügelgräber. Die bronzezeitliche Begräbnisstätte verteilt sich über eine Fläche von 28 ha und ist heute von über 100 Jahre alten Kiefern und Fichten geschützt. Die 1983 gemachten Funde wurden ausführlich vom Landesamt für Denkmalpflege untersucht. Tiefer eintauchen in die Geschichte und Kultur dieser Zeit können wir im Geisenfelder Hopfenmuseum, denn dort werden die Originalfunde aufbewahrt. Wir starten unseren kleinen, geschichtsträchtigen Rundgang am **Parkplatz direkt an der St 2232** 01.

▶ Zunächst spazieren wir am Schild „Frei für Forstbetrieb“ vorbei und folgen dem Weg parallel zur Straße. Er biegt rasch abwärts um eine Linkskurve und führt uns dann gute zehn Minuten geradeaus bis an eine **Kreuzung** 02.

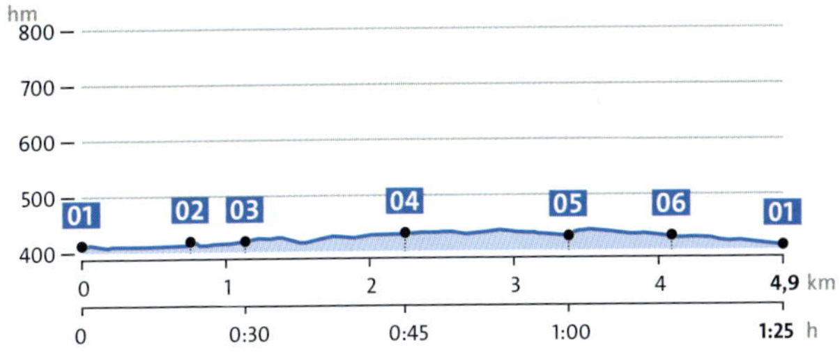

01 Parkplatz St 2232, 400 m; 02 Kreuzung, 415 m; 03 Grabhügelfeld, 428 m; 04 Ende Hügelgräberrundweg, 429 m; 05 Blaues Kreuz, 425 m; 06 Abzweigung Waldweg, 416 m;

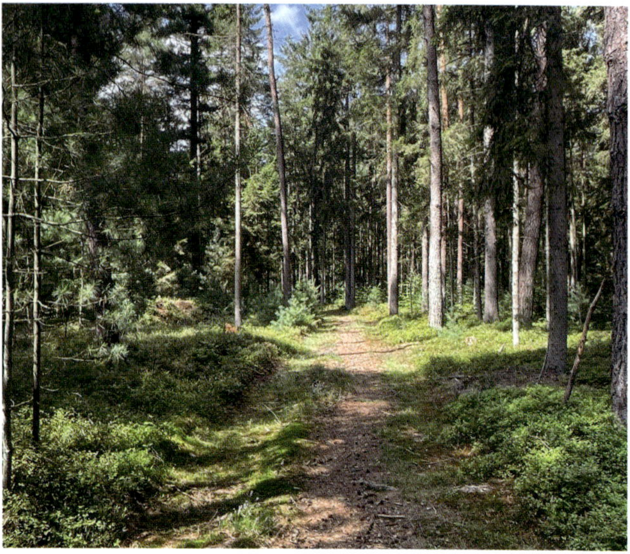

Der Waldweg ist gerade noch zu erkennen

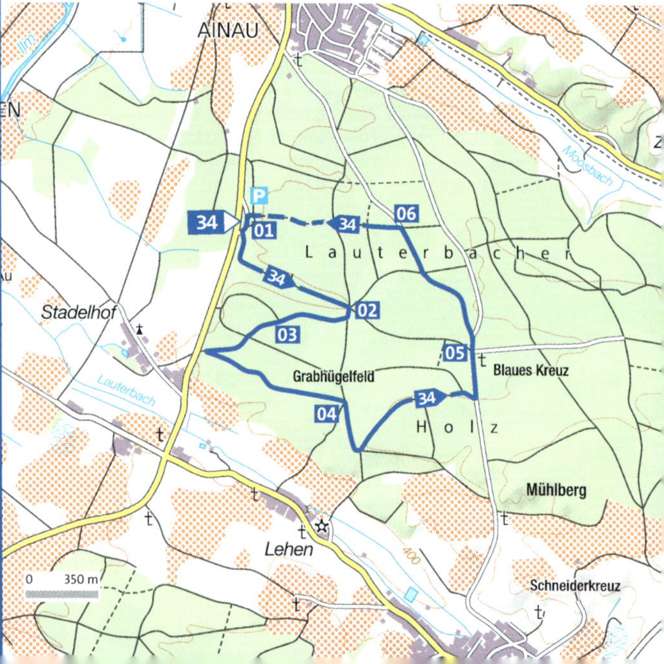

Wir biegen scharf rechts ab und folgen dem Schild „Hügelgräberrundweg". Kurz darauf passieren wir erst zu unserer Rechten eine kleine Andachtsstätte mit einem Marienschild auf einem Baumstumpf, bevor wir, ein Stück weiter des Weges, an das erste **Grabhügelfeld** 03 herantreten. Kurz vor der Staatsstraße biegen wir dann scharf links um die Kurve und folgen dem Weg zehn Minuten, an weiteren Grabhügeln vorbei. Am Querweg nach zehn Minuten sind wir schon am **Ende des Hügelgräberrundweges** 04.

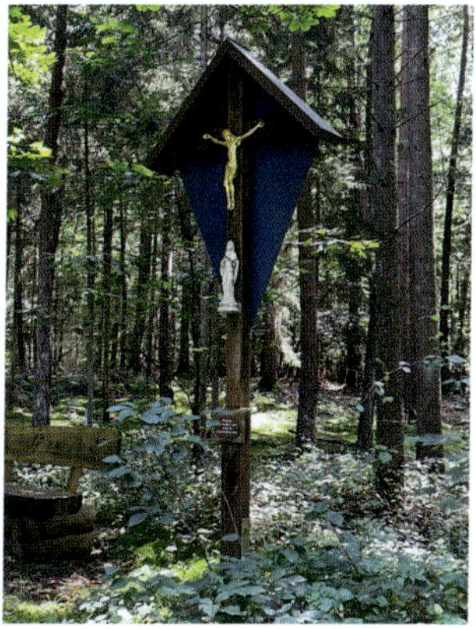

Blaues Kreuz am Wegesrand

Wir wenden uns nach rechts und folgen nun stetig dem Hauptweg, der uns nach ein paar hundert Metern erst um eine Linkskurve und schließlich erneut an einen Querweg leitet. Wir biegen links ab und treffen an der nächsten Gabelung auf ein **blaues Kreuz** 05. Unsere Route führt uns weiter geradeaus, gleich darauf an der nächsten Gabelung halten wir uns jedoch links. Wir wandern den schönen, geschotterten Waldweg entlang und erblicken nach ca. 500 Metern zu unserer Linken ein kleines Marterl. Nicht ganz zweihundert Meter später zweigt linker Hand ein unscheinbarer **Waldweg** 06 ab. Wir biegen ab und wandern nun auf einem herrlichen, teils wurzeligen, teils mit Moos und Gras bewachsenen Weg stetig geradeaus. Die letzten Minuten wird der Wald dichter und wir müssen uns ein bisschen durch hochgewachsenes Unkraut kämpfen. Dann stehen wir wieder am **Parkplatz an der St 2232** 01.

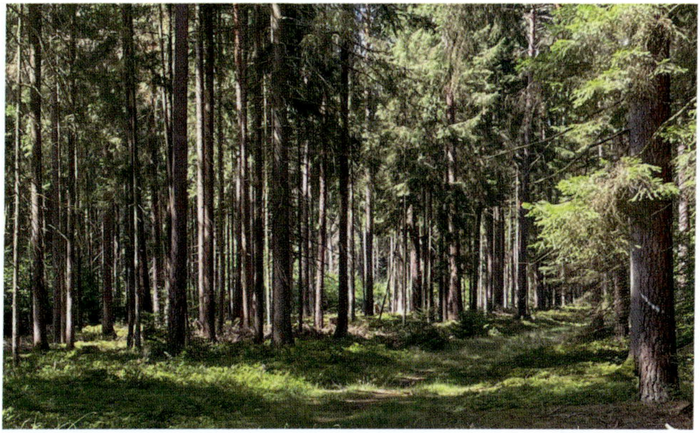

Auf malerischen Wegen zurück zum Parkplatz

35

HALLERTAUER HOPFPFAD

Lehrpfad rund um den Hopfen

3,8 km | 1:00 h | 65 hm | 65 hm

START | Wanderparkplatz Hopfenlehrpfad bei Wolnzach. Wendenstraße nach Rohrbach am Ortsausgang links. Von Rohrbach Bus 9201 nach Wolnzach.
[GPS: UTM Zone 32 x: 692617 m y: 5386964 m]
CHARAKTER | Angenehme Teer- und Waldwege. Zum Ende steiler, wurzeliger Pfad durch den Wald hinab.

Der Hopfenpfad liegt direkt vor den Toren Wolnzachs und hält allerlei Wissenswertes rund um das „Grüne Gold“ bereit. 26 Lehrtafeln informieren dabei über Hopfenbau und die Flora und Fauna der Region. Dabei leitet er uns überwiegend auf schmalen Teerweglein, aber auch schönen Waldwegen an den Hopfengärten entlang. Auf dem Rückweg geht’s mal ein Stück auf einem Pfad steil durch den Wald hinab. Hier auf Wurzelwerk achten, es lädt gern mal zum Stolpern ein.

Vom **Parkplatz Hopfenlehrpfad** 01 wandern wir auf dem Teerweg in Richtung der ersten Hopfenfelder. Schon nach 200 Metern gabelt sich der Weg. Hier halten wir uns rechts und spazieren den bequemen Weg sanft aufwärts, an den Infotafeln des Hopfenlehrpfades entlang. Nach einer viertel Stunde erreichen wir auf einer kleinen **Anhöhe** 02 ein letztes Hopfenfeld, dann betreten wir lichten Wald. Kurz darauf stehen wir nah an der Landstraße. Wir wenden uns um 90° nach links

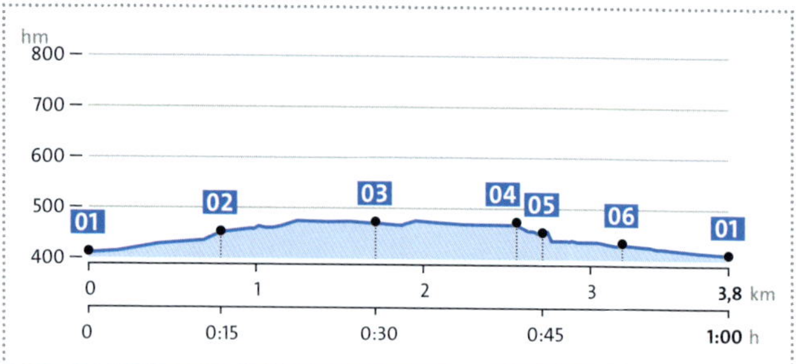

01 Wanderparkplatz, 416 m; 02 Anhöhe, 467 m; 03 Infoschild Schädlinge, 475 m; 04 Blick nach Schermbach, 473 m; 05 Waldpfad, 467 m; 06 Baumschule, 429 m;

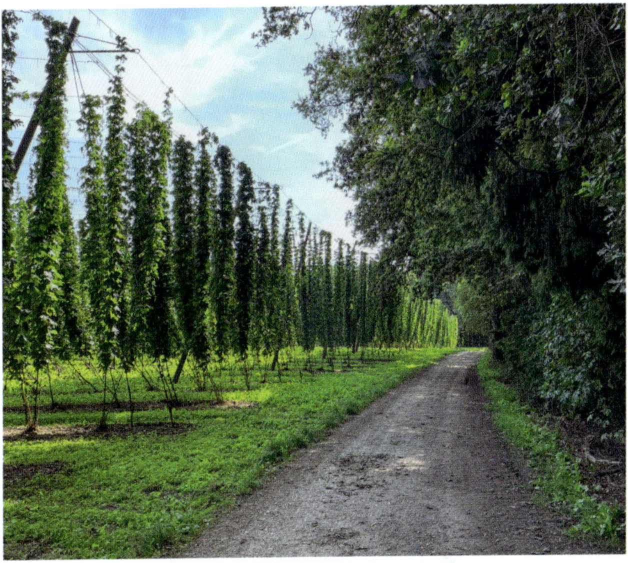

Zwischen Wald und Hopfengärten

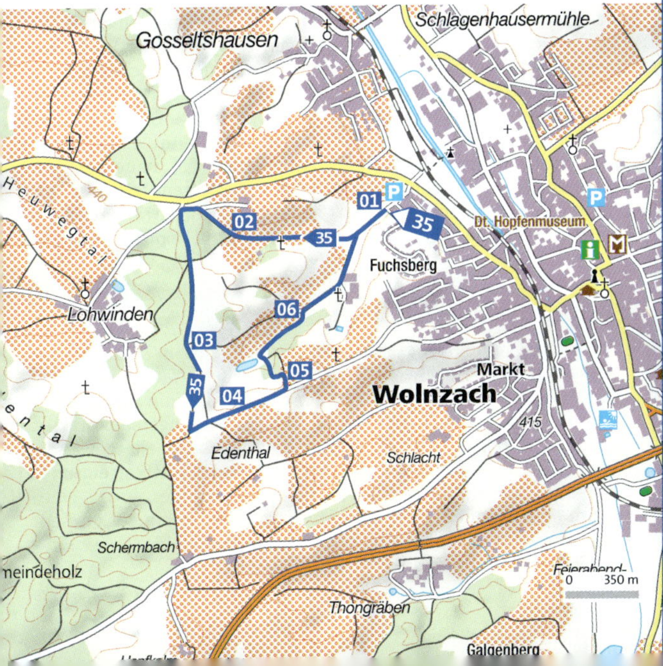

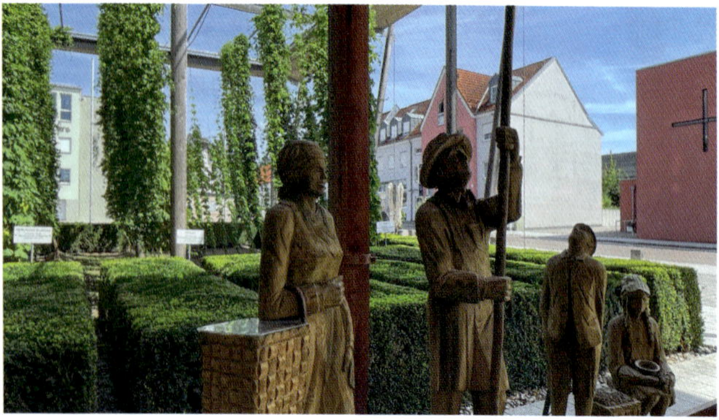

Hopfenmuseum in Wolnzach

und folgen einem schönen Waldweg nochmals durch ein Waldstück hindurch. Auch hier reihen sich die Schautafeln in kurzen Abständen aneinander. Wir ignorieren alle Abzweigungen und wandern geradeaus weiter Richtung Süden, auch am **Infoschild Schädlinge 03** halten wir die Richtung.

Insgesamt wandern wir eine gute viertel Stunde so dahin, dann treffen wir auf eine Dreieckskreuzung. Wir biegen mit dem Weg um die Linkskurve. Ein breiter Schotterweg leitet uns an Feldern entlang zurück Richtung Wolnzach, mit schönem **Blick nach Schermbach 04**.

Nach ca. 200 Metern zweigt links ein Weg ab. Ein Schild macht uns auf den „natürlichen Waldweg ins Edental" aufmerksam. Nicht mal einhundert Meter weiter biegen wir links auf einen schmalen **Waldpfad 05** ein.

Er führt uns über einen Rechtsbogen teils steil über Wurzelwerk hinab zu ein paar Scheunen. Hier stoßen wir wieder auf einen breiten Waldweg, der uns am Waldrand entlangleitet. An einer kleinen **Baumschule 06** halten wir uns rechts und folgen dem Weg geradewegs in wenigen Minuten zurück zum **Parkplatz Hopfenlehrpfad 01**.

Tipp

Nur wenige hundert Meter entfernt befindet sich im Zentrum von Wolnzach das Deutsche Hopfenmuseum. Hier erfahren wir alles Wissenswerte zum Hopfen. Von der Botanik bis zum Bierbrauen, vom Anbau bis zum Hopfenhandel, von der Vergangenheit bis zur Gegenwart. Besonders für Kinder hält das Museum ein tolles Angebot bereit: Angefangen vom Hopfenrucksack mit Rätseln und Aufgaben, die die Kids während eines Rundganges durchs Museum lösen können, über eine Museumsrally bis hin zur großen Spielstation mit Hopfen-Golf oder Hopfen-Puzzle; hier ist für Kinder jeden Alters was dabei.

RUND UM WOLNZACH

Durchs hügelige Hopfenland

16,2 km | 4:30 h | 250 hm | 250 hm

START | Wolnzach. Parkplatz am Marienplatz. Bus 9201 von Pfaffenhofen.
[GPS: UTM Zone 32 x: 693637 m y: 5386739 m]
CHARAKTER | Lange Runde auf Teer-, Forst- und Feldwegen. Keine Einkehr unterwegs, also Brotzeit und Getränke einpacken!

Unsere schöne lange Runde führt uns heute vom historisch gewachsenen Markt Wolnzach über idyllische kleine Dörfer inmitten des hügeligen Hopfenlandes. Neben den malerischen Wäldern und Hopfengärten sind sicherlich die wertvollen umliegenden Dorfkirchen ein Höhepunkt dieser bedeutenden, bayerischen Hopfenstadt.

▶ Wir starten am **Marienplatz** 01 in Wolnzach. Zunächst gehen wir vom Parkplatz direkt gegenüber der Mariensäule eine kleine Gasse hinab. Wir überqueren den Volksfestplatz und kreuzen die Straße bei der Ampelanlage. Dann geht's auf dem Gehsteig an der Schlossstraße entlang. Die Straße macht recht schnell eine Rechtskurve, dann kreuzt sie die Gleise. Ein paar Meter später biegen wir links in die Gabelsbergerstraße ab. Sie bringt uns aufwärts aus dem Ort hinaus. An einem **Steinkreuz** 02 mit Bank stoßen wir auf einen Wiesenweg. Er bringt uns an ei-

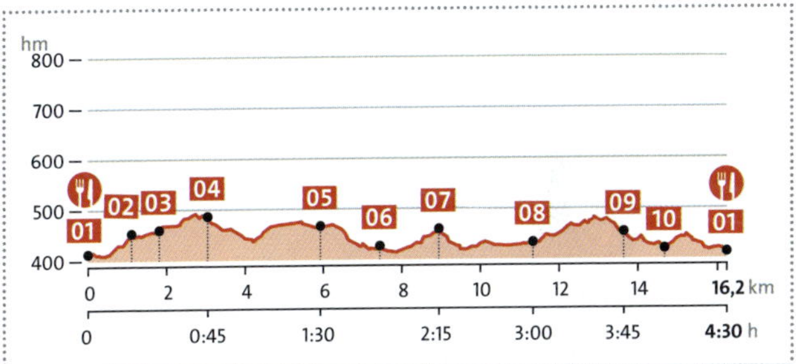

01 Marienplatz, 414 m; 02 Steinkreuz, 454 m; 03 Hopfenlehrpfad, 471 m; 04 Schermbach, 480 m; 05 Haunerhof, 468 m; 06 Kapelle, 425 m; 07 Blick auf Jebertshausen, 459 m; 08 Gebrontshausen, 436 m; 09 Marienkapelle, 451 m; 10 Streuobstwiesen, 424 m;

nen Teerweg, dem wir nach links folgen. Ein paar Minuten später befinden wir uns auf dem **Hopfenlehrpfad** 03 und folgen dem Wanderschild weiter geradeaus. Bald geht der Teerweg in einen Feldweg über und leitet uns zu einer Dreieckskreuzung, an der wir uns links halten, Richtung Kemnathen. Wir bleiben auf dem Hauptweg, der uns bald um eine Linkskurve führt und dann sanft bergan steigt. Dabei erhaschen wir wunderbare Blicke zwischen Wald und Feld. Beim Weiler **Schermbach** 04 queren wir eine Straße geradeaus.

Sogleich geht's durch die Hopfengärten. Nach dem ersten Hopfenfeld biegen wir links ab und gehen nun stets geradeaus auf einem Wiesenweg an den Hopfenplantagen vorbei auf die Autobahn zu. Wir stoßen auf einen etwas festeren Sandweg. Er leitet uns nach links, dann rechts unter der Autobahn hindurch. Ab hier wandern wir auf einem deutlichen Wiesenweg weiter, bald wieder an Hopfenfeldern vorbei. Der Weg ist nur angedeutet, bringt uns aber bald an einen festeren Weg. Ihm folgen wir nach links, bald auf asphaltiertem Weg. Schon wenige Minuten später macht die Route einen scharfen Rechtsknick auf einen einmündenden Teerweg. Wir spazieren zwischen Wald und Feld hinauf. Oben geht's weiter geradeaus. Links unten erstrecken sich weitläufige Koppeln. Der Feldweg leitet uns nun wieder auf die Autobahn zu, an Koppeln und Hopfenfeldern vorbei. Kurz vor der A93 macht unser Weg eine Linksbiegung und leitet uns an den Hopfenfeldern entlang hinab zu einem Querweg. Hier wenden wir uns noch einmal nach links und wandern durch den **Haunerhof** 05 hindurch.

Gleich danach führt der Schotterweg weiter geradeaus, an einem Paddock vorbei und in den Wald hinein. Nach zwanzig Minuten kommen wir zum Weiler Siegertszell. Hier geht's auf einem Sträß-

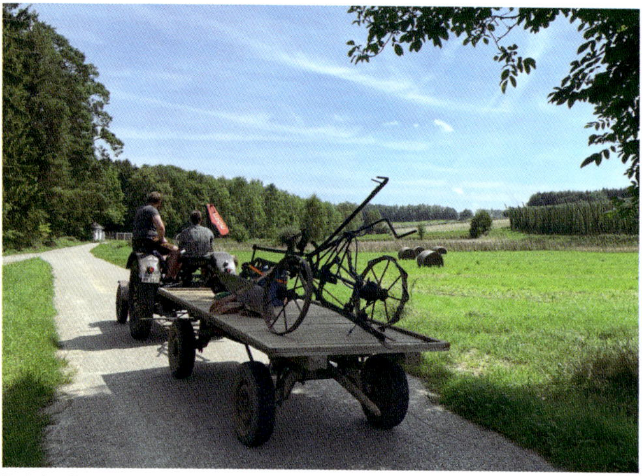

Bei der Ernte

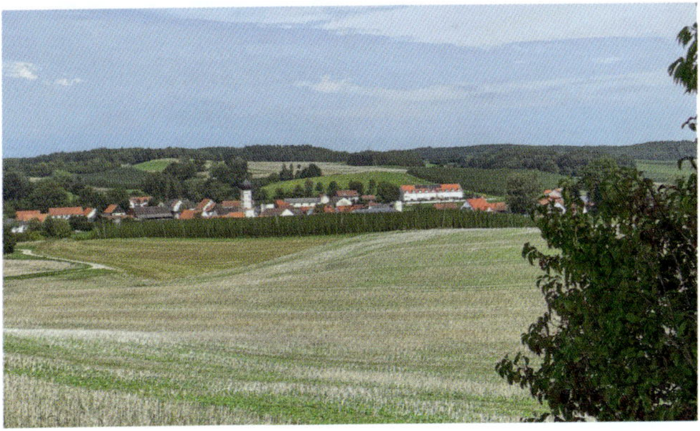

Blick auf Jebertshausen

chen weiter, nach den Häusern rechts, dann mit dem Straßenverlauf links herum an einer **Kapelle** 06 vorbei und an der Straßengabelung wieder rechts. An der Landstraße biegen wir links ab, folgen kurz dem Rad- und Fußweg und queren wenig später auf Höhe einer kleinen Kapelle die Straße. Weiter geht's auf einem Wirtschaftsweg, dem grünen Wanderschild hinterher. An der nächsten

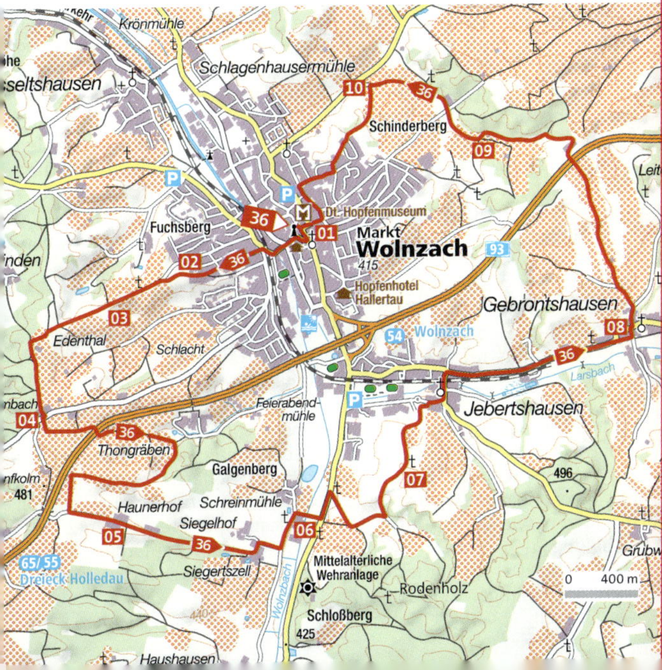

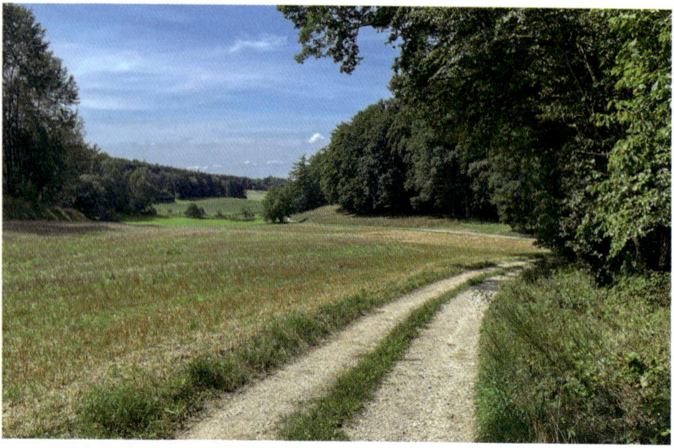

Am Waldrand entlang zurück nach Wolnzach

Gabelung halten wir uns links, und nur wenige Minuten später biegt unsere Route scharf um eine Linkskurve, um dann wieder stetig anzusteigen. Auf der Höhe eröffnet sich uns ein toller **Blick auf Jebertshausen** 07 und die umliegenden Hopfenfelder. Etwas später stoßen wir auf die Straße Zur Ebene in Jebertshausen. Wir spazieren vor zur Auerbergstraße, dann links herum. 150 Meter später folgen wir dem Rad- und Fußweg nach rechts uns spazieren nun ca. 20 Minuten parallel zur Landstraße. In **Gebrontshausen** 08 biegen wir an der Freiwilligen Feuerwehr links ab, an der Kirche Maria auf dem Weißen Berg vorbei und dann schräg nach rechts über die Hauptstraße hinüber.

Wir wandern an alten Häusern und Höfen entlang aus dem Ort hinaus. An der Weggabelung bei der letzten Scheune halten wir uns links, ein paar Minuten später folgen wir an der nächsten Gabelung den Wanderschildern nach rechts. Der asphaltierte Weg geht nach einiger Zeit in einen Feldweg über. Diesem Weg folgen wir nun stetig an Hopfenfeldern vorbei und schließlich unter der Autobahn hindurch. Nach der Unterführung macht der Weg einen Linksknick. Wir wandern hinab, herrlich am Waldrand entlang, bis wir eine viertel Stunde später an einer **Marienkapelle** 09 mit einer Bank einen Teerweg erreichen. Wir biegen rechts ab und folgen nach einigen Minuten den Wegschildern geradeaus Richtung **Streuobstwiesen** 10 hinab. Kurz vor der Landstraße weisen uns die Wanderschilder links herum wieder hinauf.

Am Ortsrand von Wolnzach halten wir uns rechts und gehen über die Rosenstraße zur Kellerstraße. Wir folgen ihr nach links bis zum grün getünchten „Haus des Hopfens“ und wenden uns noch vor dem Zebrastreifen nach rechts, gleich darauf wieder links herum zum Deutschen Hopfenmuseum. Von dort aus spazieren wir kurz geradeaus an der Hauptstraße entlang und dann wieder rechts zum **Marienplatz** 01.

RUND UM RATZENHOFEN

Spaziergang durchs Abenstal

7,1 km 2:00 h 85 hm 85 hm

START | Ratzenhofen. Parkplatz für die Kapelle. Von der St.-Anton-Straße auf der schmalen Straße nach St. Anton. Parkplatz nach 50 Metern auf der rechten Seite.
[GPS: UTM Zone 32 x: 706600 m y: 5396804 m]
CHARAKTER | Kurze Runde auf Asphalt- und Feldwegen.

Der kleine Spaziergang führt uns über die kleine Wallfahrtskirche St. Anton oberhalb von Ratzenhofen. Kunstgeschichtlich ist sie eine der bedeutendsten Kirchen im Landkreis Kehlheim. Durch die Hopfengärten geht's dann Richtung Elsendorf. Kurz vor dem kleinen Ort schlendern wir dann wieder an der Abens nach Ratzenhofen zurück. Der Biergarten von Schloss Ratzenhofen ist urgemütlich. Der Steckerlfisch ist besonders zu empfehlen!

Wir folgen vom **Parkplatz Kapelle** 01 dem asphaltierten Weg sanft bergan, an Hopfenfeldern vorbei bis wir nach zehn Minuten die kleine Kirche **St. Anton** 02 erreichen. Hier unbedingt einen Blick hineinwerfen! Danach geht's auf einem Feldweg weiter bis zum asphaltierten Querweg. Wir biegen links ein und wandern hinab zu einer Straße. Hier geht's geradeaus hinüber und schon wieder hinauf bis zu einer Rastbank, an der wir links abbiegen. Zu unserer Linken eröffnet sich ein herrlicher **Blick auf St. Anton** 03. Der Weg senkt sich, unten verlassen wir den Asphalt nach rechts auf einen

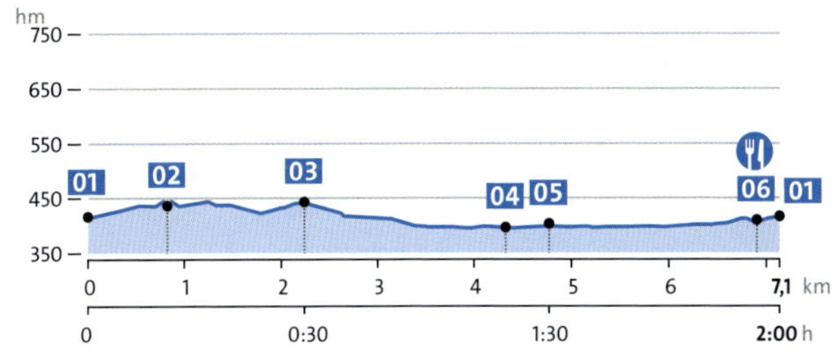

01 Kapellenparkplatz, 420 m; 02 St. Anton, 451 m; 03 Blick auf St. Anton, 442 m; 04 Brücke, 400 m; 05 Seitenarm Abens, 402 m; 06 Biergarten Ratzenhofen, 416 m;

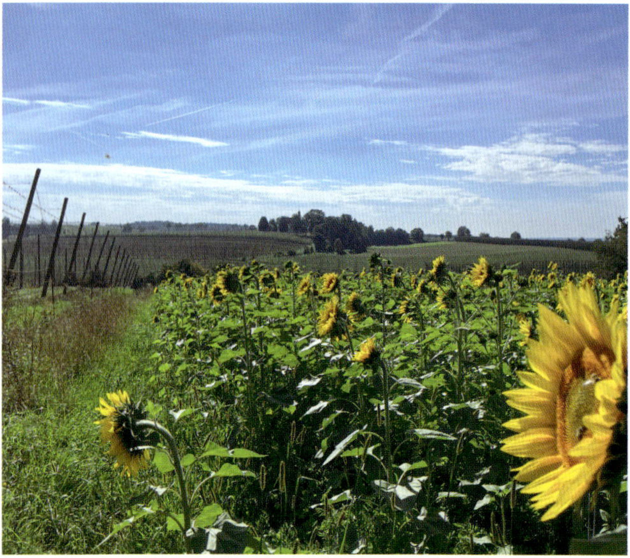

Blick hinüber nach St. Anton

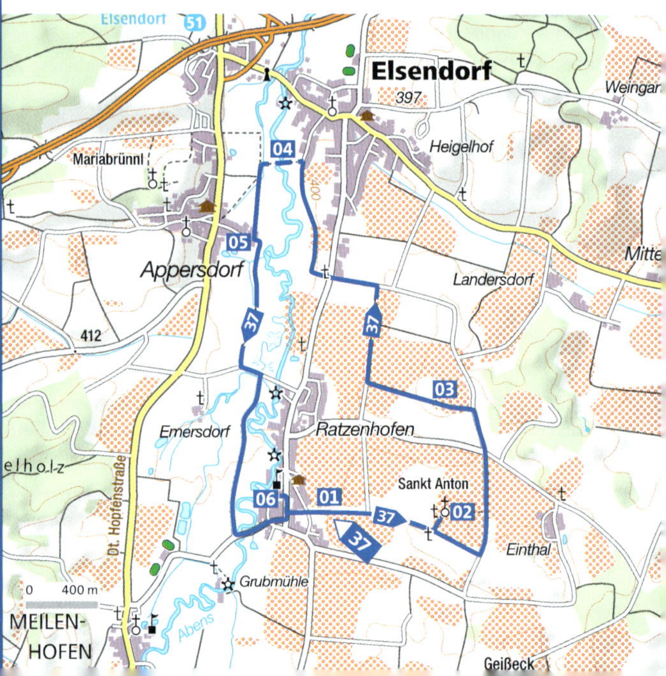

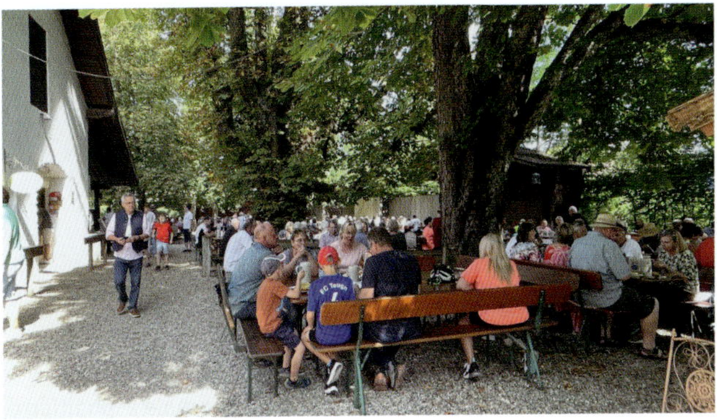

Urgemütlicher Biergarten Ratzenhofen

Feldweg. Es geht an Hopfenfeldern vorbei, am Ende links wieder auf einen asphaltierten Weg. Er leitet uns noch einmal hinab zur Straße. Wir überqueren sie, dann geht's rechts herum bis kurz vor Elsendorf. Vor einem Holzschuppen biegen wir links auf einen Schotterpfad ab. Ein Schild mit der Aufschrift Glaser-Gangsteig nach Appersdorf weist uns den Weg. Wir überqueren eine **Brücke** 04 über die Abens und schwenken mit dem Weg links herum. Jetzt geht's immer an der Abens entlang. Nach einer viertel Stunde schwenken wir an der Straße links, dann wieder am **Seitenarm der Abens** 05 rechts. Ein asphaltierter Weg leitet uns weiter durchs Bachtal. Schließlich erreichen wir die Dorfstraße, die uns nach Ratzenhofen zurückführt. Beim **Biergarten Ratzenhofen** 06 können wir noch eine gemütliche Rast einlegen, bevor wir über den Parkplatz zurück zum **Kapellenparkplatz** 01 schlendern.

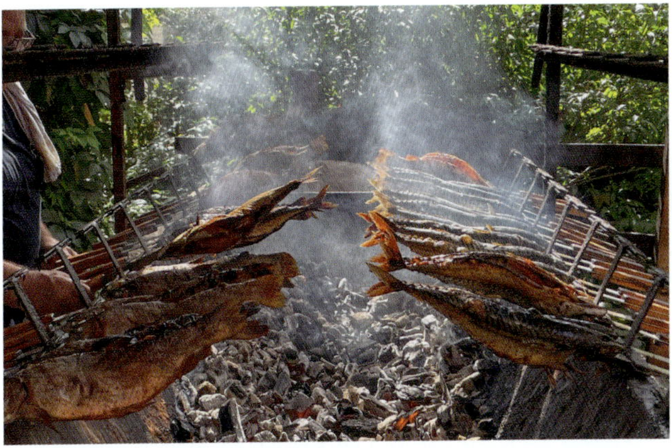

Steckerlfisch im Biergarten Ratzenhofen

38

VON LINDKIRCHEN NACH GASSELTSHAUSEN

Wald- und Kapellenwanderung im Abenstal

13,7 km | 3:30 h | 215 hm | 215 hm

START | Lindenkirchen. Parkplatz an der Kirche. Bus 6055 von Neustadt a.d. Donau.
[GPS: UTM Zone 32 x: 705231 m y: 5394916 m]
CHARAKTER | Forst- und Feldwege, teils auch schmale asphaltierte Wege

Heute erkunden wir die Dörfer im westlichen Abenstal. Aussichtsreich und sonnenverwöhnt geht's los, bevor wir um den kleinen Weiler Pettenhof in die Wälder eintauchen. Nach dem Hopfendorf Gasseltshausen besuchen wir die Kapelle St. Koloman auf dem Kolomansberg in Massenhausen. Über 70 Stufen muss man hinaufsteigen, um zur Wallfahrtskapelle zu gelangen, die malerisch am Waldrand steht. Von dort leitet uns ein schöner Waldweg nach Wambach. Mit der Abens geht's dann zurück nach Lindkirchen. Das Hofcafé in Lindkirchen ist ein Muss. Tolle Kuchen und Snacks in gemütlichem Ambiente.

Wir starten in **Lindkirchen** 01 an der Kirche. Zunächst folgen wir dem asphaltierten Weg geradewegs weiter aus dem Ort hinaus. An der folgenden Gabelung mit einem schönen Marterl und Rastbank halten wir uns links. Der Weg senkt sich und leitet uns hinab zu einer Gabelung. Hier verlassen wir

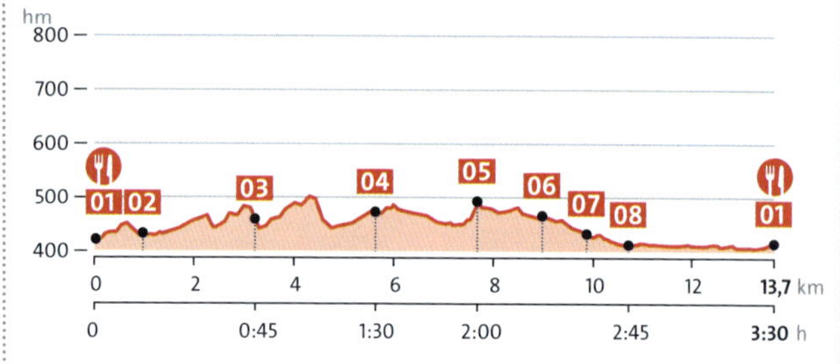

01 Mariä Lichtmess Lindkirchen, 424 m; 02 Abzweig Rohnstorf, 422 m; 03 Pettenhof, 449 m; 04 Gasseltshausen, 478 m; 05 St. Koloman, 464 m; 06 Kapelle, 463 m; 07 Wambach, 430 m; 08 Abens, 412 m;

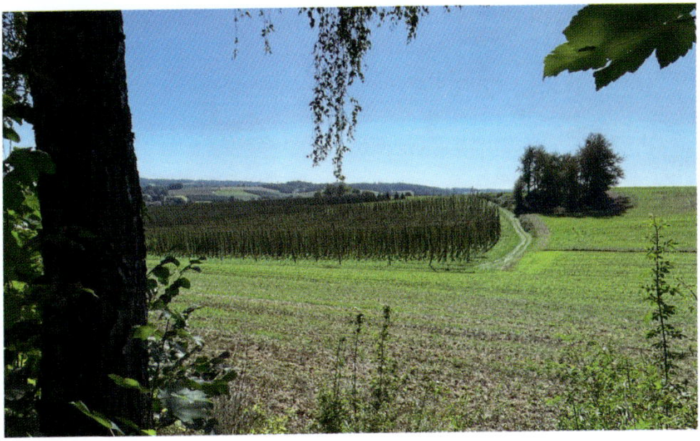

Blick ins Abenstal

den Asphalt und biegen rechts auf einen **Feldweg Richtung Rohnstorf** 02 ab. Kaum merklich steigt er an und führt uns an Feldern vorbei und am Waldrand entlang bis kurz vor den kleinen Ort. Kurz vor Waldaustritt biegen wir links ab, gleich darauf spazieren wir aus dem Wald hinaus, über Felder und dann erneut am Waldrand entlang. Schließlich spazieren wir noch ein paar Minuten durch

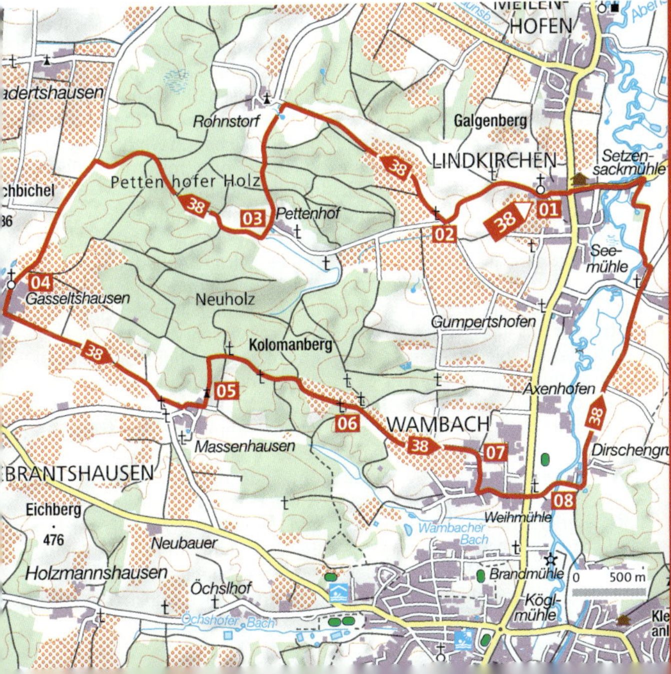

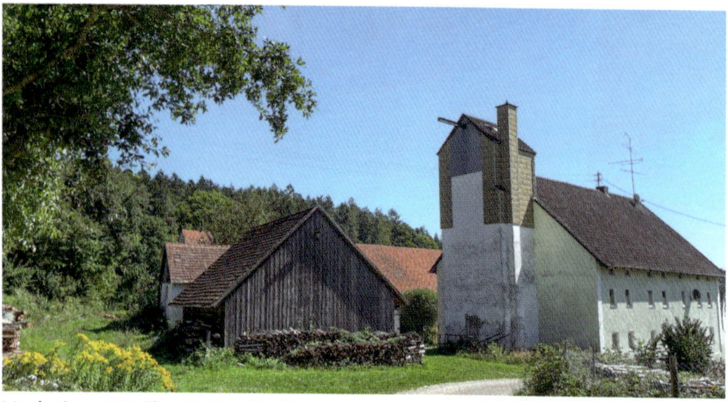

Vorbei am Weiler Pettenhof

den Wald, bis wir den Weiler **Pettenhof** 03 erreichen. Wir halten uns geradeaus auf einen schönen Schotterweg, der schnell um eine Rechtskurve biegt. Es geht am Waldrand entlang, dann wird der Weg allmählich schmäler. Wir halten stets die Richtung geradeaus. Nach ungefähr zehn Minuten nach der Rechtskurve tauchen wir in den Wald ein. Wir halten stets die Richtung und treffen nach ein paar Minuten auf einen Forstweg. Mit ihm wandern wir links herum hinaus aus dem Wald bis zu einer Straße. Sie führt uns nach links in zehn Minuten nach **Gasseltshausen** 04. Wir durchqueren das Örtchen und biegen am Ende links ab. Ein Feldweg bringt uns an Hopfenfeldern vorbei nach Massenhausen. An der Gabelung kurz vor dem Weiler halten wir uns links, am Sträßchen gleich darauf biegen wir erneut links ab und wandern hinter den Höfen an einem verfallenen Haus vorbei. Kurz darauf geht's zu unserer Linken ein paar Stufen hinauf zu **St. Koloman** 05. Ein Waldweg leitet uns an der Kapelle vorbei nach Norden. Nur 250 Meter später geht's an einem Querweg rechts weiter durch den Wald. Wir bleiben nun stetig auf diesem Weg, der uns nach ein paar Minuten rechts herum kurz am Waldrand entlangführt, dann nach links schwenkt und über die freie Fläche zu einer kleinen **Kapelle** 06 leitet. Wir bleiben auf dem Hauptweg, der sich nach rechts von der Kapelle entfernt und über ein paar letzte Felder nach **Wambach** 07 führt. Rechts herum geht's in den Brünnelweg, dann biegen wir an der Fabrikstraße links ein und folgen ihr über die B301 zu einer Brücke an der **Abens** 08. Am Querweg nach der Brücke halten wir uns links und wandern nun mit tollen Blicken mit der Abens nach Norden. Nach ca. 20 Minuten mündet der Weg in einer Straße. Links geht's nach Seemühle, wir gehen jedoch noch 150 Meter weiter und biegen kurz nach den Gebäuden links auf eine Wiese ab. Der Wiesenweg schlängelt sich mal rechts, mal links, dann geradeaus an den Feldern entlang bis zu einem Wäldchen. Wir spazieren daran entlang und schwenken an seinem Saum entlang nach links. Am Ende des Wäldchens drehen wir nochmal nach rechts und folgen dem Wiesenweg bis zur Straße. Auf dem Rad- und Fußweg geht's nun die letzten zehn Minuten zurück nach **Lindkirchen** 01.

VON MAINBURG NACH EBRANTSHAUSEN

Durch die Hölzer westlich von Mainburg

10 km 2:50 h 185 hm 185 hm

START | Mainburg. Parkplatz Ebrantshauser Straße gegenüber des Hallenbades. Bus 602 von Freising.
[GPS: UTM Zone 32 x: 704097 m y: 5392122 m]
CHARAKTER | Gut begehbare Forst-, Wald- und Feldwege. Zum Ende der Runde Orientierungssinn nötig. Lange Hosen auf von Brennnessel bewachsenen Pfaden nötig.

Wir starten am Parkplatz in der **Ebrantshauer Straße** 01, gegenüber der Mittelschule und des Hallenbades von Mainburg. Ein paar Treppen führen am Ostende des Parkplatzes hinab, dann leitet ein Wiesenweg in einem Rechtsbogen am Sportplatz vorbei. Wir erreichen kurz darauf eine Bank, an der wir links abbiegen und erst über einen **Steg** 02 gehen, dann einem schmalen Pfad durch den Wald hinauf folgen. Am Querweg biegen wir rechts ab. Der Weg wird allmählich breiter, dann wieder schmäler und führt hinab zum Waldrand. Wir wenden uns dort nach links und wandern am Waldrand entlang wieder hinauf. Nach wenigen Minuten mündet unser Weg in einen Feldweg, dem wir bis zur nächsten Kreuzung

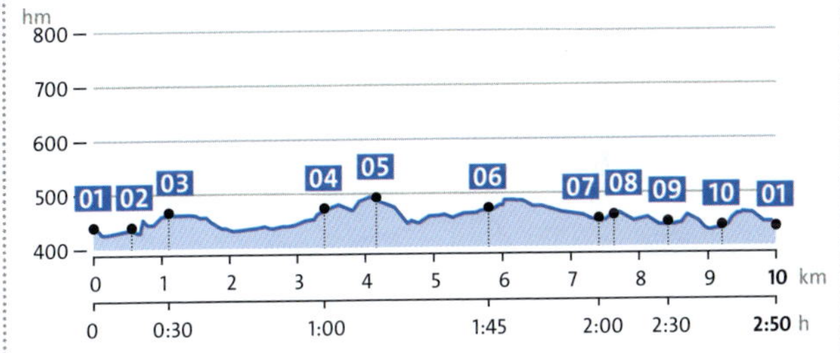

01 Ebrantshauser Straße, 431 m; 02 Steg, 431 m; 03 Alte Ziegelei, 462 m; 04 Rote Holzhütte, 446 m; 05 Wagner-Kapelle, 484 m; 06 Ebrantshausen, 464 m; 07 Massenhausen, 446 m; 08 St. Koloman, 455 m; 09 Kiesgraben, 449 m; 10 Ende Hopfenfeld, 431 m;

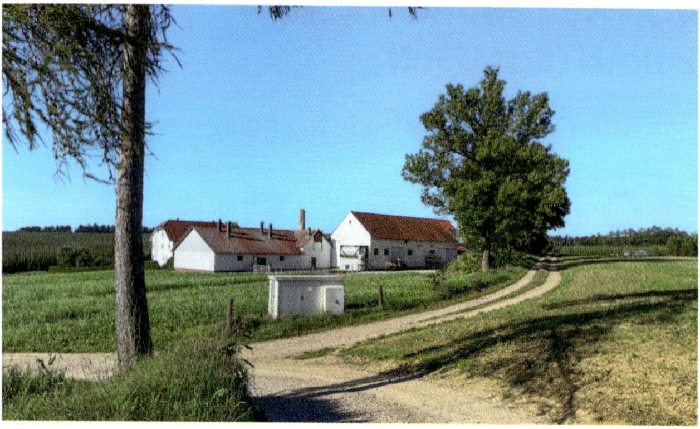

Die Alte Ziegelei bei Mainburg

folgen. Hier biegen wir rechts ab und spazieren auf einem schönen Schotterweg an der **Alten Ziegelei** 03 und Hopfenfeldern vorbei. Die Route leitet uns am Waldrand hinab, erst um einen Rechts-, dann um einen Linksbogen zu einem nächsten Hopfenfeld. Ein Pfad führt an ihm vorbei und schnell wieder auf breiterem Weg hinab. Gleich darauf folgen wir einem Wiesenweg parallel

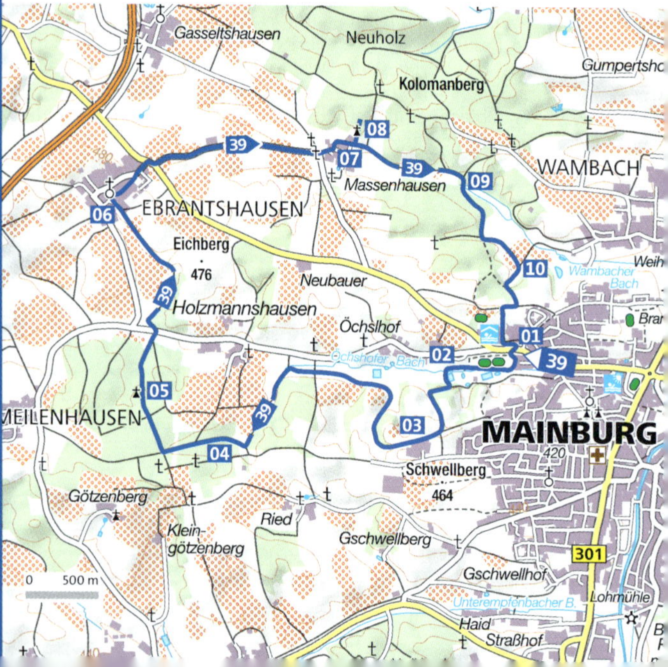

zur Straße. Er führt uns nun stetig geradeaus, bald geradewegs durch ein Waldstück und an einen breiten Querweg. Wir folgen ihm nach links, am Waldrand entlang. Zehn Minuten später macht der Weg an ein paar Hopfenfeldern eine Rechtskurve und bringt uns geradewegs an einer **roten Holzhütte** 04 vorbei in den Wald. Wir wandern nun bis zu einer großen Kreuzung im Wald. Rechts herum geht's auf schönem Waldweg durch den herrlichen Wald. Bald senkt sich der Weg. Wir passieren zu unserer Linken die **Wagner-Kapelle** 05 und biegen weiter unten in der Senke rechts ab.

Der Weg führt aus dem Wald hinaus zur Straße. Wir queren sie, gehen kurz durch den Wald hinauf bis zu einer Weggabelung. Dort halten wir uns links, über eine kleine grasbewachsene Lichtung und dann kurz abwärts. Der Weg wird wieder deutlicher und leitet uns sanft um eine Rechtskurve an einem schmalen Graben entlang. Nach einiger Zeit verschmälert er sich wieder zu einem Pfad, der teils dicht mit Brennnesseln bewachsen ist. An einem Hopfenfeld schwenken wir nach links, passieren einen Sandabbruch und spazieren weiter über die Wiese am Waldrand entlang. Kurz drauf stoßen wir auf einen breiten Sandweg, dem wir nach links folgen. Er bringt uns nach **Ebrantshausen** 06 hinein.

An der Kirche St. Peter und Paul halten wir uns rechts und gehen unterhalb kurz darauf nochmals rechts den Kirchenäcker hinauf bis zum Ortsende an der Landstraße. Wir wenden uns nach rechts und queren die Straße wenige Meter später nach links. Ein kaum befahrenes Sträßlein führt uns nun nach **Massenhausen** 07. Vor den Höfen schwenken wir nach links, an einem zerfallenen Haus vorbei und auf einen Feldweg. Ein paar Meter später geht's links über die Wiese hinauf zu einem Abstecher zu **St. Koloman** 08. Zurück auf dem Feldweg wandern wir geradeaus weiter, bald über ein Wiesenstück in den Wald hinein. An der Dreieckskreuzung halten wir uns rechts, kurz darauf stehen wir am Waldrand und an einem aufgeschütteten **Kiesgraben** 09.

Wir steigen über den Kies und betreten den Wald. Wenige Meter später biegen wir links auf einen unscheinbaren Waldweg ab. Er wird deutlicher und ist stellenweise von schweren Waldmaschinen zerfurcht. Wir folgen ihm stetig geradeaus. Nach wenigen Minuten senkt er sich über einen Pfad hinab und endet schließlich an einem breiten Waldweg. Diesem folgen wir nach links aus dem Wald hinaus. Am **Ende des Hopfenfeldes** 10 biegt der Weg um die Linkskurve.

Wir verlassen ihn nach rechts, über die Wiese am Hopfenfeld entlang zum Wald. Gleich nach Waldeintritt biegen wir links auf einen Pfad ab. Er steigt nach ca. 50 Metern an, tritt während einer Rechtskurve an eine lichte Stelle am Waldrand und führt schließlich vollends aus dem Wald hinaus. Wir gehen geradeaus an Feldern vorbei, dann wenden wir uns am Ende des Feldes nach rechts. Noch vor dem Sportplatz biegen wir links auf einen Wiesenweg hinab ab, passieren das Hallenbad und ein Schulgebäude und queren die Ebrantshauser **Straße** 01 zurück zum Parkplatz.

40

VON MAINBURG NACH LEITENBACH

Im Abens- und Leitenbachtal

11,9 km 3:20 h 150 hm 150 hm

START | Mainburg a.d. Donau. Parkplatz am Griesplatz. Bus 602 von Freising.
[GPS: UTM Zone 32 x: 704899 m y: 5391518 m]
CHARAKTER | Meist breite Feldwege. Gemäßigte An- und Abstiege. Vereinzelt auch asphaltierte Abschnitte.

Heute besuchen wir als erstes die Klosterkirche des Paulinerklosters St. Salvator, die direkt über Mainburg thront. Sie wurde 1723 erbaut. Im 14. Jahrhundert stand hier wohl einst eine Kapelle. Das Kloster selbst stammt aus dem Jahre 1893. Durch Hopfenfelder und kleine Dörfer geht's dann nach Norden ins Leitenbachtal. Durch herrliche kleine Wälder spazieren wir schließlich mit tollen Ausblicken ins Abenstal und dann stets nahe der Abens zurück nach Mainburg.

Vom **Griesplatz** 01 in Mainburg queren wir direkt die Paul-Nappenbach-Straße und spazieren durch kleine Gässchen in die Altstadt und zum Marktplatz. Geradewegs an der Kirche und am Rathaus vorbei geht's zu den 176 Stufen, die am Kreuzweg entlang zur **Klosterkirche St. Salvator** 02 hinaufführen. Nach einem Besuch der herrlichen Klosterkirche spazieren wir auf einem Sträßchen um die Kirche herum. An der Straßenteilung halten wir

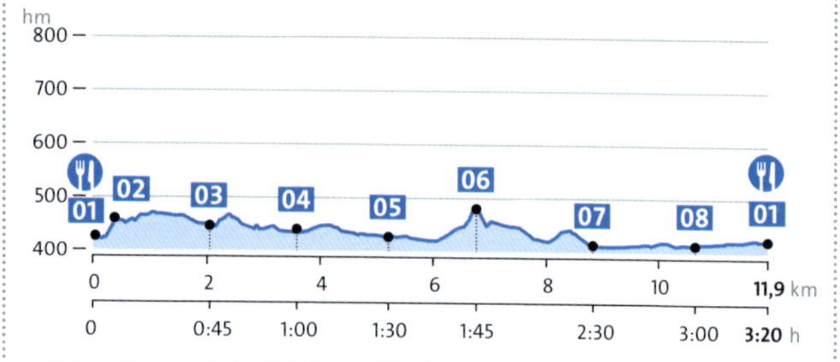

01 Griesplatz, 430 m; 02 Klosterkirche St. Salvator, 454 m; 03 Rachertshofen, 448 m; 04 Zugewachsene Bank, 438 m; 05 Pfauengehege, 422 m; 06 Blick ins Leitenbachtal, 470 m; 07 Abenstal, 412 m; 08 Fitnesspark, 416 m;

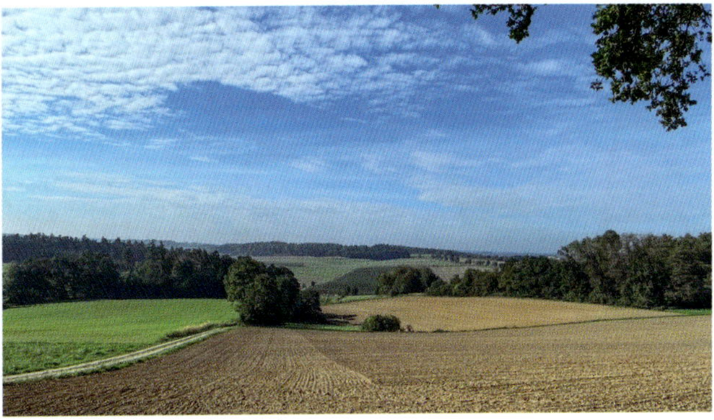

Toller Blick ins Leitenbachtal

uns rechts, gehen geradeaus über die Vorfahrtsstraße hinüber und die Straße „Zur Wasserreserve“ hinauf. An den letzten Häusern wechseln wir auf einen Schotterweg. Er bringt uns zu einer Weggabelung und einem ersten Hopfenfeld. Wir halten uns links und erreichen wenig später **Rachertshofen** 03. Wir folgen der Ortsstraße nach rechts hinauf, an ein paar Höfen vorbei durch den Ort hindurch. Bei den letzten Häusern stehen wir an einer

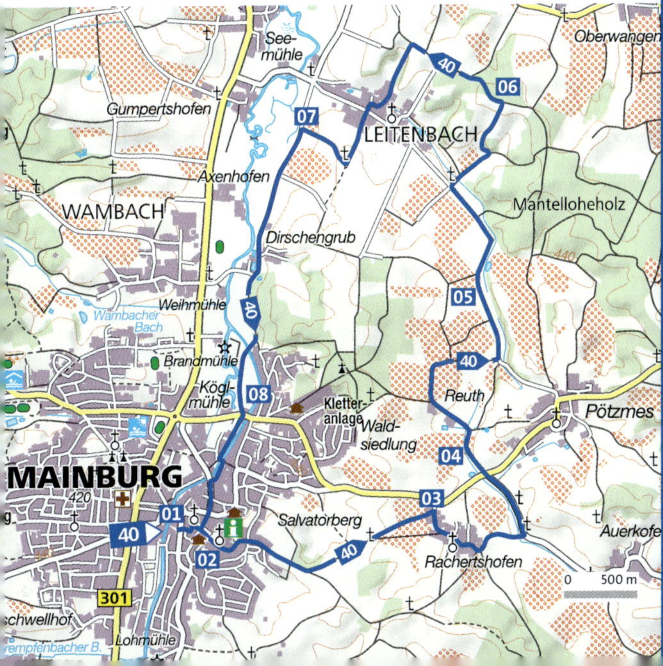

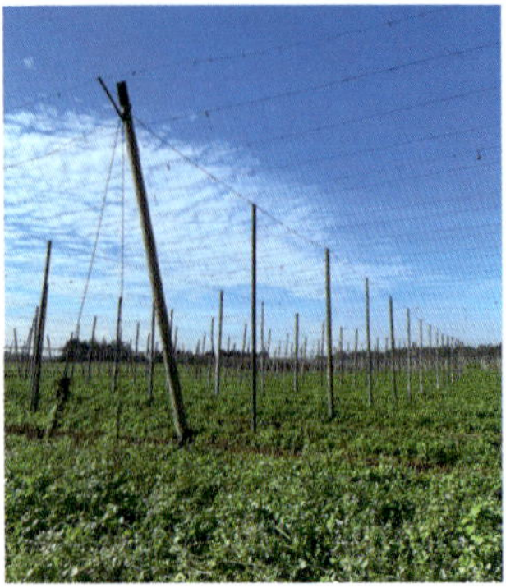

Hopfenfelder so weit das Auge reicht

Gabelung, von der mehrere Wege ausgehen. Wir biegen links um die Kurve sanft bergab, an einem Hopfenfeld und einer Kapelle vorbei zu einer schmalen Straße. Hier geht's links weiter. Wir gehen am rechten Straßenrand bis zur Landstraße, queren sie geradeaus und folgen einem schmalen Sträßchen. An einer **zugewachsenen Bank** 04 mit Marterl und Hopfenfeldern und noch an den Höfen von Reuth führt es uns vorbei. Gleich darauf, am Ende eines kleinen Wäldchens, biegen wir an einer Weggabelung rechts ab.

Ein Feldweg leitet uns nun zu den Hopfengärten. Bald biegt er um eine Rechtskurve, dann führt er uns stetig geradeaus auf breitem, lehmigem Weg bis an eine Schotterstraße. Wir halten uns links und folgen ihr bis zu einem **Pfauengehege** 05. Wir sind jetzt mitten im schönen Leitenbachtal. Die Route führt uns weiter geradeaus, dann beschreibt sie eine Linkskurve und mündet schließlich in ein asphaltiertes Sträßlein. Am letzten Hopfenfeld vor Leitenbach biegen wir rechts auf einen Feldweg ab. Wir steigen kurz an und wenden uns oben an der Weggabelung nach links. Kurz darauf wandern wir am Waldrand entlang, dann steigen wir nochmals bergan. Oben am Querweg biegen wir links ab – die Mühe hat sich gelohnt: Wir genießen an einer schönen Rastbank einen herrlichen **Blick ins Leitenbachtal** 06. Durch den Wald geht's dann wieder hinab, an der nächsten Kreuzung wandern wir weiter geradeaus. Schließlich treten wir aus dem Wald heraus und folgen dem angenehmen Feldweg bergab, dann wieder bergauf. Ca. 250 Meter nach Waldaustritt biegen wir links auf einen weiteren Feldweg ab. Er bringt uns hinab nach Leitenbach. Über die Bachstraße durchqueren wir den Ort geradeaus, über die Dorfstraße und wieder auf die Felder hinaus. Wenige Minuten später biegen wir bei der nächsten Möglichkeit rechts ab und wenden uns an der Schotterstraße im **Abenstal** 07 nach links.

Eine viertel Stunde später passieren wir das Klärwerk und gehen kurz auf einer Straße weiter. Recht schnell macht diese jedoch eine Rechtskurve, an der wir geradeaus auf einen Wanderweg wechseln. Er leitet uns am Waldrand entlang und kurz vorm Ortsrand von Mainburg schwenken wir rechts herum, spazieren über eine Brücke über die Abens und anschließen durch einen schöne Allee. Wir folgen dem Weg am **Fitnesspark** 08 vorbei und über die Straße, dann geht's an der Abens entlang bis zur Abensberger Straße. Wir wenden uns nach links, und spazieren am Hallertauer Heimat- und Hopfenmuseum vorbei immer geradeaus zurück zum Marktplatz und zur Altstadt. Von hier aus geht's in wenigen Minuten auf bekanntem Weg zurück zum Parkplatz **Griesplatz** 01.

MAINBURG RUNDE SÜD

Mainburg und seine Mühlen

15,3 km | 4:15 h | 350 hm | 250 hm

START | Mainburg. Parkplatz am Griesplatz. Bus 602 von Freising. [GPS: UTM Zone 32 x: 705101 m y: 5391333 m]
CHARAKTER | Breite Forst- und Waldwege, zwischendurch auch wenig befahrene Straßen. Gediegene An- und Abstiege. Waldweg nach Furthmühle teils zugewachsen. Lange Kleidung wichtig!

Heute erkunden wir das Abenstal südlich von Mainburg. Unterwegs streifen wir viele ehemalige Mühlenorte und durchqueren einmal komplett den Edenhofer Wald von Norden nach Süden. Am Ende der Wanderung sollten wir einen Besuch in der Hopfenstadt Mainburg nicht vergessen. Durch die schöne Altstadt lässt es sich toll flanieren und viele Cafés und Gaststätten laden zu einer Einkehr.

Vom Parkplatz am **Griesplatz** 01 gehen wir zunächst an der Stadthalle vorbei, folgen dann der Erberstraße nach links und gleich darauf rechts herum mit der Landshuter- und Hofbergstraße schnell recht steil aus der Stadt hinaus. Nach den letzten Häusern stoßen wir auf einen Feldweg, der uns zu einer Kreuzung mit **Bank und Schaukel** 02 bringt. Wir biegen links ab und folgen dem schönen Weg an Birken vorbei. Am

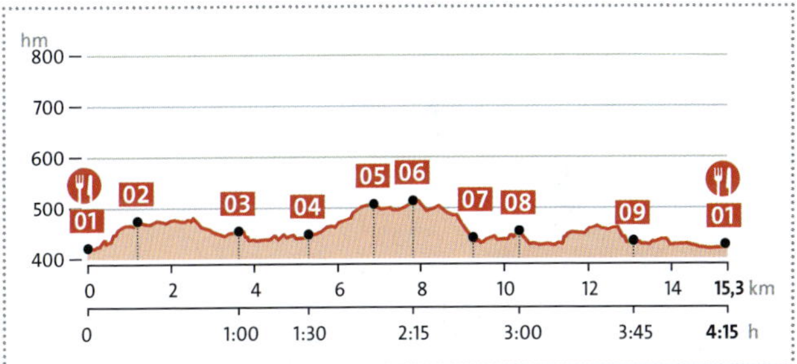

01 Griesplatz, 415 m; 02 Bank und Schaukel, 468 m; 03 Sandelzhausen, 455 m; 04 Mittermühle, 433 m; 05 Hermersdorfer Weg, 486 m; 06 Rastplatz, 517 m; 07 Haselnussbaumplantage, 435 m; 08 Hopfenhallen, 444 m; 09 Mariä Himmelfahrt, 441 m;

nächsten Querweg vor dem Hopfenfeld biegen wir rechts ab, passieren ein kleines Wäldchen und halten uns danach beim nächsten Hopfenfeld erneut rechts. Unsere Route führt an Wiesen vorbei hinab. Kurz vor einer Hohlgasse nach ca. 100 Metern biegen wir links ab und wandern auf einem Feld- und Wiesenweg weiter hinunter. Wir treffen auf einen Querweg – links beginnt ein Waldstück, an dessen Beginn einen Rastbank steht. Wir wenden uns nach rechts und wandern geradewegs nach **Sandelzhausen** **03** hinein.

Wir queren gleich zu Ortsbeginn ein Sträßchen und gehen mit dem geschotterten Rad- und Fußweg hinab. Dann schwenken wir links über die Gassenackerstraße zur Thalhamer Straße. Wir folgen ihr nach links und schlendern auf der Wiese rechts neben der Straße entlang. Kurz nach dem TSV Sanzdelzhausen biegen wir in den Rothmühler Weg ein. Ein asphaltiertes, wenig befahrenes Sträßchen leitet uns durch Rotmühle hindurch. Hinter dem Örtchen geht's rechts zur Staatsstraße, dann links nach **Mittermühle** **04** hinein. Etwa in der Mitte des kleinen Ortes queren wir die Straße und folgen einem geschotterten, schmalen Weg durch eine Beschrankung hindurch. Wir gehen geradewegs durchs Wohngebiet zur Staatsstraße in Kleingundertshausen, folgen ihr nach links durch den Ort hindurch und kurz vor der Linkskurve halten wir uns rechts in die Forststraße Richtung Notzenhausen. Gleich darauf führt uns ein breiter Schotterweg über die Felder, beschreibt dann eine Linkskurve und leitet uns am Waldrand entlang und in den Wald hinein. Nur wenige Minuten nach Waldeintritt zweigt linker Hand ein schöner breiter Forstweg ab.

Es ist der **Hermersdorfer Weg** **05**, wie uns ein hölzernes Wegschild an einem Baum verrät. Er wird uns nun von Nord nach Süd einmal der Länge nach durch den Edenhofer Wald führen. Wir spazieren eine viertel Stunde durch den Wald und lassen zunächst alle Abzweigungen unbeachtet. Dann zweigt links der breite Pflanzengartenweg ab. Kurz darauf finden wir zu unserer Rechten einen **Rastplatz** **06** mit Tisch, Bank und einem hölzernen Bildstock. Danach zweigt

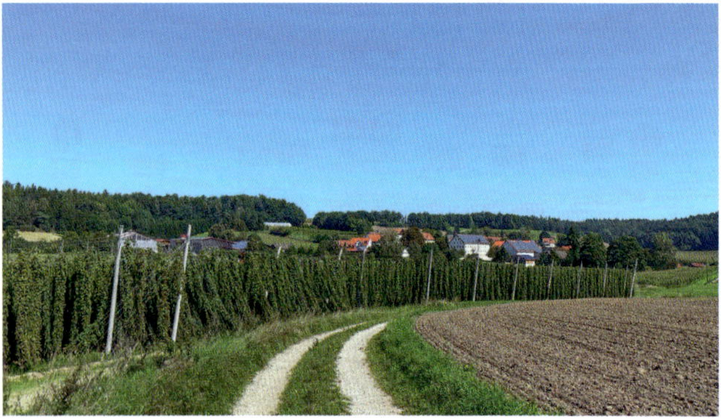

Am Hopfen entlang nach Notzenhausen

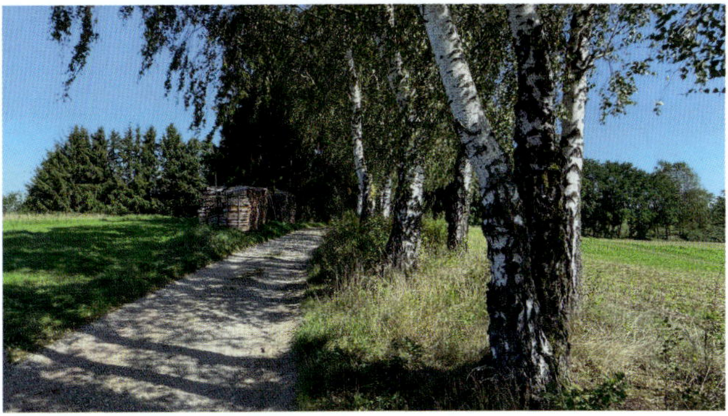

Von Birken gesäumte Wege

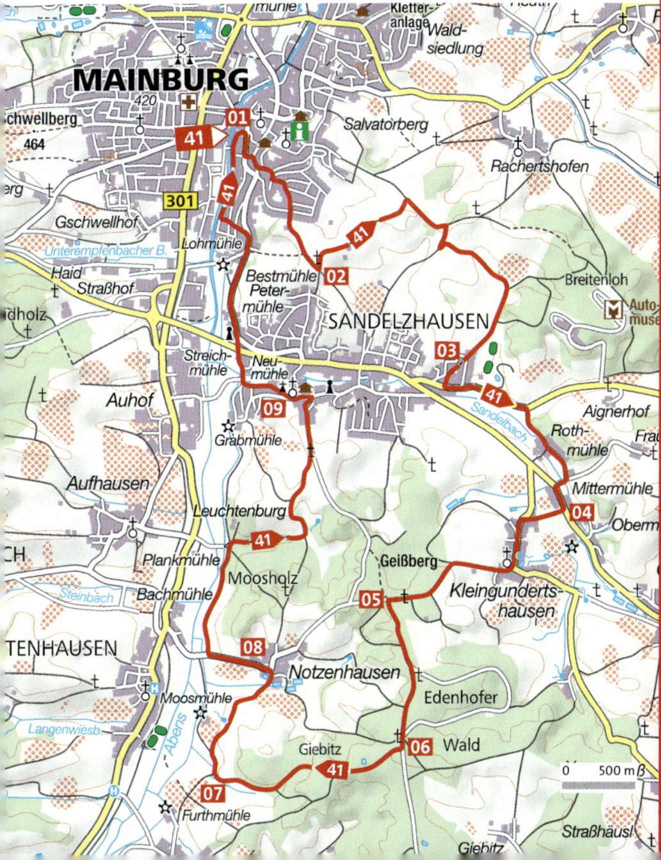

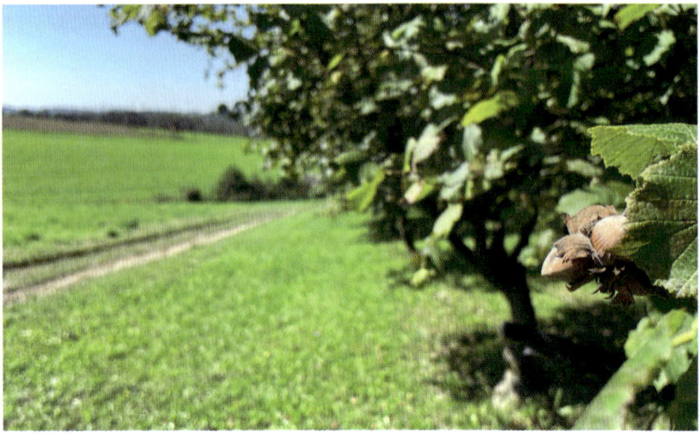

An der Haselnussbaumplantage

rechter Hand ein Waldweg ab. Hier verlassen wir den Hauptweg und wandern weiter Richtung Westen durch den Wald. Meist ist der Weg gut zu erkennen, wird aber zum Ende hin recht verwachsen und verwildert. Nach einer viertel Stunde treten wir schließlich aus dem Wald heraus. Kurz geht's noch am Waldrand entlang, dann macht die Route einen leichten Linksbogen, an einer **Haselnussbaumplantage** 07 vorbei.

Unten am Feldweg biegen wir rechts ab und wandern in einer viertel Stunde nach Notzenhausen. Am Ortsrand biegen wir gleich wieder links ab und folgen dem Sträßlein an ein paar **Hopfenhallen** 08 zu unserer Rechten vorbei und dann hinab. Vor der Brücke biegen wir rechts ab. Ein Feldweg leitet uns parallel zur Abens bald durch ein kleines Waldstück. An seinem Ende halten wir uns rechts. Der Hauptweg biegt gleich darauf am Waldrand wieder nach links. Leider müssen wir hier einen Umweg machen, da der Weg an der Abens entlang für Wanderer gesperrt wurde. So schwenken wir wieder gen Osten in den Wald. Auf teils schlecht erkennbarem Waldweg halten wir gute 500 Meter die Richtung, dann biegen wir an einem Querweg links ab. Er führt uns am Waldrand entlang um eine Linkskurve, dann schwenkt er wieder nach rechts und bringt uns nach Norden bald an eine Weggabelung mit einer wunderschönen, kleinen Kapelle. Wir wandern weiter geradeaus und erreichen schließlich die ersten Häuser und die Sandolfstraße. Ihr folgen wir nach links und bei der nächsten Möglichkeit wieder links, an der Kirche **Mariä Himmelfahrt** 09 vorbei.

Die General-Hopf-Straße führt uns dann weiter am Ortsrand entlang, in einem Rechtsbogen über den Sandelbach und die Staatsstraße. Gleich danach schwenken wir nach links auf die Äußere Landshuter Straße. Ca. 50 Meter nach den ersten Häusern nehmen wir das Sträßlein Lohmühle links hinab und gehen geradeaus vor bis zur Uferstraße. Ihr folgen wir nun an der Abens entlang zurück zum **Griesplatz** 01.

RUZDELZHAUSEN IM ABENSTAL

Durchs Hochholz und Langholz

9,9 km 2:30 h 210 hm 210 hm

START | Kirchdorf bei Rudelzhausen. Parkplatz am Kichplatz. [GPS: UTM Zone 32 x: 703679 m y: 5385459 m]
CHARAKTER | Breite Feldwege und schmale Straßen. Auf unscheinbaren Wegen im Hochholz ist Orientierungssinn von Nöten.

Vom **Kirchplatz** 01 in Kirchdorf bei Rudeltshausen folgen wir der Friedhofstraße hinab nach Iglsdorf. An der Iglsdorfer Straße geht's zweimal rechts herum, geradewegs auf die Sackgasse zu. Ein Linksschwenk führt uns über die **ehemaligen Bahngleise** 02 aus dem Ort hinaus. Der Weg steigt an und führt uns herrlich über die Höhe an Feldern vorbei bis zu einem Waldstück. Am **Hochsitz** 03 biegen wir rechts ab, gehen kurz am Waldrand entlang und schwenken dann links in den Wald. Ein mehr oder weniger gut erkennbarer Waldweg leitet uns bald durch eine Waldschneise im Hochholz, begleitet von hohem Gras und Brennnesseln. Nach einigen Minuten stoßen wir auf eine Kreuzung mit Waldwegen. Wir bleiben weiter auf unserem Weg, der jedoch jetzt als gut erkennbarer, angenehmer Waldweg weiterführt.

Schließlich verlassen wir den Wald und wandern über einen Wiesenweg an einem Hopfenfeld entlang. Zu guter Letzt folgen wir einem Sträßchen nach **Berg** 04. An der Bushaltestelle biegen wir rechts hinab ab und wandern bald auf einem Feldweg weiter, wieder an Hopfengärten vorbei bis an

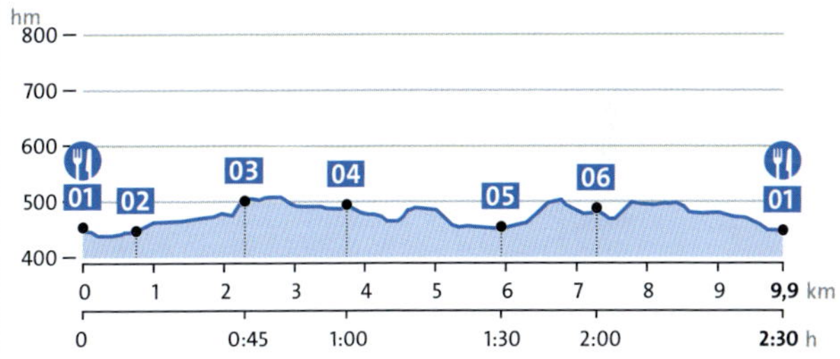

01 Kirchplatz, 444 m; 02 Ehemalige Bahngleise, 450 m; 03 Hochsitz, 481 m; 04 Berg, 496 m; 05 Kapelle, 454 m; 06 Geräteschuppen, 480 m;

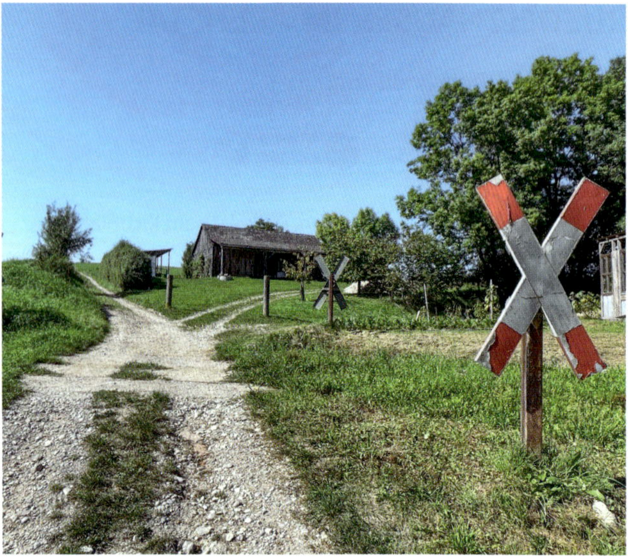

Der Weg führt über stillgelegte Gleise

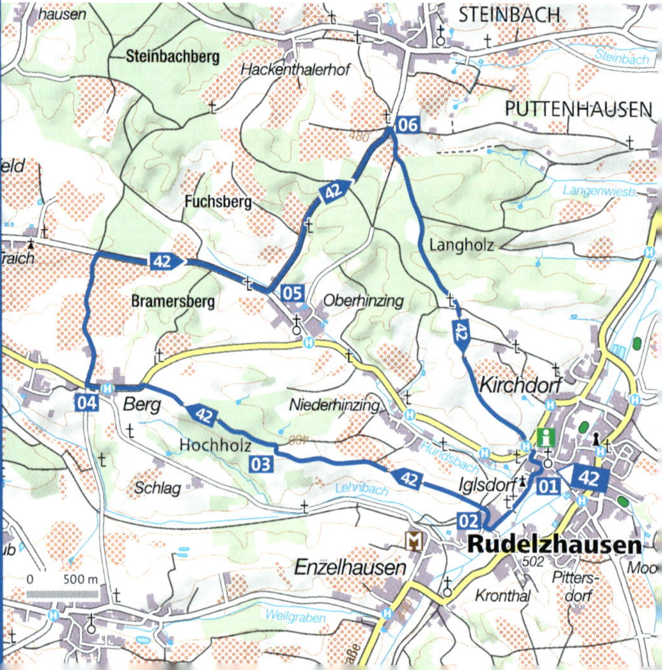

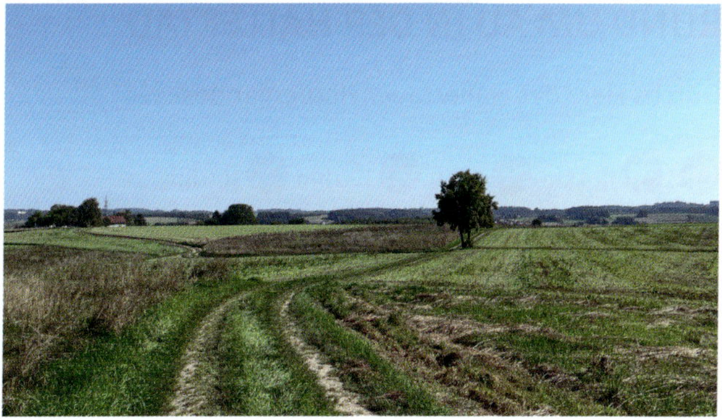

Weitblicke über die Felder

eine Straße. Wir folgen ihr nach links. Jetzt müssen wir gute zwanzig Minuten der Straße folgen. Zum Glück ist sie kaum befahren; lediglich ein Traktor überholt uns, während wir am Straßenrand entlangschlendern. Kurz vor Oberhinzing biegen wir links ab, passieren eine **Kapelle** 05 und folgen der Straße recht schnell durch ein Waldstück hinauf. An einem **Geräteschuppen** 06 zu unserer Rechten biegen wir scharf rechts ab. Ein Feldweg führt uns durch die Hopfenfelder erst hinab, dann schlängelt er sich wieder durch den Wald empor. Jetzt geht's auf herrlichem Waldweg durchs Langholz nach Süden. Nach einer knappen halben Stunde treten wir aus dem Wald heraus und spazieren an den Feldern entlang zurück nach Kirchdorf zum Parkplatz am **Kirchplatz** 01.

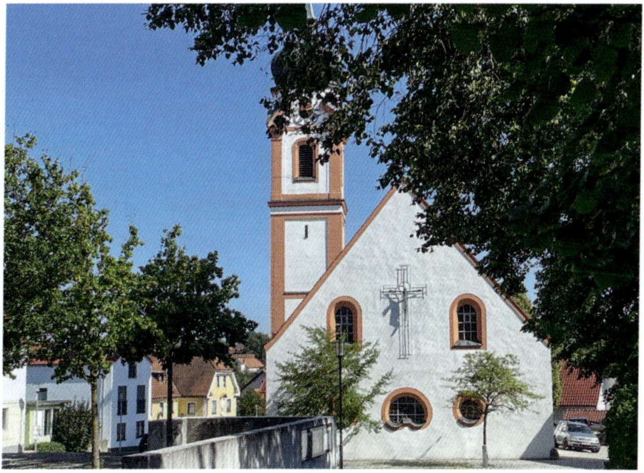

Maria Himmelfahrt in Rudelzhausen

RUND UM AU IN DER HALLERTAU

Durchs Herz des Hallertauer Hopfenlandes

15,4 km | 4:15 h | 300 hm | 300 hm

START | Parkplatz Schlossbräukeller Au oder Rohregger Weg bzw. Kohlstattstraße nahe des Friedhofs. Buslinie 602 zwischen Mainburg und Freising.
[GPS: UTM Zone 32 x: 702271 m y: 5381967 m]
CHARAKTER | Schmale und breite Waldwege, teils an den Waldrändern nur Wiesenpfade. Nach der Maria-Hilf-Kapelle ist Orientierungssinn nötig. Längerer Anstieg auf den Burgberg oberhalb von Au.

Heute erwartet uns eine herrliche, große Runde um Au in der Hallertau. Dabei genießen wir nicht nur die schönen, meist naturnahen Wege sondern haben auch die Möglichkeit, gleich ein paar kulturelle Highlights zu entdecken – wie die kleine Maria-Hilf-Kapelle bei Osterwaal. Ihr Ursprung geht auf das Jahr 1814 zurück, als dankbare Eltern für die unerklärliche Heilung ihres kranken Kindes ein Marienbild aufstellen ließen. Schnell kamen mehr und mehr Hilfesuchende, so wurde 1875 eine kleine Kapelle errichtet. Nach einer Vergrößerung baute Osterwaal schließlich 1928 das jetzige

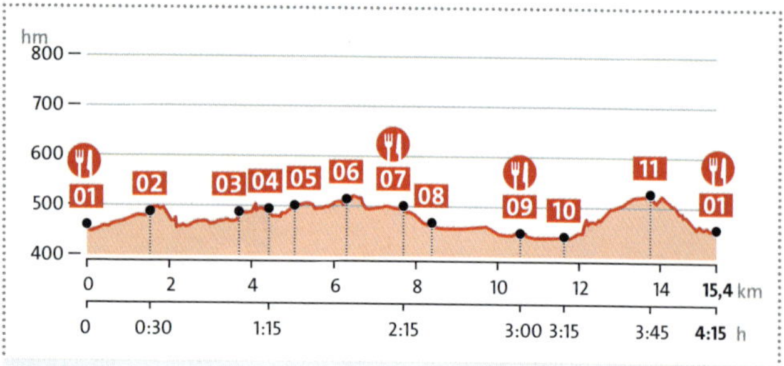

01 Schlossbrauerei Au, 454 m; 02 Waldrand, 483 m; 03 Linkskurve, 473 m; 04 Holzhütte, 476 m; 05 Rudertshausen, 500 m; 06 Wallfahrtskapelle Mariahilf, 524 m; 07 Osterwaal, 491 m; 08 Alter Bahndamm, 463 m; 09 Enzelhausen, 453 m; 10 Abzweig an Bank, 444 m; 11 Peccoz-Kapelle, 525 m;

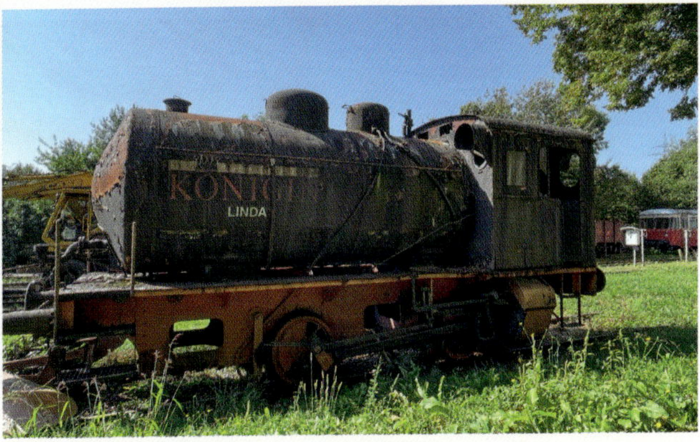

Die alte Linda hat schon bessere Tage gesehen

Kirchlein. In Enzelhausen erwartet uns ein spannendes Stück Bahngeschichte: Die ehemalige Bockerlbahn von Wolnzach nach Mainburg. Das Gelände ist heute in Privatbesitz, aber ein paar alte Dampfloks stehen noch auf den Schienen. Wenn die erzählen könnten...

▶ Wir beginnen unsere schöne Runde in Au in der Hallertau, genauer gesagt bei der **Schlossbrauerei Au** 01. Vom Parkplatz treten wir auf die Untere Hauptstraße und folgen ihr nach rechts. Bei der nächsten Vorfahrtsstraße schwenken wir nach links und wenden uns gleich darauf wieder nach rechts Richtung Friedhof. An der nächsten Straßengabelung bleiben wir dann aber geradeaus auf dem Rohregger Weg, der uns am letzten Haus vorbei hinauf auf einen geschotterten Weg leitet. Wir spazieren geradeaus unter der B301 hindurch; nach einigen Minuten verschmälert sich unser Weg zu einem Pfad, der uns an Flurbüschen entlangführt. Am **Waldrand** 02 biegen wir rechts auf einen Wiesenweg ab. Der wunderschöne Weg bringt uns am Waldsaum entlang, und nach einer langen Linkskurve auf breitem Feldweg nach links auf die Straße zu. Kurz vor der Straße macht unsere Route einen Linksknick und wir wandern an einem Strommast und einer Schranke vorbei auf einen breiten Schotterweg. Er macht nach wenigen Minuten eine Linkskurve in den Wald hinein. Wir aber bleiben geradeaus, nun auf einem Wiesenweg am Waldrand entlang und parallel zur Straße. Bald leitet uns der Weg in den Wald hinein. Immerzu gehen wir nun am Rudertshausener Graben (rechts von uns) entlang, ebenfalls zu unserer Rechten noch immer die Straße.

Zwischendurch passieren wir ein verstecktes Marterl am Baum. So wandern wir nun stets am Waldrand entlang, jedoch bereits innerhalb des Waldes. Am breiten Schotterweg geht's geradeaus weiter am Hochsitz vorbei. Bald darauf passieren wir einen Weiher zu unserer Rechten. An der nächsten großen Weggabelung halten wir uns rechts, wieder an einem Hochsitz vorbei und weiter am Waldrand entlang. Ein paar Minuten später biegt der

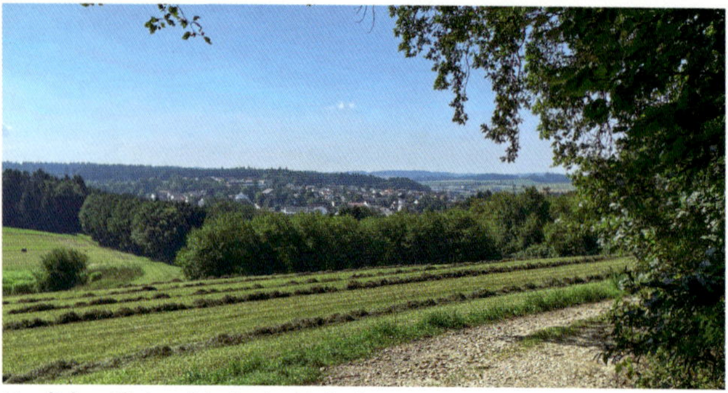

Herrlicher Blick auf Au in der Hallertau

Hauptweg um einen **Linkskurve** 03 und steigt sanft an. Ca. einhundert Meter später zweigen wir rechts ab. Ein herrlicher Waldweg leitet uns nun durch dichter bewachsenes Holz, bald an einem Zaun entlang. Wir passieren ein Schild „Landwirtschaftlicher Verkehr frei"; hier geht der grasbewachsene Weg allmählich in einen festeren Waldweg über. Ein paar Minuten später treten wir aus dem Wald heraus, passieren eine **Holzhütte** 04 und spazieren geradewegs auf Rudertshausen zu. Ein paar Minuten nach einem sanften Rechts-Links-Schwenk haben wir den kleinen Ort **Rudertshausen** 05 erreicht.

Wir gehen nach rechts die Straße hinauf zur Vorfahrtsstraße. Schnell huschen wir geradeaus in den „Waldweg" und halten uns nach den ersten Höfen rechts auf den Buchholzweg. Kurz darauf haben wir wieder einen schottrigen Feldweg unter den Füßen. Nach einem schönen Marterl halten wir uns direkt an den ersten Bäumen rechts auf einen leicht zu übersehenden Waldweg – der Hauptweg verlässt uns hier nach links. Nun geht's stetig geradeaus zur **Wallfahrtskapelle Mariahilf** 06. Nach Besuch des pittoresken Wallfahrtsortes wenden wir uns direkt gegenüber der Kapelle auf einen Waldweg, der bald zu einem Wiesenweg wird. Wenig später wird's kurz knifflig: Wir erreichen eine Gabel mit 3 Wegen. Hier nehmen wir den moosbewachsenen Weg. Er führt uns nach rechts

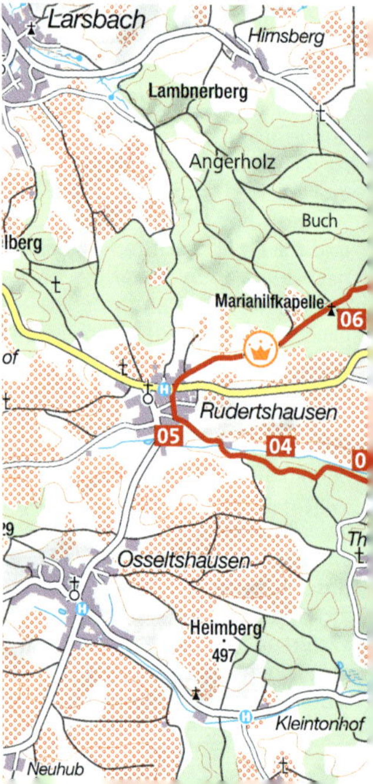

auf einem Pfad durch die Tannenschonung. Danach wandern wir stetig weiter geradeaus, bald auf einem grasbewachsenen Weg durch eine lichte Schneise bis zum Waldrand. Vor uns tauchen herrliche Hopfenfelder auf. Schnell erreichen wir einen festeren Forstweg und folgen ihm bis zur Straße mit einem Marterl und einer Bank. Wir gehen mit der Straße links bis nach **Osterwaal** 07. Die Ortsstraße passieren wir geradeaus, dann spazieren wir auf der Hofener Straße wieder Richtung Ortsausgang. Kurz zuvor geht's rechts auf einen geschotterten Weg hinab. Bei den Hopfenfeldern machen wir einen Schlenker nach rechts über die Wiese, dann schlendern wir nochmal über eine Links-Rechts-Kurve vor bis zur Straße. Wir queren sie geradeaus und folgen nun dem Fuß- und Radweg auf dem **alten Bahndamm** 08.

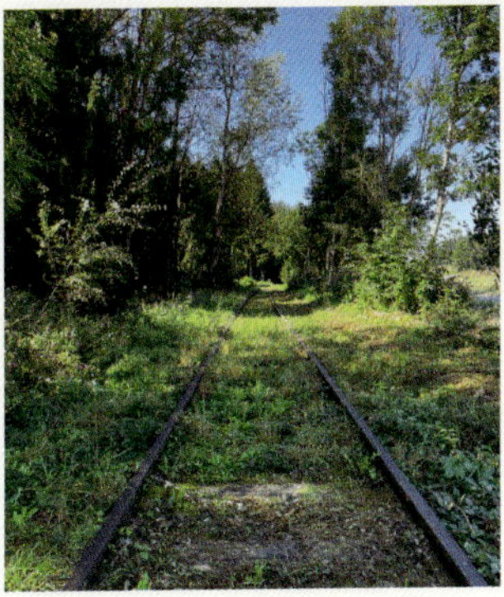

Schienen der ehemaligen Bockerlbahn

Nach knapp 25 Minuten stoßen wir auf die alten Schienen der ehemaligen Bahnstrecke Wolnzach-Mainburg. An der Straße wenden wir uns nach rechts nach **Enzelhausen** 09 hinein, vorbei an der Eisenbahn-

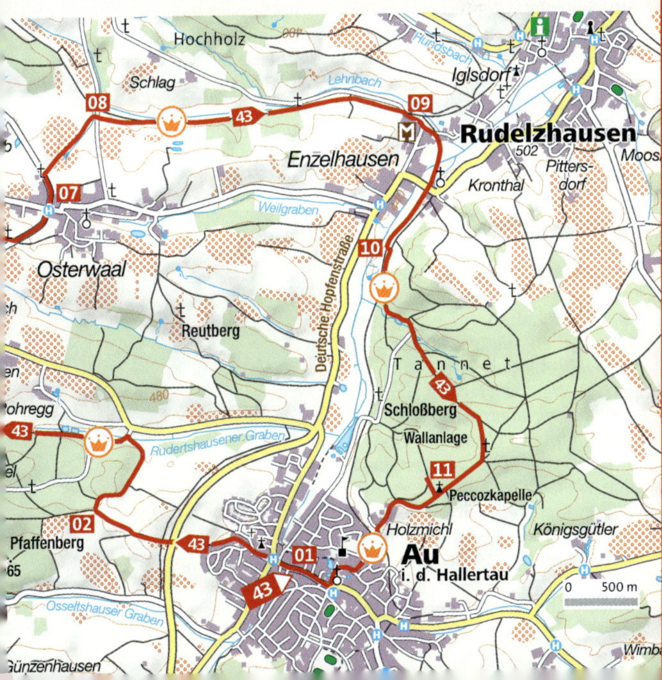

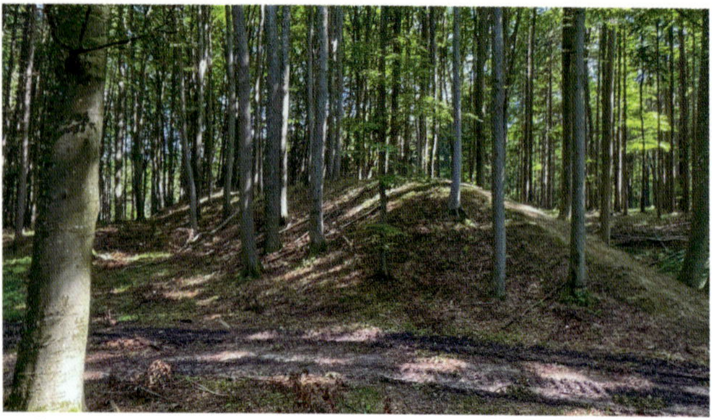

Wall am Auer Burgberg

fahrzeugsammlung. Hier steht noch das ehemalige Bahnhäuschen und sogar ein paar arg verrostete Dampfloks, die aber immer noch einen gewissen Stolz ausstrahlen. Wir kreuzen die Bahngleise und halten uns an der Metzgerei geradeaus. Am Spielplatz vorbei und wenig später wieder auf einem asphaltierten Rad- und Fußweg Richtung Au. Ein Brücklein führt uns über die Abens, dann queren wir die B301. Ca. 500 Meter später steigen wir an der **Abzweigung an einer Bank** 10 links kurz empor, dann folgen wir dem Schotterweg nach rechts weiter. An der Weggabelung halten wir uns rechts, ignorieren den nächsten Rechtsabzweig und wandern geradeaus bis zur nächsten Gabelung. Hier halten wir uns rechts, dann gehen wir geradeaus den Waldweg hinauf. Einen abzweigenden Waldweg rechter Hand ignorieren wir abermals. Wir folgen dem Hauptweg bis er nach einigen Minuten einen Rechtsbogen durch eine Waldschneise macht. An der großen Kreuzung mit Marterl und Bank geht es rechts weiter. Wenige hundert Meter später treffen wir auf die **Peccoz-Kapelle** 11. Kurz danach können wir rechts noch einen Abstecher zum Schlossberg machen. Die ehemalige Wallanlage ist mit ihren Wällen und Gräben noch gut zu erkennen. Nach der Kapelle wandern wir geradeaus aus dem Wald heraus – ein herrlicher Blick auf Au eröffnet sich dabei. Ein Schotterweg leitet uns hinab. Wir queren den alten Bahndamm und spazieren am Klosterberg rechts hinab. Bei der Kirche St. Vitus schlendern wir über den Marktplatz und folgen der Unteren Hauptstraße zurück zum Parkplatz bei der **Schlossbrauerei Au** 01.

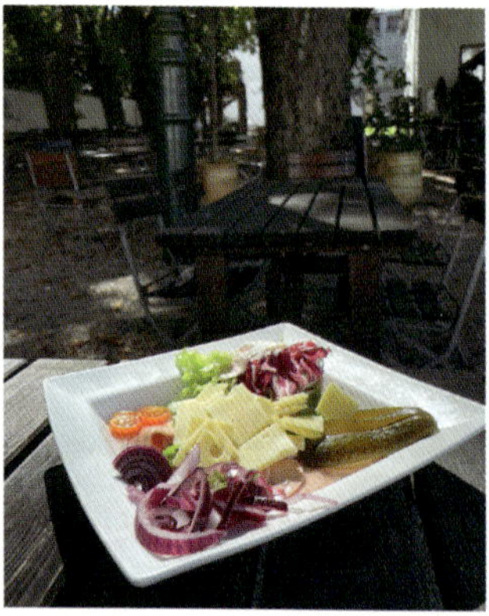

Brotzeit in der Schlossbrauerei Au

VON OSSELTSHAUSEN NACH EGG

Zum höchsten Punkt der Hallertau

9,6 km 2:45 h 190 hm 190 hm

START | Parkplatz am Spielplatz in Osseltshausen. Espanstraße Osseltshausen 100 Meter in den Feldweg reinfahren. Parkplatz links. [GPS: UTM Zone 32 x: 698146 m y: 5381810 m]
CHARAKTER | Waldwege und -pfade. Teils auch Feldwege und schmale Straßen. Orientierung im Wald nach Holzjackl nötig!

Heute erwartet uns eine herrliche Wanderung durch Wälder und Hopfengärten. Während der Weg bis zum Weiler Holzjackl recht einfach ist, müssen wir im Wald danach schon genauer die Augen aufsperren. Fast weglos geht's ein kurzes Stück durch einen einsamen Wald. Danach können wir uns erst einmal mit einer Einkehr im Landgasthof Siebler verwöhnen. Highlight am Schluss der Tour – nach einem Abstecher zur kleinen versteckten Kapelle – ist der schöne Rastplatz und herrliche Blick vom höchsten Punkt der Hallertau auf 534 Meter Höhe.

Wir starten am Parkplatz beim **Spielplatz** 01 von Osseltshausen und gehen zunächst den Feldweg weiter am Hopfenfeld entlang. Gleich darauf geht's links zur Verbindungsstraße Osseltshausen – Au. Wir folgen ihr nach rechts, gute fünf Minuten bis kurz vor Kleintonhof. Dann nehmen wir einen Feld- und Waldweg, der

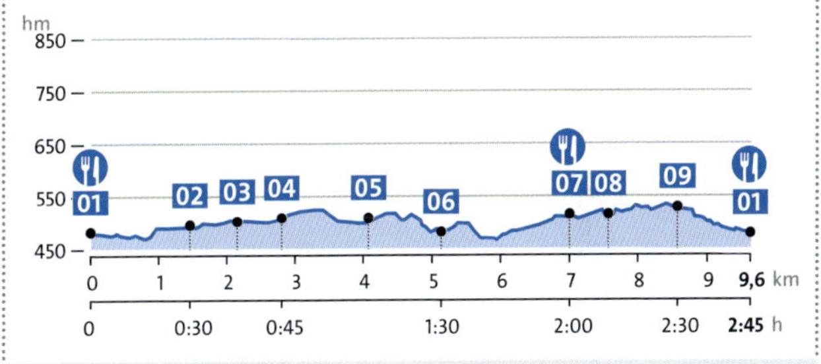

01 Spielplatz, 478 m; 02 Hochsitz, 486 m; 03 Hohlweg, 503 m; 04 Bank und Marterl, 498 m; 05 Holzjackl, 500 m; 06 Waldeintritt, 470 m; 07 Landgasthof Siebler, 514 m; 08 Kapelle, 507 m; 09 Osseltshausener Kreuz, 534 m;

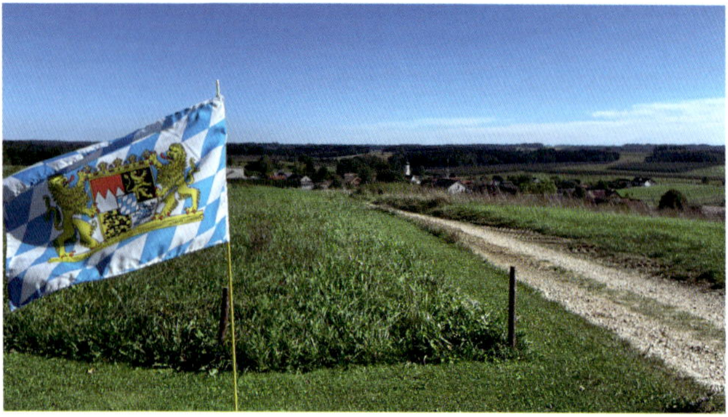

Am höchsten Punkt der Hallertau begrüßt uns die Bayerische Flagge

uns rechts herum zum Wald führt. Wir spazieren zehn Minuten durch einen kleinen Wald, dann geht's kurz nach Waldaustritt zu einem riesigen **Hochsitz** 02. Wir schwenken nach rechts und gehen an einem Hopfenfeld entlang. Nur wenig später leitet uns die Route vor dem nächsten Wald links herum auf einen Feldweg. Wir folgen ihm fünf Minuten zwischen den Hopfenfeldern hindurch, dann zweigt rechter Hand ein schöner **Hohlweg** 03 ab. Auch dieser leitet uns durch

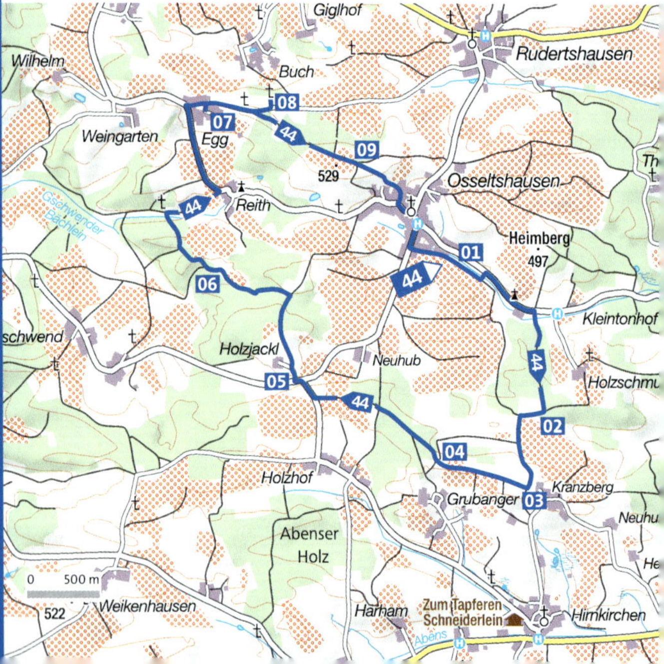

die Hopfenfelder hindurch. Wir halten die Richtung geradeaus, bis wir auf einen Querweg mit **Bank und Marterl** 04 treffen. Ein Rechts-Links-Schwenk bringt uns wieder in den Wald. Wir wandern die nächsten zehn Minuten durch herrlichen Wald, dann am Waldrand entlang und schließlich bis an eine Straße. Hier wenden wir uns nach rechts, an der Straßengabelung geht's gleich links und dann wieder rechts zum Pferdehof **Holzjackl** 05 hinauf.

Direkt vor dem Hof halten wir uns am Marterl mit Bank geradeaus, über einen schönen Feldweg wieder in den Wald hinein. Der nächste Kilometer verlangt erhöhte Aufmerksamkeit, denn ein paar Wege sind nur geradeso noch zu erkennen. Zunächst folgen wir dem noch schönen, breiten Weg geradewegs in den Wald. Nur knapp zweihundert Meter später halten wir uns an der Weggabelung am Waldrand links. Wir bleiben nun stetig geradeaus auf diesem Weg. Bei Waldeintritt bleiben wir geradeaus, gehen nur wenige Minuten durch den Wald und treten dann auf eine Wiese. Wir folgen ihr weiter geradeaus am Waldrand entlang und machen schließlich einen erneuten **Waldeintritt** 06. Es geht weiter geradeaus über einen gerade noch erkennbaren, recht verwachsenen Weg durch ein lichtes Waldstück. Nach ca. 75 Metern wird der Wald wieder dunkler, wir halten uns rechts und nehmen einen besser erkennbaren Weg, der uns aufwärts bis knapp vor den Waldrand führt. Zu unserer Rechten schimmert ein Hopfenfeld zu uns herüber. Wir folgen dem bereits deutlicheren Weg weiter, bald um einen Rechtsbogen und dann stetig geradeaus hinab durch den Wald. Bei Waldaustritt queren wir den schmalen Graben des Gschwender Bächleins, dann biegen wir rechts auf den schönen breiten Forst- und Waldweg ein. Er bringt uns kurz vor Reit an die Straße, der wir links herum nach Egg folgen. Im Örtchen halten wir uns rechts. Kurz darauf passieren wir den **Landgasthof Siebler** 07. Eine Pause lohnt sich, der Biergarten ist toll! Das Sträßchen wird bald zum Feldweg und führt uns aus dem Ort heraus. An der Gabelung am Waldrand machen wir links einen Abstecher zu einer hübschen kleinen **Kapelle** 08. Dann gehen wir zur Gabelung zurück und tauchen auf einen wunderschönen Weg in den Wald ein. Nach einiger Zeit treten wir aus dem Wald heraus, passieren ein paar Hopfenfelder und stehen kurz darauf am **Osseltshausener Kreuz** 09. Wir haben den höchsten Punkt der Hallertau erreicht und genießen die Weitblicke ins Tal. Der Weg bringt uns steil hinab und direkt zurück nach Osseltshausen. Am Holledauer Wirtshaus bietet sich noch einmal die Gelegenheit für einen Kaffee oder eine Brotzeit, dann schlendern wir über die Talstraße zurück zum Parkplatz am **Spielplatz** 01.

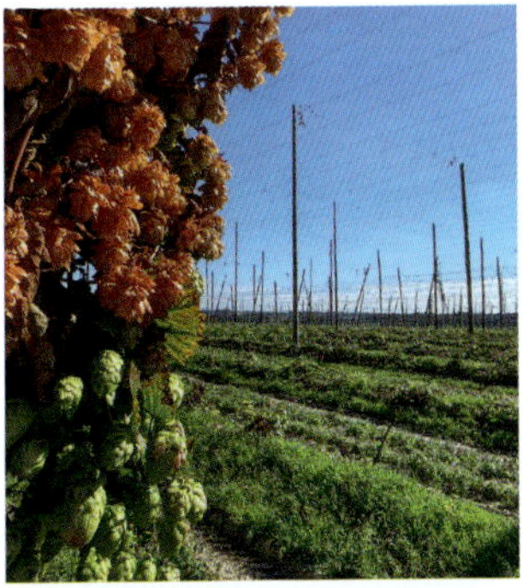

Der Herbst ist zum Greifen nah

RUND UM NANDLSTADT

Herrliche Waldwanderung am Albaner und am Großen Holz

11,4 km | 3:15 h | 195 hm | 195 hm

START | Nandlstadt. Parkplatz an der Kirche in der Zeilerbergstraße. Bus 603 von Freising.
[GPS: UTM Zone 32 x: 707174 m y: 5379675 m]
CHARAKTER | Wald- und Feldwege. Von Zeit zu Zeit ist in den Wäldern Orientierungssinn gefragt aufgrund von schwach ausgeprägten Waldwegen.

Die Runde um Nandlstadt erwartet uns mit wunderschönen Waldabschnitten, besonders auf der ersten Hälfte der Wanderung. Zwischendurch haben wir an Holzbänken, die wirklich an den malerischsten Orten aufgestellt wurden, die Möglichkeit, eine kurze Rast einzulegen. Zum Abschluss der Runde besuchen wir noch die Brünnlkapelle, eine hübsche Marienwallfahrtskapelle nahe Baumgarten.

Von der Kirche **St. Martin** 01 spazieren wir die Pfarrer-Leibig-Straße entlang nach Norden. An der Hauptstraße geht's rechts, weiter aus dem Städtchen hinaus. Nach dem Supermarkt biegen wir rechts in die Weingartenstraße ab, kurz darauf halten wir uns schon wieder links auf einen Schotterweg. Er geht schnell in einen Grasweg über und leitet uns an Koppeln vorbei. Der Weg endet an einem asphaltierten Sträßlein,

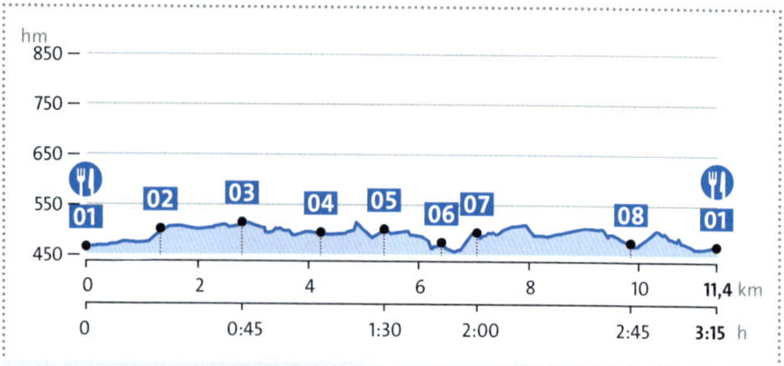

01 St. Martin, 461 m; 02 Marterl, 482 m; 03 Unscheinbarer Waldweg, 513 m; 04 Grasbahnrennbahn, 501 m; 05 Linde mit Bank und Marterl, 492 m; 06 Große Lichtung, 466 m; 07 Rechtsabzweig auf schmäleren Waldweg, 487 m; 08 Brünnlkapelle, 479 m;

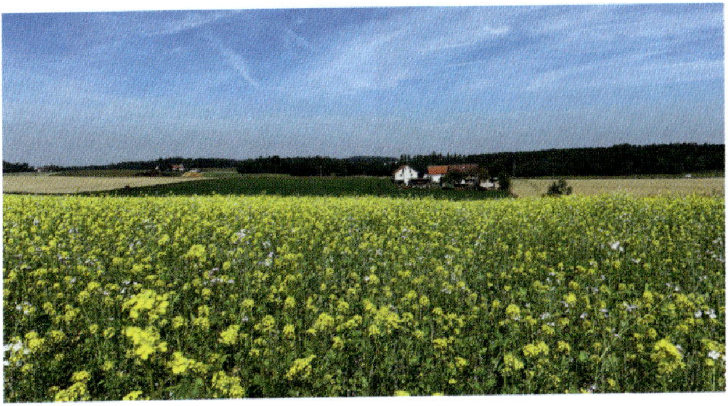

Blick auf Andorf

dem wir nach rechts folgen. Es geht hinauf, an einem einzelnen Hof mit **Marterl** 02 und Bank vorbei und geradeaus auf einen Feldweg. Am folgenden Querweg biegen wir links ab und wandern hinaus auf die Felder. Nach ungefähr zehn Minuten treten wir mit einem deutlichen Waldweg in den schönen Wald hinein. Die Route führt uns geradeaus durch ein herrliches Waldstück. Nach ein paar Minuten passieren wir eine abgeholzte Fläche, gleich danach halten wir uns an der Weggabelung rechts. Nach gerade mal 50 Metern biegen wir rechts auf einen **unscheinbaren Waldweg** 03 ab.

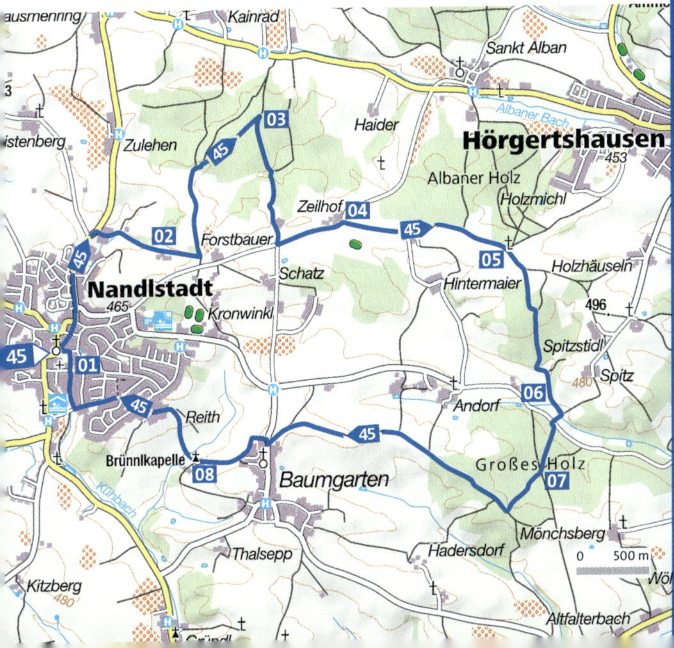

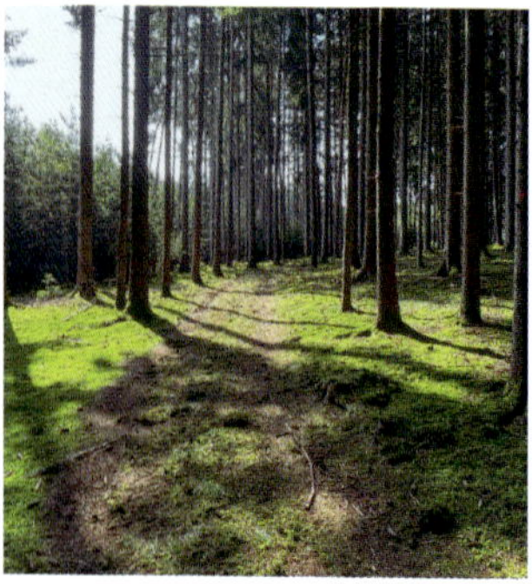

Malerische Wälder bei Nandlstadt

Er ist zu Beginn nur schwer zu erkennen, wird aber im Verlauf deutlicher. Er führt uns geradeaus durch den Wald, mal hinab und wieder hinauf. Zehn Minuten später treten wir aus dem Wald heraus. Wir folgen einem befestigten Weg an einem gemauerten Schweinestall vorbei und schwenken gleich danach beim Bauernhof rechts auf ein asphaltiertes Sträßlein hinab. An der nächsten Kreuzung biegen wir links ab Richtung Zeilhof. Kurz nach dem Zeilhof bleiben wir auf dem Sträßchen und passieren die **Grasbahnrennbahn** **04** zu unserer Rechten.

Beim nächsten Hof biegt die Straße nach rechts, wir wandern jedoch weiter geradeaus, zwischen den Häusern hindurch und einen Feldweg hinauf. Wir spazieren gute zehn Minuten an Waldrand vom Albaner Holz und ein paar Feldern entlang, dann stehen wir an einer Weggabelung mit einer herrlichen **Linde mit Bank und Marterl** **05**. Wir halten uns rechts, und schon wenige Minuten später geht's an der nächsten Gabelung erneut nach rechts auf einen Wald- und Wiesenweg. An Weiden vorbei erreichen wir kurz darauf den Wald, in den wir geradewegs eintauchen. Ein wunderschöner Waldweg leitet uns nun durch herrlichen Wald hindurch; dabei bleiben wir stets auf dem Hauptweg, bis wir nach einer viertel Stunde an einer **großen Lichtung** **06** den Waldrand erreichen. Wir biegen links ab, gehen kurz über eine Wiese und schwenken dann wieder nach rechts, noch ein Stück am Waldrand entlang bis an ein Betonsträßchen. Wir folgen ihm nach rechts, biegen am Schotterweg gleich darauf links ab und schwenken nur ein paar Meter später wieder rechts auf einen wunderschönen Waldweg hinauf. An der nächsten Weggabelung an einer lichten Stelle bleiben wir geradeaus, gleich darauf nehmen wir in der Linkskurve einen **Rechtsabzweig auf einen schmäleren Waldweg** **07**.

Der Weg leitet uns durchs Große Holz bis an einen etwas breiteren Forstweg. Wir folgen dem tollen Weg rechts herum aus dem Wald hinaus und über die Felder, über die wir bereits die Kirche von Baumgarten erblicken. An der Straße bei Baumgarten schwenken wir nach rechts, gleich darauf geht's am Ortsschild wieder links auf einen Schotterweg, der uns am Ortsrand entlang um eine Linkskurve leitet. Beim letzten Haus erwartet uns ein breiter Schotterweg, der uns zur **Brünnlkapelle** **08** führt. Nur wenige Meter nach der Kapelle geht's mit ein paar mit Geländer gesicherten Treppen hinab und auf einem Wiesenpfad nach Nandlstadt hinein. Die nächste Vorfahrtsstraße queren wir geradeaus und folgen ihr hinab bis zur Mittelschule. Hier geht's rechts in die Bräugasse, die uns zurück zum Friedhof und zur Kirche **St. Martin** **01** führt.

VON HÖRGERTSHAUSEN NACH MARGARETHENRIED

Über eine Wallfahrtskirche zu unentdeckten Wäldern der südlichen Hallertau

10,8 km | 3:00 h | 225 hm | 225 hm

START | Hörgertshausen. Parkmöglichkeiten in der Kirchstraße. Bus 683 von Moosburg a.d. Isar.
[GPS: UTM Zone 32 x: 711612 m y: 5381329 m]
CHARAKTER | Breite Wald- und Feldwege wechseln sich ab. Zwischendurch geht es auch mal ein Stück auf schmalen Straßen dahin. Im Wald am Ende der Tour Orientierung nötig!

Unsere Runde führt uns heute zu einer der bedeutendsten Wallfahrtsstätten in der Hallertau. St. Alban wurde kurz vor 1500 von einem Landshuter Baumeister errichtet. Beeindruckend sind die drei fast lebensgroßen Heiligenfiguren an der Wand hinter dem Altar, entstanden zu Gründungszeiten, die die Heiligen Alban, Florian und Ulrich darstellen. Nach dem Wallfahrtsort streifen wir durch herrliche Wälder und kleine Weiler rund um Hörgertshausen. Am Ende der Wanderung können wir dem Heimatmuseum noch einen kleinen Besuch abstatten. Führungen sind nach Voranmeldung möglich.

Wir starten in **Hörgertshausen** 01 unterhalb der Kirche in der Kirchstraße. An der Hauptstraße wenden wir uns nach rechts, an

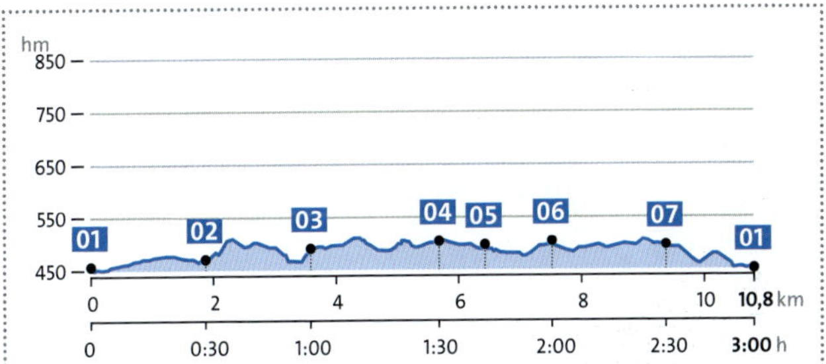

01 Hörgertshausen, 451 m; 02 St. Alban, 475 m; 03 Weiher, 481 m;
04 Dreieckskreuzung, 500 m; 05 St. Margaretha, 486 m;
06 Kreuzung, 496 m; 07 Wildgehege, 491 m;

Info

Noch immer findet in St. Alban jährlich jeden fünften Sonntag nach Ostern der „Albiganer Markt" statt. Früher war er eine der wichtigsten Wallfahrtsstätten und Viehmärkte in der Hallertau. Der genaue Ursprung und das Alter des Marktes sind unbekannt.

der Bushaltestelle vorbei und bei der nächsten Möglichkeit links. Wir passieren das Heimatmuseum und folgen gleich danach rechts der Hochfeldstraße durchs Wohngebiet hinauf. Am Ortsende biegen wir rechts in den Schotterweg ein. Wir spazieren an ein paar Hopfenfeldern vorüber, dann erreichen wir auch schon nach wenigen Minuten den Ortsrand von **St. Alban** **02**. Nach einem kurzen Besuch der Wallfahrtskirche folgen wir dem Feldweg neben der Kirche auf die Äcker hinaus. Der breite Schotterweg leitet uns rasch geradewegs in den Wald hinein. Hier folgen wir dem Forstweg nach einem kurzen Anstieg an der Gabelung geradeaus. Gleich darauf bleiben wir auch bei der nächsten Gabelung auf dem Hauptweg, der uns im Wald hinab und dann wieder hinauf leitet.

An der T-Kreuzung wenden wir uns nach rechts. Der Forstweg bringt uns an ein Sträßchen, dem wir kurz nach links folgen. Gleich darauf schwenken wir mit einem Feldweg nach rechts hinauf. Wir passieren einen **Weiher** **03** mit einer Bank, dann erreichen wir einen Hof. Wir wenden uns nach links, gehen an den Gebäuden vorbei und stehen gleich darauf an einem Sträßchen. Wir folgen ihm nach links bis zur Landstraße, queren diese geradeaus und

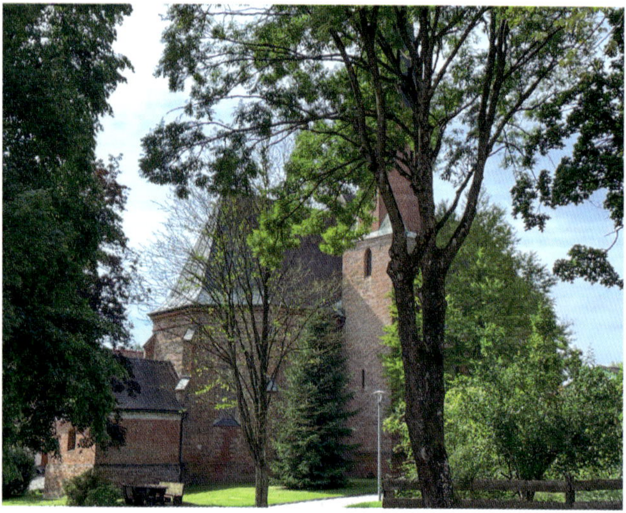

Wallfahrtskirche St. Alban

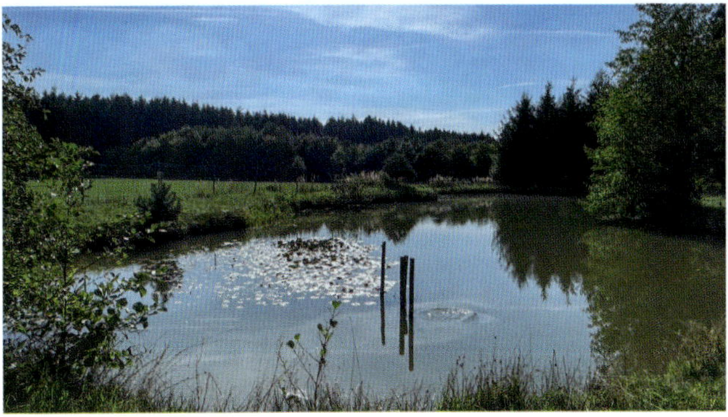

Weiher säumen den Weg

schwenken nach ca. 50 Metern rechts auf einen Feldweg. An Äckern vorbei geht's nun geradewegs zum Wald. Wir halten uns geradeaus, passieren im Anstieg einen kleinen Waldabschnitt und wandern dann auf einem Feld- und Wiesenweg weiter zu einer Schotterstraße. Zu unserer Rechten sehen wir den Weiler Sammetsreith. Wir wenden uns jedoch nach links, gehen ein paar Meter zur nächsten **Dreieckskreuzung** 04 mit einem Baum in der Mitte. Hier halten wir

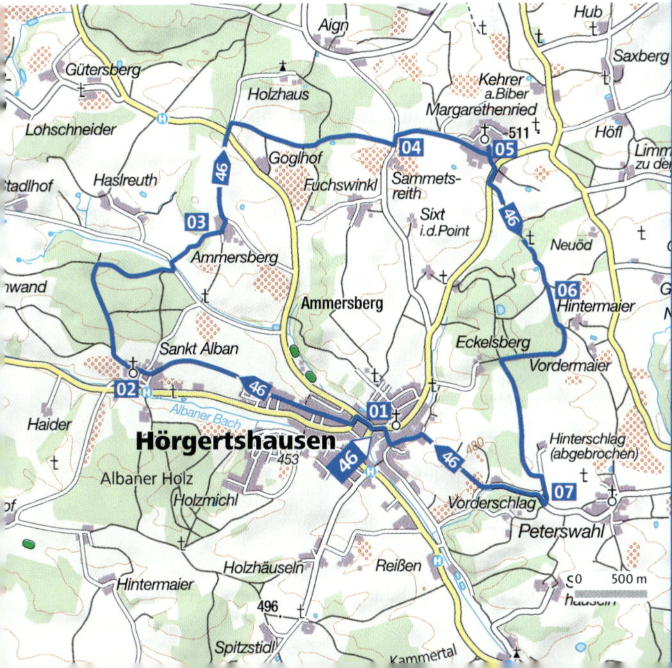

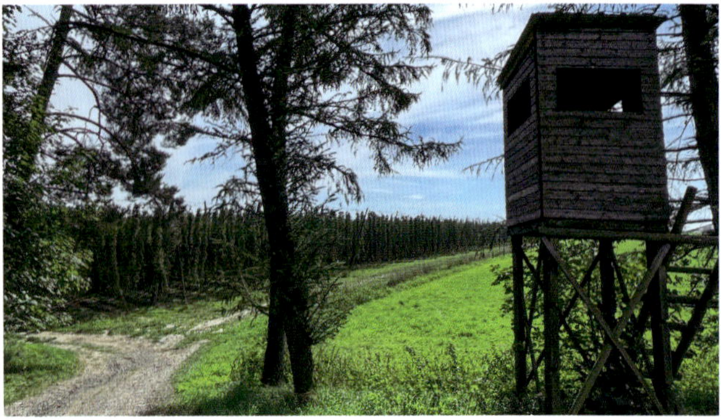

Der Weg schlängelt sich an den Feldern entlang

uns rechts und spazieren bald auf asphaltiertem Weg nach Margarethenried. In der Ortsmitte besuchen wir kurz die hübsche Kirche **St. Margaretha** 05, dann gehen wir vor bis zur Landstraße.

Wir biegen rechts ab und wandern aus dem Ort hinaus. Kurz nach dem letzten Haus zweigt linker Hand ein Feldweg ab. Wir folgen ihm bis zum Wald. Ein paar Meter nach Waldeintritt gabelt sich der Weg: Wir halten uns weiter geradeaus, nur wenige Minuten durch den Wald und dann an einem Weiher und an Wiesen vorbei. An der folgenden **Kreuzung** 06 bleiben wir weiter geradeaus auf unserem Weg und treten wieder in den Wald ein. Unsere Route führt uns bis zum Waldrand.

Hier wenden wir uns nach rechts und steigen am Waldrand entlang einen Wiesenweg hinauf. Er macht nach ein paar Minuten eine Rechtskurve und leitet uns ab hier als geschotterter Forstweg wieder in den Wald. An der nächsten Kreuzung biegen wir links ab, wandern noch ein Stück durch den lichten Wald und dann herrlich am Waldrand entlang und weiter über die Felder. An einem schmalen, asphaltierten Sträßlein geht's nach rechts. Am Zaun eines **Wildgeheges** 07 entlang erreichen wir eine kleine Dreieckskreuzung, an der wir der Straße rechts hinabfolgen, weiter am Wildgehege entlang. Nach ein paar hundert Metern halten wir uns an der Straßengabelung erneut rechts. Am Ortsrand leitet uns die Route nach links, über die Eichenstraße zur Bergstraße. Rechts herum geht's in wenigen Schritten zurück zum Parkplatz an der Kirche in **Hörgertshausen** 01.

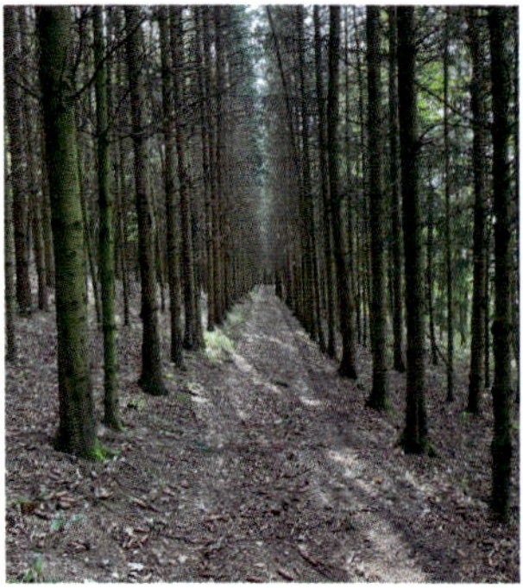

Hier stehen die Bäume Spalier

VON PFEFFENHAUSEN NACH OBERLAUTERBACH

Abenteuerliche Waldwanderung zu einem ehemaligen Wasserschloss

14,8 km | 4:15 h | 260 hm | 260 hm

START | Pfeffenhausen. Parkmöglichkeiten in der Gabelsberger Straße. Bus 303 von Landshut.
[GPS: UTM Zone 32 x: 718379 m y: 5394480 m]
CHARAKTER | Um Pfeffenhausen und Oberlauterbach über Bordstein und schmale Straßen. Auf Hin- und Rückweg ist im Wald Orientierungssinn notwendig. Anstieg zum Pöllinger Kreuz steil.

Still wird es heute in den Wäldern um Pfeffenhausen. Die schöne Runde führt uns über kleine und größere Dörfer und durch herrliche, aber sehr einsame Waldabschnitte. Da kann einem schon mal ein Fuchs oder sogar Wildschwein unterkommen. Im letzten Waldstück vor Unterlauterbach sollten wir bei schlechter Orientierung Karte oder gpx-Track griffbereit haben. Die Wege und Pfade sind teils recht unscheinbar und gerade noch zu erkennen. In Oberlauterbach erwartet uns nicht nur ein recht ansehnliches

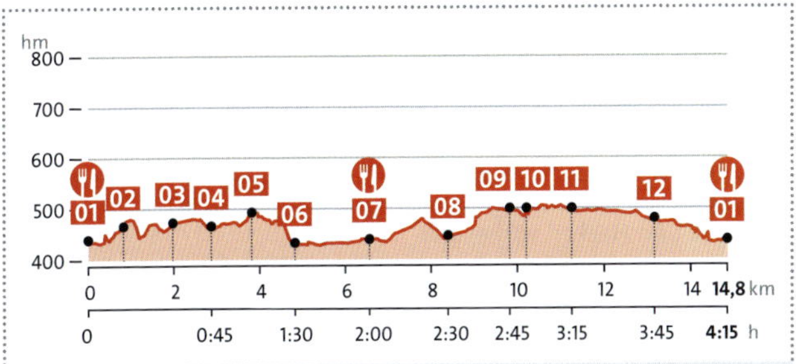

01 Dorfbrunnen Pfeffenhausen, 440 m; 02 Pöllinger Kreuz, 469 m; 03 Waldkindergarten, 470 m; 04 Weiher, 467 m; 05 Abzweigung Waldweg, 480 m; 06 Unterlauterbach, 436 m; 07 Schlossgaststätte Oberlauterbach, 438 m; 08 Baldershausen, 441 m; 09 Abzweig geradeaus, 490 m; 10 Blick auf Holzen, 485 m; 11 Jägerhütte, 498 m; 12 Kreuzung Landstraße, 482 m;

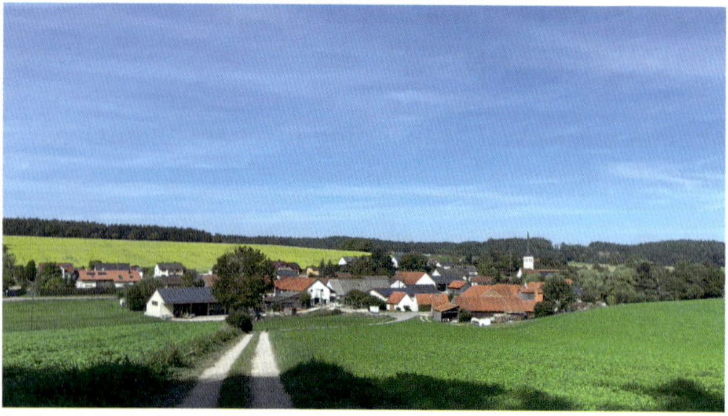

Auf nach Unterlauterbach

Wasserschloss – im gemütlichen Biergarten der Schlossgaststätte können wir auch eine herrliche Pause einlegen.

Wir starten an der Gabelsberger Straße, direkt am **Pfeffenhausener Dorfbrunnen** 01. Die kleine Straße bringt uns hinab zur Rothenburger Straße, die wir nach rechts und wenig später wieder nach links gewandt queren. Wir spazieren die Laaberstraße hinauf, über den Bach und am Spielplatz vorbei. An der Mühlbachstraße biegen wir rechts ab, schwenken kurz darauf jedoch wieder links in die Straße Am Engelsberg. An der Straßengabelung erwartet uns schon ein braunes Wegschild mit der dicken Aufschrift „Pöllinger Kreuz“. An Hecken vorbei steigen wir einen Wiesenweg bis an ein Feld hinauf. Dann geht's am rechten Feldrand entlang bis zum Schotterweg, an dem uns das hübsche **Pöllinger Kreuz** 02 erwartet. Weiter geht's Richtung Norden über den Feldweg zum Wald. Im Wald senkt sich der Weg steil hinab. Nach Waldaustritt wandern wir geradewegs auf asphaltiertem Weg wieder hinauf und durch Engelberg hindurch. Die folgende Straße queren wir, dann leitet uns die Route hinauf an eine Weggabelung, an der sich die kleine Hütte eines **Waldkindergartens** 03 befindet. Wir folgen dem Feldweg nach links. Er bringt uns bald hinab in den Wald. Hier steht ein Reitverbotsschild, an dem wir geradeaus über einen Pfad den Wald betreten. Der Pfad wird allmählich breiter und steigt stetig an. An der Kreuzung Kohlstatt mit Tisch und Rastbänken gehen wir geradeaus weiter. Der Schotterweg leitet uns wieder durch den Wald hinab, an einem **Weiher** 04 vorbei bis zu einer Dreieckskreuzung, an der wir uns rechts halten. Nur wenige Minuten später erreichen wir die Gabelung Schlacht.

Wir wenden uns nach links und folgen dem angenehmen Weg ca. 500 Meter. Jetzt heißt es aufgepasst: Kurz vor einer kleinen Lichtung mit gemauertem Häuschen auf der rechten Seite zweigt scharf rechts ein gerade noch erkennbarer **Waldweg** 05 ab. Nach ca. 100 Metern treffen wir auf einen besser sichtbaren Waldweg, an dem wir uns leicht links halten. Kurz darauf geht's an einem weiß-rot bemalten Grenzstein nochmals leicht links, ca. 35 Meter danach gehen wir über eine von Rückefahrzeugen zerfurchte Stelle. Direkt danach halten wir uns links und erreichen nach weiteren 100 Metern eine lichte Stelle mit Holzabladeplatz und drei deutlichen Wegen. Wir folgen dem schottrigen Waldweg geradeaus. Er leitet uns in guten fünf Minuten aus dem Wald und hinab nach **Unterlauterbach** 06. Noch bevor wir den Ort betreten, biegen wir links auf den Rad- und Fußweg ab. Eineinhalb Kilometer spazieren wir nun stets gen Westen auf dem asphaltierten Weglein am Lauterbach entlang. Bei den ersten Häusern von Oberlauterbach gehen wir weiter geradeaus bis zur Hauptstraße, der wir nach rechts zur **Schlossgaststätte Oberlauterbach** 07 zur mittäglichen Einkehr folgen. Auf selbem Weg wandern wir wieder am Wasserschloss Oberlauterbach vorbei und zurück

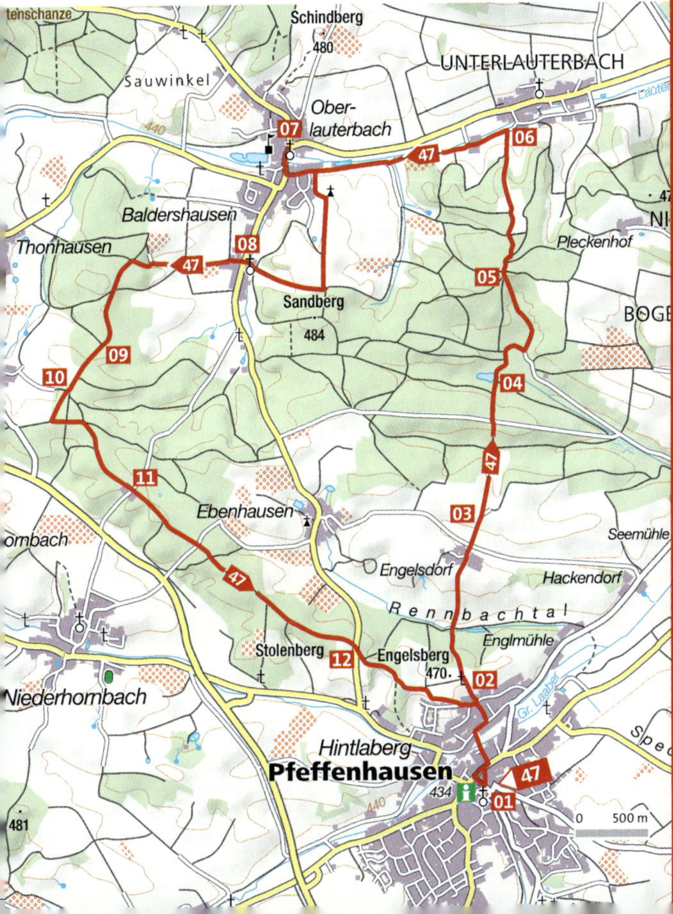

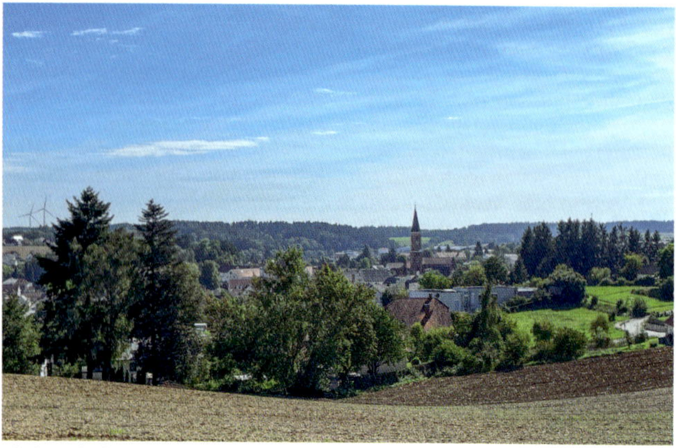

Blick auf Pfeffenhausen

zum Ortsrand. Wir biegen rechts ab und folgen dem Weg an Wiesen vorbei bis zum Querweg am Waldrand. Die Route schwenkt nach rechts und quert in **Baldershausen** 08 die Pfeffenhausener Straße schräg nach links. Wir ignorieren alle Abzweigungen und gehen bis zum Waldrand, folgen hier dem Weg noch kurz geradeaus und halten uns an der Rechtskurve links auf einen schönen Waldweg. Nach wenigen Minuten trifft er auf einen Querweg, dem wir nach links folgen. Er steigt leicht bergan und trifft kurz darauf an einer lichten Stelle mit Holzablageplatz auf eine Weggabelung. Wir halten uns links und wandern nun stetig geradeaus, alle Abzweige ignorieren wir dabei. Nach ungefähr 250 Metern macht der Hauptweg eine deutliche Linkskurve. Wir nehmen jedoch den **Abzweig geradeaus** 09 und steuern direkt in wenigen Minuten auf den Waldrand zu. Dort angekommen folgen wir dem Weg am Waldrand entlang, bald hinab. Am Ende des Waldes öffnet sich geradeaus der **Blick auf Holzen** 10. Wir wenden uns nach links und gehen am Waldrand entlang hinauf zu einem gut befestigten Querweg. Unsere Route leitet uns hier nach links wieder in den Wald hinein. Nach einem knappen Kilometer passieren wir an einer Kreuzung eine **Jägerhütte** 11. Wir bleiben geradeaus, queren im Folgenden nochmals eine Kreuzung und erreichen schließlich eine geschotterte Stelle, an der drei Wege abgehen. Wir entscheiden uns für den linken Weg, der uns umgewühlt und erdig bis zu einer **Landstraße** 12 führt.

Dort wenden wir uns nach rechts, gut 100 Meter am Straßenrand entlang. Am Ende des Waldes geht's links auf einem sandigen Wiesenweg zwischen Waldrand und Feld entlang, bevor wir ein letztes Mal in den Wald eintauchen. Zu guter Letzt leitet uns ein schöner Feldweg an den Ortsrand von Pfeffenhausen. Wir sind wieder Straße Am Engelsberg und folgen nach links der Straße bald auf dem Herweg zurück, der zum **Dorfbrunnen von Pfeffenhausen** 01 führt.

AN DER ISARLEITE BEI LANDSHUT

Am Rande des Isartals im ehemaligen Truppenübungsgelände

12,4 km 3:30 h 262 hm 262 hm

START | Parkplatz unterhalb der ehemaligen Panzerwaschanlage. Kurz hinter Auloh Richtung Schwaig rechts auf die Stallwangerstraße abbiegen. An der Gabelung rechts hinauf zum Parkplatz. [GPS: UTM Zone 32 x: 295426 m y: 5382912 m]
CHARAKTER | Zum Großteil breite Schotterwege. Teils auch Wiesenpfade. Aufstieg nach der Wallfahrtskapelle extrem steil. Unbedingt festes Schuhwerk mit gutem Profil. Bei Nässe wird der Abschnitt zu einer Rutschpartie.

Unsere heutige Rundwanderung ist ein Augenschmaus. Wir durchstreifen das Naturschutzgebiet Isarleite, das eine bewegte Geschichte hinter sich hat: Einst von ortsansässigen Bauern beackert, begann 1880 die militärische Nutzung der Fläche. Nach dem Zweiten Weltkrieg nutzten US-amerikanische Truppen die Fläche als Übungsplatz. 1968 löste die Bundeswehr die Amerikaner ab. Im Zuge dessen wurde das Gebiet besonders stark durch Panzer befahren. Nach der Einstellung des Übungsbetriebes 1992 entstand hier zuerst ein Naturschutzgebiet, dann ein FF-Habitat. So bekom-

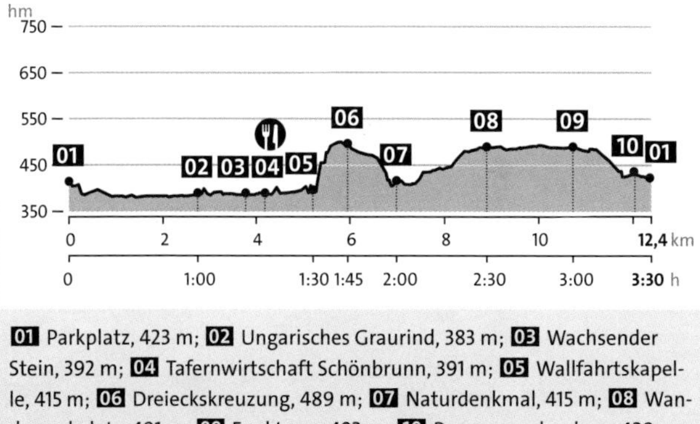

01 Parkplatz, 423 m; **02** Ungarisches Graurind, 383 m; **03** Wachsender Stein, 392 m; **04** Tafernwirtschaft Schönbrunn, 391 m; **05** Wallfahrtskapelle, 415 m; **06** Dreieckskreuzung, 489 m; **07** Naturdenkmal, 415 m; **08** Wanderparkplatz, 491 m; **09** Funkturm, 492 m; **10** Panzerwaschanlage, 429 m;

men wir heute das Vergnügen, durch Mischwald, Magerrasen und Streuobstwiesen zu streunen, alte Hohlgassen zu durchwandern und an so manchem Naturdenkmal eine stille Pause einzulegen.

▶ Wir starten am **Parkplatz 01** unterhalb der Panzerwaschanlage. Zunächst folgen wir der Straße auf dem Wanderweg links daneben wieder hinab. Er schwenkt unten mit der Landstraße nach links. Der breite Schotterweg bringt uns zwischen Wald und Wiesen bis kurz vor ein paar Häuser. Wir knicken scharf um eine Linkskurve und spazieren wieder auf den Wald zu. Wenn wir Glück haben, weiden gerade **Ungarische Graurinder 03** hier auf den Wiesen. Ein entsprechendes Infoschild hat uns zu Wegbeginn darauf hingewiesen. Kurz darauf betreten wir wieder den Wald. Wir stoßen an einen Pfad und folgen ihm nach rechts an einem Haus vorbei. Er leitet uns teils recht matschig über ein Bächlein, dann wird er allmählich zu einem breiteren Weg, führt uns über eine Straße und kurz an ein paar Häusern entlang. Direkt bei der nächsten Siedlung treffen wir auf den **Wachsenden Stein 04**. Das Naturdenkmal wird von einem kleinen Bächlein stets feucht gehalten, sodass sich sattgrüne Moose hier pudelwohl fühlen. Wir gehen weiter bis zur Straße und folgen ihr nach links bis zur **Tafernwirtschaft Schönbrunn 05**. Wir spazieren noch an der Bushaltestelle vorbei und gehen dann noch vor den ersten Häusern links über einen Wiesenweg zum Waldrand. Hier wechseln wir auf einen Pfad, der uns weiter Richtung Südwesten am Ortsrand von Schönbrunn entlangleitet. Der Pfad ist schmal, und im Sommer müssen wir uns ein bisschen durchs Blätterwerk kämpfen. Nach einer knappen viertel Stunde erreichen wir eine kleine **Wallfahrtskapelle 06**.

Wir gehen weiter zur Straße und biegen dort, quasi direkt daneben, nach links auf einen Pfad hinauf ab. Er leitet und durch den lichten Laubwald über zwei Zickzack-Kehren bald sehr steil hinauf. Achtung, aufgrund der Steilheit des Geländes und der vielen losen Steinchen rutscht man schnell mal weg! Wir lassen uns jedoch nicht beirren, steigen tapfer aber

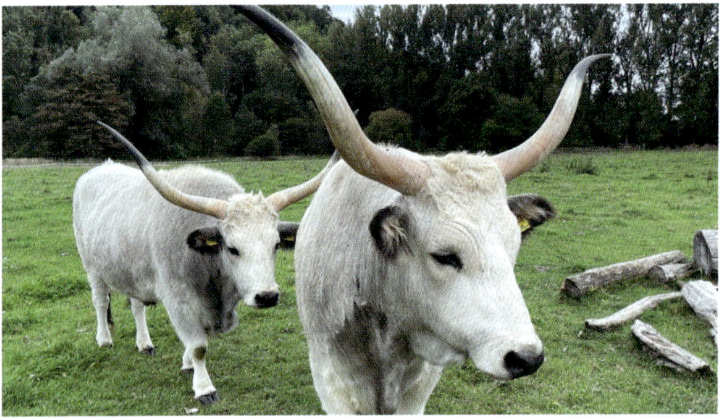

Auch Ungarische Graurinder weiden an der Isarleite

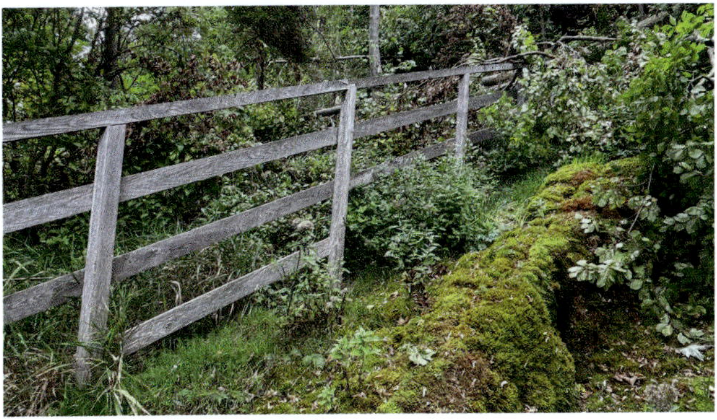

Naturdenkmal Wachsender Stein

vorsichtig weiter hinauf und stoßen schließlich auf einen breiteren Weg, dem wir nach links folgen. Kurz darauf halten wir uns an der **Dreieckskreuzung** **07** rechts, am Waldrand entlang und dann durch den Wald. Wieder am Waldrand biegt der Weg um eine Linkskurve. Hier verlassen wir ihn nach rechts und gehen über eine Wiese und bald an einer mächtigen Eiche, die als **Naturdenkmal** **08** gekennzeichnet ist, vorbei. Am Querweg kurz darauf biegen

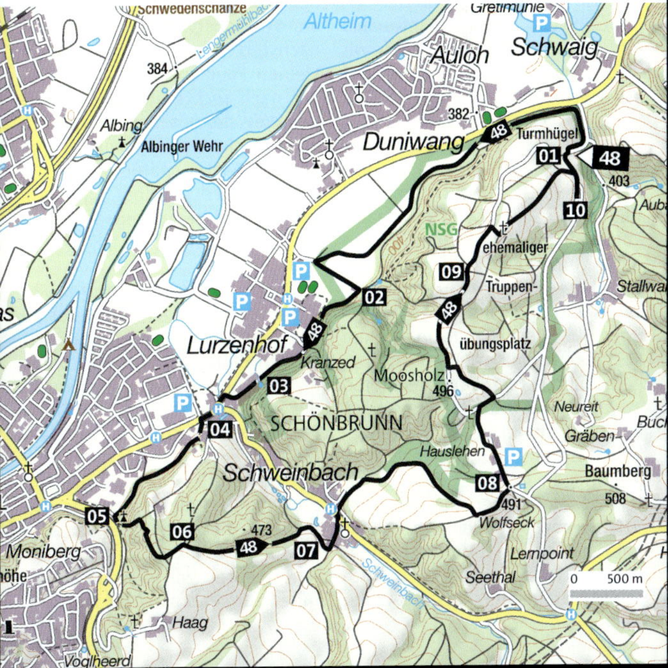

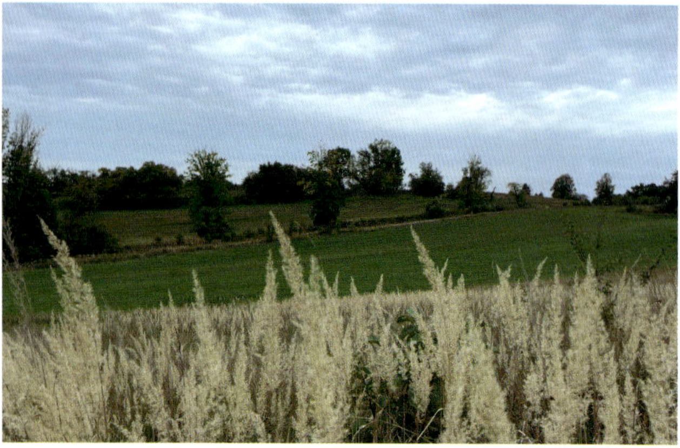

Weite Blicke über ehemalige Panzerwiesen

wir links ein, spazieren an einem sehr alten Hof vorbei und erreichen über eine Brücke Schweinbach. Wir queren die Straße und wandern geradeaus in den Wald hinauf durch eine Hohlgasse. Gleich an der ersten Gabelung mit einem Infoschild und einem NSG-Schild gehen wir weiter geradeaus, nun jedoch auf etwas schmälerem Weg.

Links und rechts zweigt jeweils eine herrliche Hohlgasse ab, wir halten jedoch die Richtung und folgen dem Hauptweg geradeaus, kurz nochmal steil hinauf und dann zum Waldrand. Hier folgen wir einem Wiesenpfad am Waldsaum entlang und dann länger über die Wiesen, mal über einen Rechts-, dann über einen Linksbogen. Zuletzt steigt der Wiesenpfad etwas stärker an und bringt uns an zwei eingezäunte Biotope – hier steht auch ein Hinweisschild. Wir biegen links auf den Schotterweg und folgen ihm bis zum **Wanderparkplatz 09**. Nach links geht's schnell an Haunstetten vorbei, am Querweg mit einem Infoschild biegen wir rechts ab. An der folgenden großen Kreuzung mit Pflastersteinen geht's links hinauf. Die Route leitet uns am Querweg nach rechts Richtung **Funkturm 10** – hier auf den Wiesen weiden häufig Schafe. Wir spazieren an Streuobstwiesen vorbei zur nächsten Kreuzung mit einem kleinen Pavillon. Hier schwenken wir nach rechts auf einen schönen Weg, der uns recht schnell um eine Linkskurve leitet. Nur wenige hundert Meter später stehen wir beim Marterl an einer Gabelung mit zwei Wiesenwegen: Wir wählen den rechten.

Mit Blick auf den Kirchturm von Frauenberg wandern wir über einen grasigen Weg hinab zu einer breiten Pflasterstraße. Wir folgen ihr kurz nach rechts, dann knickt der Rückweg nach links ab. Zuvor gehen wir jedoch noch ein paar Meter weiter bis zur **Panzerwaschanlage 11**. Ein paar Infoschilder erzählen die spannende Geschichte dieses Platzes und des gesamten Naturschutzgebietes. Dann kehren wir in wenigen Minuten zum **Parkplatz 01** zurück.

AUF DEN LANDSHUTER BURGBERG

Spaziergang mit Ausblick im Landshuter Hofgarten

5,3 km | 1:45 h | 117 hm | 117 hm

START | Landshut. Parkplatz an der Grieserwiese, direkt an der B15 gegenüber vom Tunnelportal West.
[GPS: UTM Zone 32 x: 289316 m y: 5379239 m]
CHARAKTER | Viele Treppen zur Burg. Abstieg vom Burgberg über den Bernlochner Schluchtweg extrem steil. Ansonsten bequeme Waldwege und asphaltierte Straßen.

Landshut ist ein wahres Kleinod mit seinen zauberhaften Giebeldächern, Schmuckfassaden und Arkaden. Ein Bummel durch die Altstadt ist schon allein für sich ein wahres Vergnügen. Diesen verbinden wir heute mit einem Spaziergang hoch zur Burg Trausnitz. Danach steigen wir über die doch recht steilen Hänge hinüber zum Hof- und Herzoggarten mit Tiergehege. Zurück geht's auf steilem Pfad und an ein paar kleineren Parks vorbei. Bevor wir an der Isar zurückspazieren, genießen wir natürlich die Altstadt mit all ihren Amüsements.

Wir starten unseren kleinen Spaziergang an der **Grieserwiese** 01. Bei der Ampel queren wir die Straße und gehen den Grätzberg hinauf. Die nächste Straße geht's nach links, am Dreifaltigkeitsplatz biegen wir rechts in die Alte Bergstraße ein. Nach nur zwanzig Metern beginnt linker Hand der Aufgang der Fürstentreppe. Sie leitet uns hinauf, durchs Innere Torwärterhaus auf den Vorplatz der Burg.

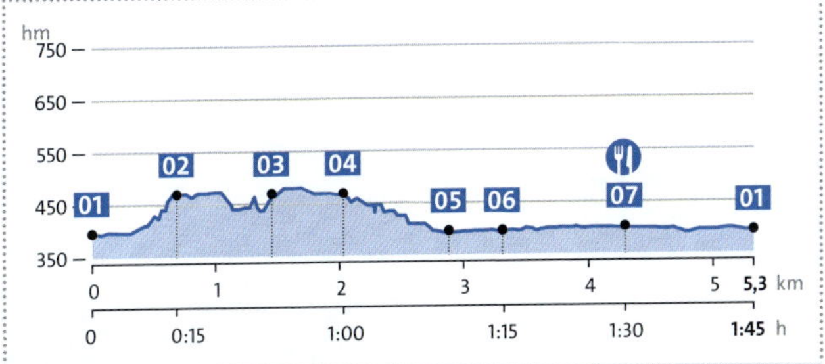

01 Grieserwiese, 393 m; 02 Burg Trausnitz, 469 m; 03 Stadtblick, 466 m; 04 Torhaus, 459 m; 05 Marienplatz, 394 m; 06 Europagarten, 397 m; 07 Altstadt, 400 m;

Info

Wer mehr als nur die mächtigen Mauern von Burg Trausnitz sehen möchte, der ist mit einer Burgführung gut bedient. Dabei gibt es normale Burgführungen und spezielle Themenführungen. Lediglich die Kunst- und Wunderkammer ist ohne Führung zu besichtigen. Weiter Infos unter *burg-trausnitz.de/deutsch/tourist/fuehr.htm*

An der Jägerwiese dann entlang zum Eingang der mächtigen **Burg Trausnitz** 02. Nachdem wir einen kurzen Blick in den Innenhof geworfen haben, schlendern wir über den geschotterten Weg auf der anderen Seite wieder aus dem Burggelände hinaus.

Kurz nachdem wir das Äußere Torwarthaus passiert haben, wenden wir uns nach links und schlüpfen durch die Maueröffnung in den Park. An der Gabelung geht's links in den Schluchtweg, kurz darauf rechts kurz über ein paar Treppen und dann wieder auf dem Schluchtweg steil hinab bis zum breiten Hauptweg. Hier wenden wir uns nach rechts und steigen die langgezogenen Stufen wieder empor. Nach ca. 75 Metern folgen wir linker Hand einem Abzweig. Der schmälere Weg ist mit Holzbalken befestigt und führt uns hinauf Richtung Stadtblick. An der Backsteinmauer halten wir uns rechts, dann steigen wir zur Aussichtsstelle, um den herrlichen **Stadtblick** 03 über Landshut zu genießen.

Wir gehen weiter, entgegengesetzt zum Aussichtspunkt, und treten aus dem Wald heraus auf eine Parkanlage. Bänke und verschieden Schilder mit Infos über die hiesigen Bäume säumen den Weg, der uns zum Tiergehege leitet. Wir wenden uns nach rechts und spazieren in einem Linksbogen am Gehege entlang.

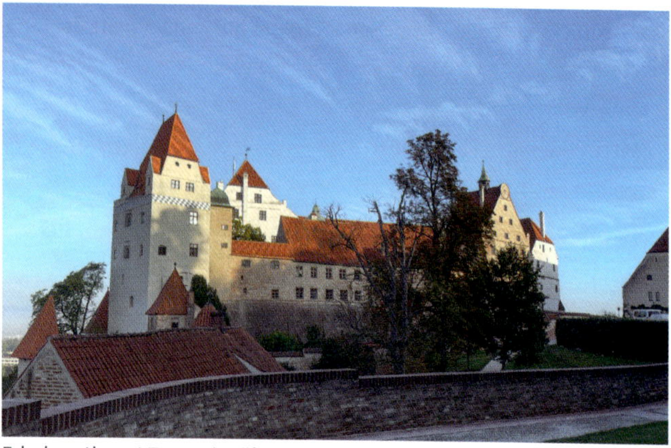

Erhaben thront Trausnitz über Landshut

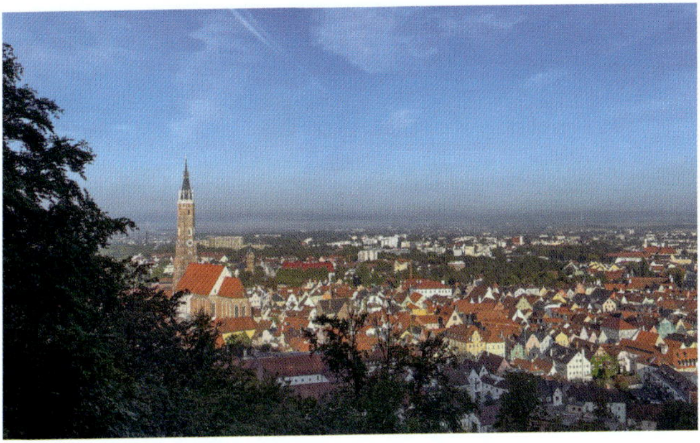

Herrliche Aussicht über Landshut

Vorm Hofgärtnerhaus halten wir uns links, an der gleich darauf folgenden Gabelung geht's rechts, nun weg vom Tiergehege. Der Hauptweg leitet uns hinab Richtung Herzogpark und dann rechts durchs Eisentor. Am Herzogschlößl vorbei bis zum gelben **Torhaus** 04. Hier schlüpfen wir erneut durch ein Eisentor und wenden uns direkt dahinter links hinab. Zuletzt überwinden wir ein

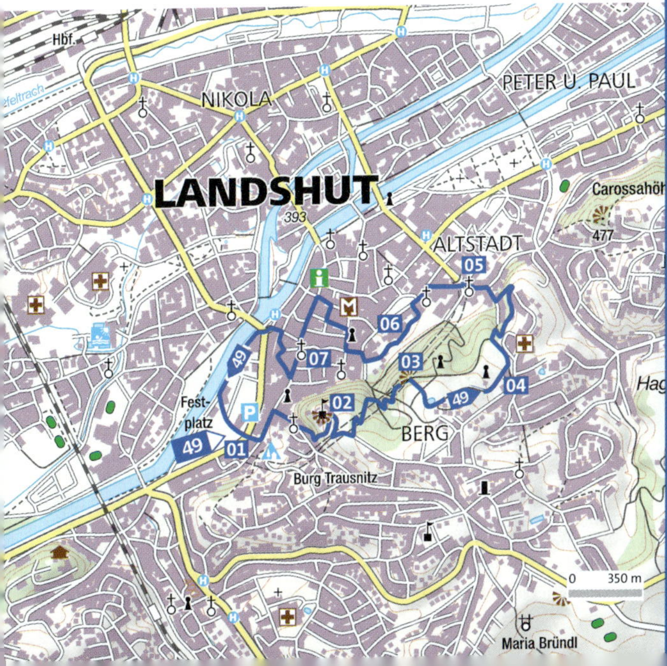

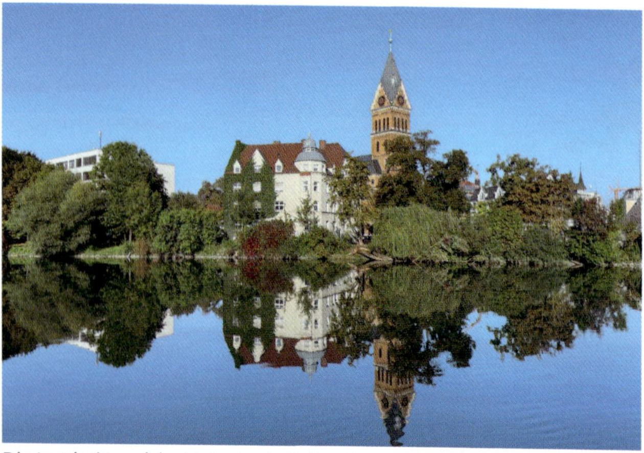

Die Isar bei Landshut ist wie ein Spiegel

paar Stufen, dann stehen wir an einem Schotterweg. Er führt uns nach links bis zum Schild „Landschaftsschutzgebiet". Hier steigen wir scharf nach rechts abgebogen ein paar Treppen hinauf. Oben folgen wir dem Pfad nach links, am Kinderkrankenhaus entlang. Nach wenigen Minuten gabelt sich der Weg. Wir wählen den Pfad, der uns am Zaun entlang steil nach links hinabführt. Wer die Tour ein wenig verlängern möchte, kann von hier aus weiter geradeaus dem Weg folgen. Er führt hinab und kurz durchs Wohngebiet. Über die Schönbrunner Straße kann man auf der anderen Seite wieder zur Carossahöhe aufsteigen. Wir entscheiden uns heute jedoch für die kürzere Strecke und gehen nach dem steilen Abstieg über den Bernlochner Schluchtweg rechts vor zur Straße.

Wir folgen ihr nach links und biegen nach der rumänisch-orthodoxen Kirche links ab zum **Marienplatz** 05. Nach dem kleinen Park schwenken wir nach rechts. Etwa auf halber Höhe bei der Kirche St. Jodok biegen wir links durch ein Tor ab. Es ist der Zugang zum Hofgarten, wie uns ein Schild verrät. Im Park geht's rechts, am **Europagarten** 06 vorbei und nach ein paar Minuten an einer Rastbank rechts durch die Backsteinmauer. Wir spazieren über einen Parkplatz und an der Rückseite des Kasimirmuseums entlang, dann geht's rechts vor zum Museum Landshut. Hier wenden wir uns nach links, die nächste Straße biegen wir wieder rechts ab, um am Kriegerdenkmal vorbeizuschlendern. Wie man nun durch die Altstadtgassen von Landshut streift, bleibt jedem selbst überlassen.

Schließlich haben wir die **Altstadt** 07 erreicht und schlendern an der Basilika St. Martin vorbei, dann biegen wir in die Ländgasse ein. Sie bringt uns durchs Ländtor zum Ländtorplatz. Wir queren die B15 zum Isarufer. Hier spazieren wir die Preysingallee am Stadtpark Wittstraße entlang und zurück zum Parkplatz an der **Grieserwiese** 01.

RUND UM MAUERN

Historischer Ausflug am Mauerner Mühlbach

9 km 2:30 h 140 hm 140 hm

START | Mauern. Parkplatz am Hofmarkschloss. [GPS: UTM Zone 32 x: 713874 m y: 5377757 m]
CHARAKTER | Teils beschildert auf dem Historischen Wanderweg Mauern. Bequeme Feld-, Wald- und Wiesenwege.

Heute erkunden wir die Höhen und Wälder rund um den kleinen Ort Mauern am Eingang zur Hallertau. Mauern wurde bereits vor über 1100 Jahren erstmals urkundlich erwähnt und hat einen lange Tradition und Geschichte. Das Hofmarkschloss ging durch viele Adelsgeschlechter, bis es 2001 an die Gemeinde verkauft wurde. Ein historischer Wanderweg führt durch den Ort. Er erinnert an historische Ereignisse und Bodendenkmäler. Auch wir erkunden ihn heute zu einem kleinen Teil.

Wir starten am Parkplatz beim **Hofmarkschloss** 01 und spazieren zunächst am Bach entlang aus dem Ort hinaus. Die Beschilderung des Historischen Wanderweges schickt uns nach rechts über die Brücke und dann auf einen Schotterweg. Hinter der nächsten Steinbrücke biegen wir rechts auf einen Wiesenweg ab und folgen dem **Mauerner Bach** 02 bis zu einem Infoschild am Ende der Wiese. Es geht links herum in den Wald, gleich darauf halten wir uns rechts auf den Waldweg durch ein herrliches Waldstück. Ein gut sichtbarer Waldweg leitet uns wenig später oberhalb des Baches entlang. Wir erreichen den

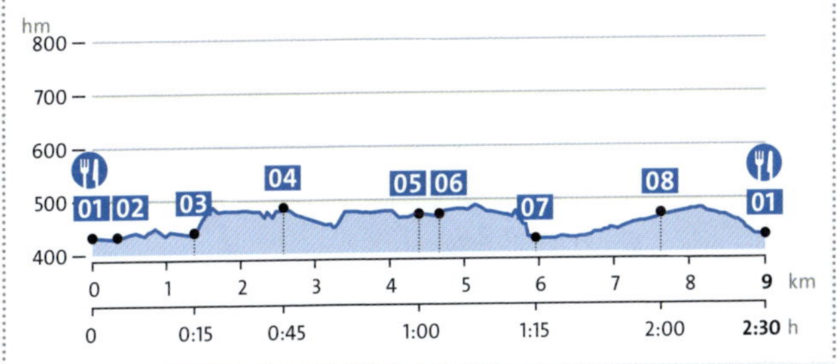

01 Hofmarkschloss, 432 m; 02 Mauerner Bach, 433 m; 03 Bergmühle, 448 m; 04 Marienkapelle, 482 m; 05 Marterl, 472 m; 06 Gabelung am Digitalfunkmast, 479 m; 07 Mühlbachbrücke, 435 m; 08 Blick auf Mauern, 467 m;

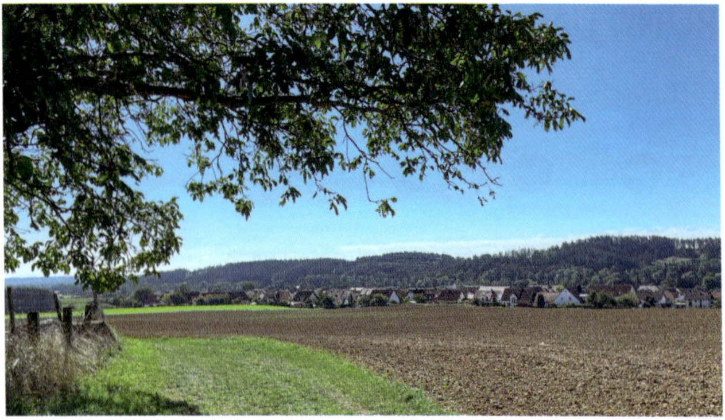

Blick auf Mauern

Weiler **Bergmühle** 03 und biegen um 180° scharf links herum ab. Der Weg steigt an, wir halten uns gleich an der folgenden Gabelung links. Dann wandern wir stets geradeaus, passieren nach wenigen Minuten eine Kreuzung geradeaus und folgen dem erneut ansteigenden Weg. Ein paar Minuten spazieren wir noch durch tollen Kiefernwald, dann treten wir an den Feldrand. Rechts herum geht's mit schönen Blicken am Wald- und Feldrand entlang bis zu einem größeren Anwesen. Wir wenden uns nach links, passieren eine klei-

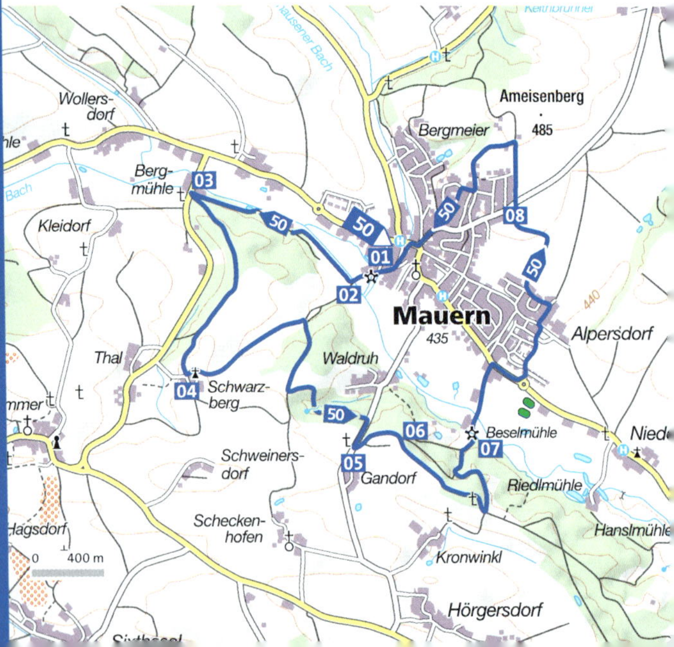

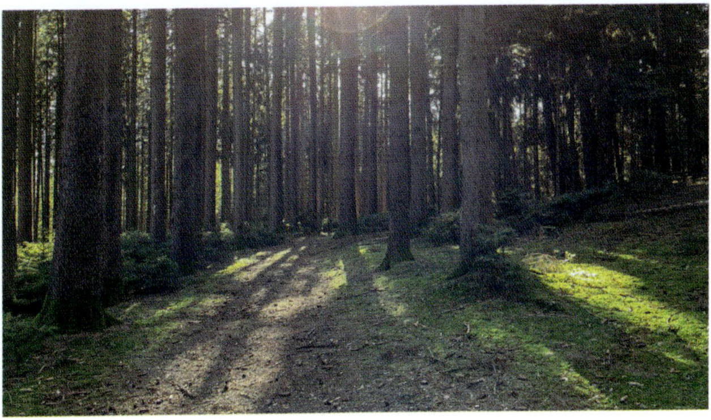

Herrlicher Waldweg im Morgengrauen

ne **Marienkapelle** 04 und gehen dann stetig geradeaus zwischen Wiesen und Feldern entlang. Nach ca. 600 Metern biegt rechter Hand ein Weg ab. Wir folgen ihm in den Wald hinein. Nach zwei Minuten macht er eine Rechtskurve, kurz darauf führt er uns am Waldrand entlang bis zu einer Wegkreuzung. Wir queren den Weg schräg nach links. Hundert Meter folgen wir der Route um eine Rechtskurve kurz am Waldrand entlang und wieder in den Wald hinein. Kurz darauf biegt der Weg wieder links herum und endet nach ein paar Minuten an einem Sträßlein. Wir folgen ihm rechts hinauf und schwenken gegenüber einem **Marterl** 05 links in einen Schotterweg ein.

Ein herrlicher Weg führt uns nun an Birken entlang. An der **Gabelung am Digitalfunkmast** 06 nehmen wir den rechten Weg am Waldrand entlang, jedoch immer noch innerhalb des Waldes. Weiterhin säumen schöne Birken unseren Weg. Am Waldrand erhaschen wir bei Föhn herrliche Blicke auf die Alpen. Dann geht's links hinab, an einem neu gebauten Hochsitz vorbei. Auf und ab leitet uns der Weg nun in einem Linksbogen wieder in den lichten Wald hinein. Kurz darauf zweigt rechts ein grasbewachsener Weg über eine abgeholzte Stelle hinab ab. Er führt in einem sanften Rechtsbogen hinab zu einem breiteren Waldweg an einem Wildgehege. Wir wenden uns nach rechts, spazieren über die **Mühlbachbrücke** 07 und an einem Hof vorbei auf einen asphaltierten Weg, der an der Hauptstraße von Mauern endet. Wir folgen ihr nach rechts, biegen am Kreisel links ab und folgen der Straße Am Sportpark stetig geradeaus. Die Schulstraße queren wir schräg nach links, kurz vor Ortsende biegen wir links auf den Hofmarkring ab. Gleich darauf geht's zwischen den Häusern auf einen Feldweg hinauf. Auf der Höhe haben wir einen tollen **Blick über Mauern** 08. Auf dem historischen Wanderweg geht's geradeaus über die Straße und am Ortsrand entlang. An der Infotafel über Hohlwege biegen wir links ab und schlendern zurück in den Ort. Über den Eichelberg und die Bergstraße spazieren wir schließlich zurück zum Rathaus und dem Parkplatz am **Hofmarkschloss** 01.

51 ZUM AMPERDURCHBRUCH BEI MOOSBURG AN DER ISAR

Vom Tor zur Hallertau zu Isar und Amper

13,5 km | 3:30 h | 60 hm | 60 hm

START | Moosburg a.d. Isar. Viehmarktparkplatz in der Viehmarktstraße. Zug von München.
[GPS: UTM Zone 32 x: 717374 m y: 5372256 m]
CHARAKTER | Schmale oder breite geschotterte Forst- und Waldwege. Schmaler, verwachsener Pfad an der Amper. Langärmelige und -beinige Kleidung sinnvoll.

Sie gilt als Tor zur Hallertau und liegt eingebettet zwischen den Auen von Isar und Amper, am Übergang zur Hügellandschaft der südlichen Hallertau: Moosburg ist die älteste Stadt des Landkreises Freising und hat neben einer sehr schönen Altstadt auch ein herrliches Wanderterrain zu bieten. 2019 wurde die Uferverbauung bei Moosburg entnommen, um die eigendynamische Entwicklung der Isar wieder zu fördern. So machen wir uns heute auf, die herrlichen Isar- und Amperauen zu erkunden.

Unsere Rundwanderung startet am **Viehmarktparkplatz** 01. Wir folgen zunächst der Viehmarktstraße am Parkplatz entlang Richtung Süden, zweigen

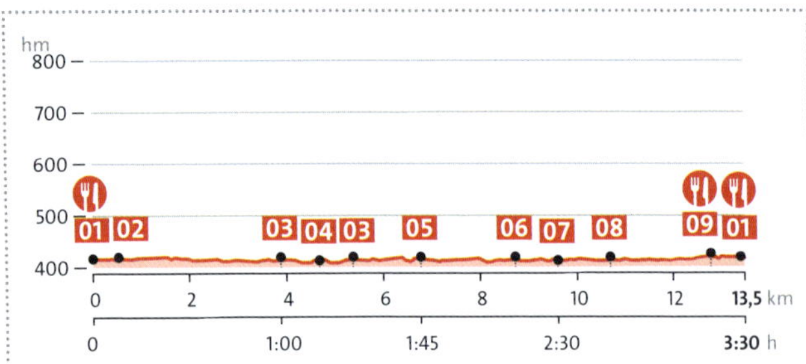

01 Viehmarktparkplatz, 417 m; 02 Isarlände, 416 m; 03 Steinbrücke, 412 m; 04 Amperdurchbruch, 409 m; 05 Mühlbach, 418 m; 06 Gedenkkreuz, 414 m; 07 Wasserkraftwerk, 412 m; 08 Rastbank, 414 m; 09 Pfarrkirche St. Kastulus, 422 m;

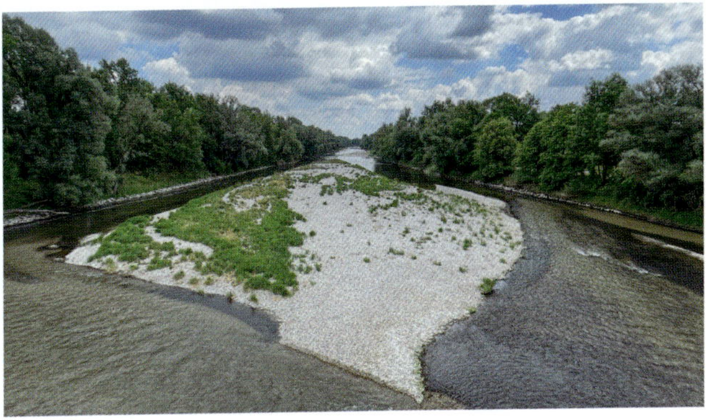

Hier vereinigen sich Isar und Amper

jedoch recht schnell nach links in die Landshuter Straße, die uns parallel zur St 2350 zur **Isarlände** 02 bringt. Hier geht's hinauf auf den Dammweg, der uns rasch in den Wald leitet. Der schöne breite Weg führt uns eine gute dreiviertel Stunde nach Norden durch den herrlichen Auwald der Isar. Kurz bevor unser Weg in einen

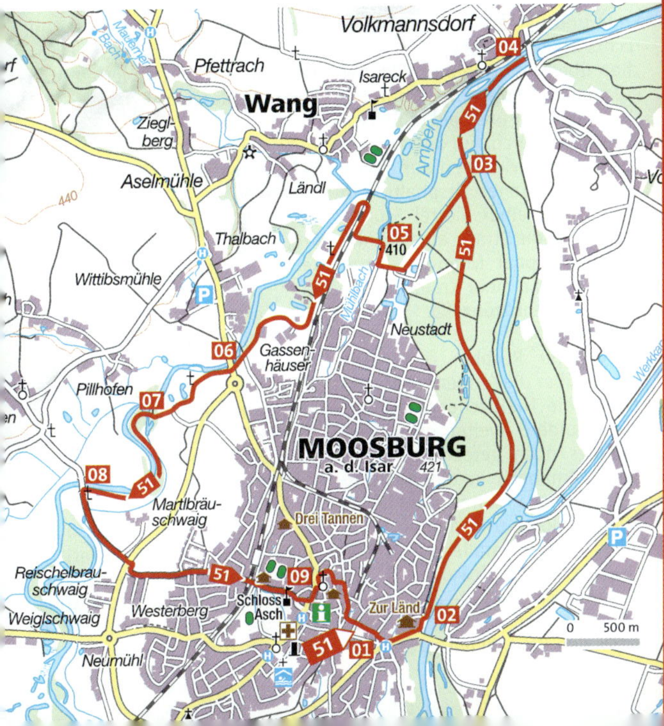

Querweg mündet, zweigen wir rechts auf einen Pfad ab. Kurz darauf folgen wir eben diesem Querweg ein paar Meter weiter bis zur nächsten Abzweigung. Wir biegen links ab und queren kurz darauf eine **Steinbrücke** 03. Der breite Weg führt uns bald zwischen Isar und Amper entlang, bis wir nach einer knappen viertel Stunde den **Amperdurchbruch** 04 erreichen. Am besten steigen wir die Treppen auf die Brücke empor, von oben eröffnet sich nochmal ein ganz anderer, herrlicher Blick auf den Zusammenschluss von Amper und Isar. Wir kehren zurück zum breiten Querweg nach der **Steinbrücke** 03 und folgen ihm nach rechts.

Nach zehn Minuten geradeaus biegen wir am Klärwerk rechts ab. Wir folgen der Straße bis zu ihrem Ende und biegen dann nochmals rechts ab, auf schmälerem Sträßchen über den **Mühlbach** 05, der kurz darauf in die Amper mündet. Der Weg leitet uns bald unter den Gleisen hindurch. Auf der anderen Seite folgen wir ihnen auf einem kaum befahrenen, asphaltierten Weg. Nach einer viertel Stunde beschreibt die Straße eine Rechtskurve, ein paar Minuten später stehen wir an einer Kreuzung mit einem **Gedenkkreuz** 06.

Zu unserer Rechten führt eine Brücke über die Amper. Nach links zweigt die Thalbacher Straße ab. Wir wandern weiter geradeaus. Anfangs noch geteert, geht der Weg allmählich in einen Schotterweg über. Er leitet unter der St 2085 hindurch und verläuft mehr oder weniger parallel zur Amper. Beim **Wasserkraftwerk** 07 auf der anderen Uferseite quert er ein Brücklein und mündet in einen schmalen Pfad. Einen guten Kilometer folgen wir dem Flusslauf auf einem teils stark verwachsenen Pfad. Zum Ende hin treten wir aus dem Gebüsch heraus, wandern kurz an einer Wiese entlang und an einer Scheune vorbei. Dann stoßen wir auf ein Sträßchen. Nach rechts quert es die Amper, auf der anderen Straßenseite steht eine **Rastbank** 08. Wir folgen der Straße nach links. Sie bringt uns kurz vor der Staatsstraße mit einem Links- und dann wieder Rechtsschwenk über den Rad- und Fußweg unter eben jener hindurch. Nun folgen wir der Georg-Schweiger-Straße stets geradeaus. Nach zehn Minuten queren wir die Gleise und folgen der Bahnhofstraße weiter ins Zentrum von Moosburg an der Isar. Im Zentrum halten wir uns an der Georg-Hummel-Straße links und schwenken an der Mariensäule nochmals links zum Stadtplatz und zur sehr sehenswerten **Pfarrkirche St. Kastulus** 09.

Auf einem schmalen Fußweg geht's zwischen der Kirche St. Johannes und der Pfarrkirche hindurch. Wir steigen ein paar Treppen hinab, wenden uns nach rechts und halten uns gleich darauf am Heimatmuseum von Moosburg nochmals rechts. Treppen wieder hinauf und dann über den Kastulusplatz. So gelangen wir zum Benefiziat-Weber-Weg und haben gleich darauf mit einem letzten Rechtsschwenk die Pfarrkirche einmal umrundet. Wir folgen ein paar weiteren Treppen hinab zur Leinbergstraße, queren sie schräg nach links und durchqueren einen kleinen Park zur Straße Stadtgraben. Sie bringt uns nach rechts zur Viehmarktstraße, über die wir zum **Viehmarktparkplatz** 01 zurückschlendern.

VON MOOSBURG NACH NIEDERHUMMEL

Durch die Isarauen zwischen Hangenham und Moosburg

12,5 km | 3:15 h | 60 hm ↗ | 60 hm ↘

START | Moosburg a.d. Isar. Parkplatz am Sportpark Moosburg in der Wasserwerkstraße.
[GPS: UTM Zone 32 x: 716197 m y: 5371134 m]
CHARAKTER | Breite Forstwege an der Isar. Zwischendurch immer wieder auf kaum befahrenen Straßen.

Die Runde bringt uns vom Sportgelände von Moosburg samt Freibad durch die Wälder und Felder nach Niederhummel. Dabei streifen wir das Versuchsgelände der Saaten-Union-GmbH. Nicht ohne einen Blick in die St.-Andreas Kirche zu werfen, der Dorfkirche aus dem 14. Jahrhundert, verlassen wir Niederhummel auf direktem Wege zur Isar. Auf einem breiten Schotterweg wandern wir an den Isarauen zwischen Hangenham und Moosburg entlang. Im Bereich des Naturschutzgebietes mündet die Moosach bei Oberhummel in die Isar. Teils durch Steilufer an der Isar ist die Auenlandschaft mit zahlreichen Bachläufen durchzogen. Nach einem letzten Wegabschnitt direkt an der Isar entlang verlassen wir den mächtigen Strom und kehren am Überleitungskanal zurück zum Ausgangspunkt.

▶ Wir starten unsere Rundwanderung am **Sportpark Moosburg** 01. Vom großen Parkplatz gehen wir zunächst nach Westen zur Wasserwerkstraße und folgen ihr an den Fußballplätzen und dem

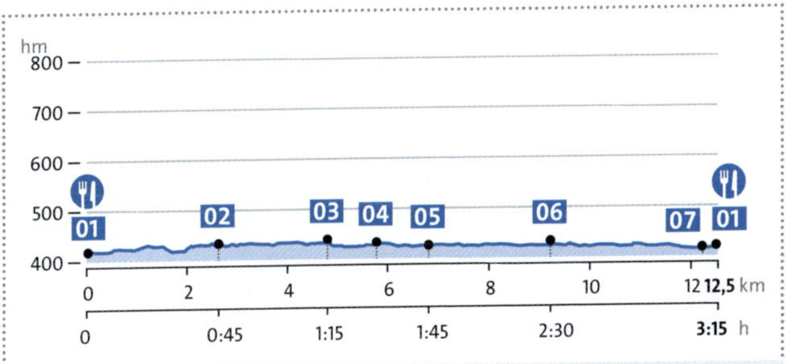

01 Sportpark Moosburg, 418 m; 02 Saatgut Versuchsstation, 429 m; 03 Niederhummel, 430 m; 04 Mühlbach, 431 m; 05 Kreuzung, 426 m; 06 Isarufer, 424 m; 07 Isar-Amper-Überleitungskanal, 416 m;

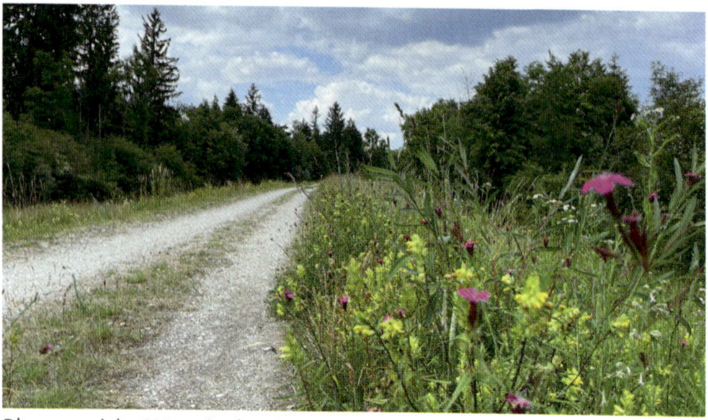

Blumenreiche Wege in den Isarauen

Städtischen Wasserwerk vorbei zum Wald. Am Waldrand geht's geradewegs auf einem schönen Schotterweg ins kühle, Schatten spendende Gehölz. Wir wandern eine gute viertel Stunde durch den Wald, dann führt uns die Route an ein paar Feldern vorbei zu einem einsamen Häuschen. Kurz danach mündet der Weg in ein Sträßchen,

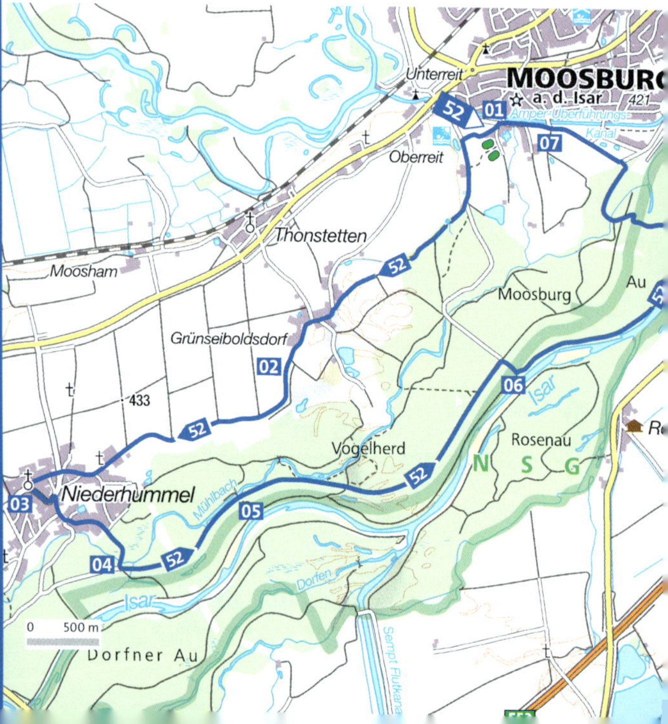

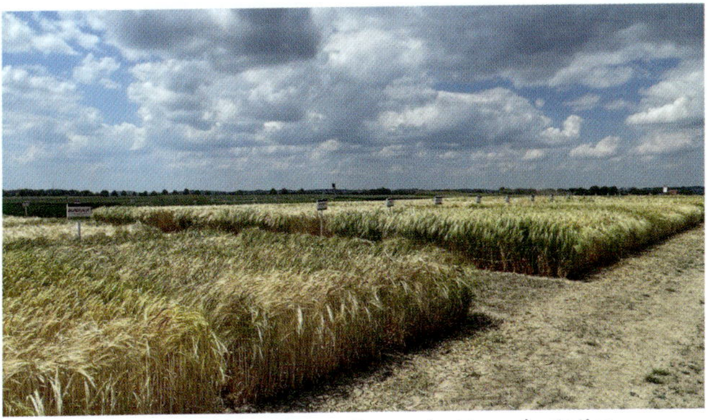

Verschiedenste Getreidesorten werden an der Versuchsstation angebaut

dem wir durch Grünseiboldsdorf geradewegs hindurch folgen. An den letzten Häusern halten wir uns rechts und passieren kurz darauf die **Saatgut-Versuchsstation** 02 der Saaten-Union-GmbH. Erst an den Versuchsfeldern, dann an gewöhnlichen Getreidefeldern entlang wandern wir auf dem Feldweg direkt nach **Niederhummel** 03.

An der Kirche St. Andreas biegen wir links ab, an der Bushaltestelle geht's rechts in die Ortsstraße. Nur einhundert Meter später, kurz vor Ortsende, folgen wir der Waldstraße nach links. Die Straße macht bald darauf einen Linksknick. Hier wandern wir geradeaus auf einem Schotterweg in den Wald hinein. Wir überqueren den **Mühlbach** 04 und biegen an der nächsten Kreuzung links ab. Ein breiter Schotterweg leitet uns nun stets nach Osten. Eine viertel Stunde später queren wir geradeaus eine **Kreuzung** 05, danach geht's weiter durch den Auwald. Wieder eine viertel Stunde später erreichen wir erneut eine Kreuzung: Hier biegen wir rechts ab, geradewegs ans **Isarufer** 06. Wir folgen dem schönen Weg jetzt direkt am Ufer entlang. Immer wieder bieten sich Möglichkeiten, mal die Füße in die Isar zu stecken. Wenn sie wenig Wasser führt, kann ein kurzer Sprung in die Fluten ebenfalls recht erfrischend sein. Nach zwanzig Minuten mündet von links ein breiter Schotterweg in unseren Weg. Wir folgen ihm durch den Wald zu einer großen Kreuzung, an der sich mehrere Wege treffen. Hier schwenken wir auf die beiden parallel verlaufenden Wege nach rechts ein. An ihrem Ende stehen wir an einer Wiese und einem Schild mit dem Hinweis „Flugplatz". Es bleibt uns also nur der Weg nach links, der uns in wenigen Minuten zum **Isar-Amper-Überleitungskanal** 07 bringt.

Wir folgen ihm ein kurzes Stück. Dabei passieren wir die Flusskreuzung von Mühlbach und Kanal. Hier hat sich der zu Beginn unscheinbare Mühlbach inzwischen zu einem kleinen Flüsschen gemausert. Die letzten Meter gehen wir am Freibad vorbei zurück zum Parkplatz am **Sportpark Moosburg** 01.

ZOLLING UND DAS AMPERTAL

Spaziergang durch die Amperauen

14 km | 4:00 h | 140 hm | 140

START | Zolling. Parkmöglichkeiten beim Rathaus in der Moosburger Straße. Bus Nr. 603 von Freising.
[GPS: UTM Zone 32 x: 705013 m y: 5370187 m]
CHARAKTER | Waldwege und wenig befahrene Straßen wechseln sich ab.

Das Ampertal rund um Zolling hat abwechslungsreiche Wege und spannende Einblicke in die Natur zu bieten. Nachdem wir die Gewässer bei Zolling wie den Angelberger See und ein paar Altarme der Amper erkundet haben, wandern wir durch herrlichen Wald stetig nach Westen, um uns bei Itzling einen wunderschönen Blick übers Ampertal zu gönnen. Auf dem Rückweg statten wir der Mündung von Amper und Werkkanal noch einen Besuch ab, bevor es entlang der Amper zurück nach Zolling geht.

Vom **Rathaus Zolling** 01 gehen wir zunächst auf dem Fußweg am Rathaus vorbei zur Roiderstraße. Wir folgen ihr nach links und biegen wenig später rechts in die Rotnpeckstraße ab. Sie leitet uns durchs Wohngebiet hindurch bis zur Straße Am Amperkanal". Links herum überqueren wir den Amper Werkkanal und spazieren direkt danach nach links auf dem schmalen Wiesenstreifen direkt am Kanal entlang. Nach einer viertel Stunde geht's rechter Hand in einen Feldweg hinein. Er bringt

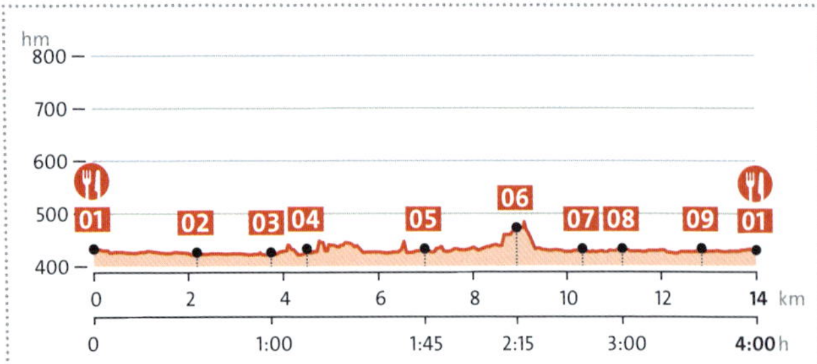

01 Rathaus Zolling, 429 m; 02 Angelberger See, 423 m; 03 Steg, 424 m; 04 Amperaltarm, 430 m; 05 Erlau, 432 m; 06 Ampertalblick, 469 m; 07 Moos, 431 m; 08 Mündung Amper Werkkanal, 422 m; 09 Amperbrücke, 430 m;

uns um eine Linkskurve zum **Angelberger See** **02**. Im Sommer ist der See ein beliebtes Ausflugsziel zum Baden. Am Querweg hinter dem See wenden wir uns nach rechts und schlendern an Wiesen und Feldern vorbei. Der Weg endet kurz vor der Amper. Wir schwenken nach links und folgen einem Pfad kurz durch die Wiese, dann durch ein Wäldchen. Die Route leitet uns gute fünf Minuten parallel zur Amper. Schließlich lichtet sich der Wald und wir erblicken einen **Steg** **03**, über den wir die Amper überqueren.

Direkt danach wenden wir uns nach rechts auf einen Pfad an der Amper entlang. Wir erreichen eine Straße, folgen ihr kurz nach rechts und wandern dann an der Gabelung geradeaus weiter Richtung Zolling. Das Sträßlein führt uns hinab an eine schöne Stelle, an der die Amper sich mit einigen Stromschnellen von ihrer wilden Seite zeigt. 150 Meter später zweigt linker Hand ein Waldweg ab. Er leitet uns an einem **Amperaltarm** **04** entlang in den Wald.

Wir wandern stetig geradeaus, nah am Waldrand entlang aber bereits innerhalb des Waldes. Nach zehn Minuten treten wir aus dem Wald heraus: Hier macht der Weg eine leichte Rechtskurve und führt uns dann weiter am Waldrand entlang, dieses Mal jedoch außerhalb des Waldes. An einer Gabelung verlassen wir das Waldstück und halten uns geradeaus, ein kurzes Stück an Feldern entlang bis zum nächsten Wald. An seinem Saum entlang erreichen wir schließlich die B301 bei **Erlau** **05**.

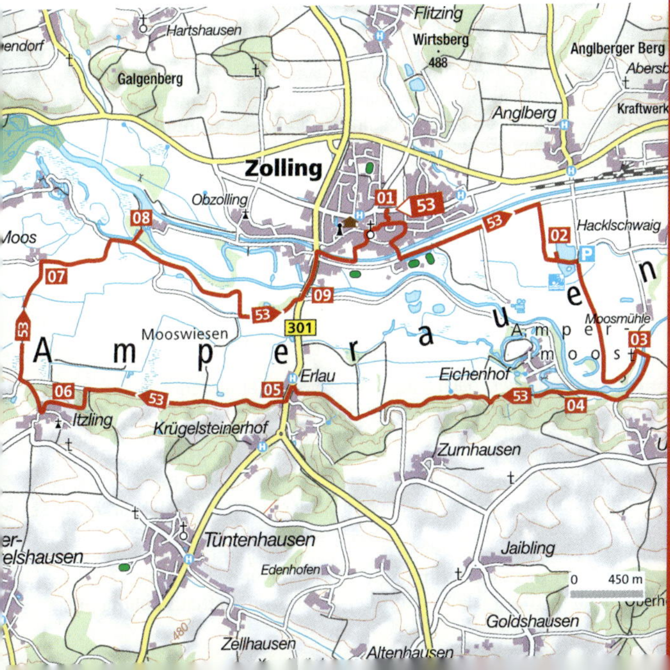

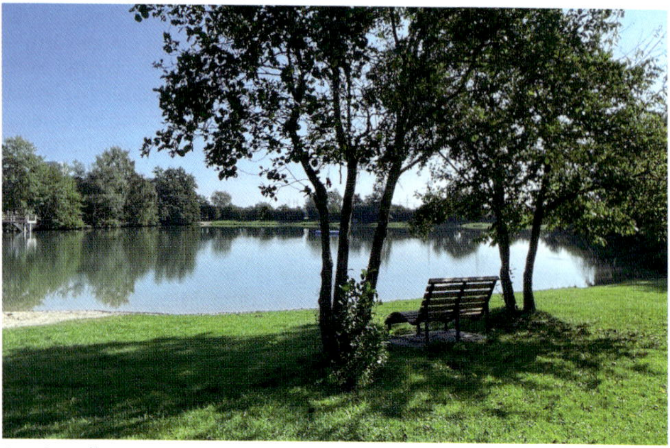

Am Angelberger See

Wir queren die Straße und spazieren auf dem Trottoir nach links. Bei den letzten Häusern biegen wir links ab und folgen einem ruhigen Sträßchen. Wir spazieren neben der Straße über die Wiese, an einem herrlichen Wald entlang. Nach eineinhalb Kilometern zweigt linker Hand ein asphaltiertes Sträßlein ab. Wir folgen ihm hinauf nach Itzling. Kurz vor dem Ort offenbart sich uns ein herrlicher **Ampertalblick** 06. Ungefähr in der Mitte des Ortes, gegenüber eines großen weißen Hauses, biegen wir scharf rechts auf einen schmalen, geschotterten Weg ab. Er ist für den landwirtschaftlichen Verkehr freigegeben und führt uns hinab zu einer Dreieckskreuzung mit einer Aussichtsbank. Wir folgen unserem bekannten Sträßchen nochmal kurz nach links, dann biegen wir am abgesägten Baum rechts auf einen Feldweg hinab ab. Wunderschön leitet uns der Weg an schilfgesäumten Auwiesen entlang, dann an einem Weiher vorbei nach **Moos** 07.

Hier führt uns eine schmale Straße nach rechts, an den sattgrünen Auwiesen entlang. Nach zehn Minuten sehen wir zu unserer Linken einen Waldweg abzweigen. Der Stichweg lässt uns einen kurzen Abstecher zur Amper und zur Mündung von Amper und **Werkkanal** 08 machen.

Wir wandern weiter auf der schmalen Straße. Sie biegt nach wenigen Minuten um eine Rechtskurve. Wir halten uns hier geradeaus auf einen Wirtschaftsweg. Er zieht sich weiter parallel zur Amper an einem Wäldchen entlang und endet nach einer Rechtskurve wieder an der Straße. Sie bringt uns dann die letzten Meter zur B301 und zur **Amperbrücke** 09.

Wir überqueren erst die Bundesstraße, dann die Brücke. Gleich danach geht's rechts hinab zum Amper Werkkanal. Wir folgen ein paar Meter seinem Ufer, dann queren wir eine kleine Stahlbrücke. Am Seniorenzentrum biegen wir rechts in den Pfarranger ab, gehen vor zur Kirche und links um sie herum, zurück zum **Rathaus Zolling** 01.

WELTWALD BEI FREISING

Die Welt zu Gast im Kranzberger Forst

5 km 1:30 h 50 hm 50 hm

START | Parkplatz beim Weltwald. Von Freising auf der St2084 Richtung Allershausen. Nach ca. 3 km links zum Parkplatz. Bus 619 von Freising. Haltestelle Ampertshausen.
[GPS: UTM Zone 32 x: 697635 m y: 5366058 m]
CHARAKTER | Breite Waldwege und mittlere Waldpfade. Wegen des Ungeziefers im Sommer unbedingt auf lange Kleidung achten und Mückenspray einpacken.

Im Kranzberger Forst vor den Toren Freisings gibt es einen ganz besonderen Wald, der nicht nur die Herzen von Naturliebhabern höher schlagen lässt. Der Weltwald lädt große und kleine Besucher dazu ein, die unterschiedlichsten Baumarten der ganzen Welt kennenzulernen. Auf gut 100 ha Fläche ist bisher eine illustre Sammlung von Bäumen entstanden, die in Staunen versetzt und spannende Informationen an die Hand gibt. Der Weltwald ist durchzogen von einem Netz bequemer, breiter Forstwege. Wer es ein bisschen abenteuerlicher mag, der kann durchaus auch über die kleinen Zwischenpfade durchs Dickicht streifen. Dann sollte allerdings besonders auf Mücken- und Zeckenschutz geachtet werden. Der Weltwald ist für Besucher das ganze Jahr über geöffnet und bietet zu jeder Jahreszeit ein besonderes Naturerlebnis. Die heutige Runde ist lediglich ein Vorschlag, grundsätzlich kann man die Tour zu einer ausgedehnteren Wanderung verlängern

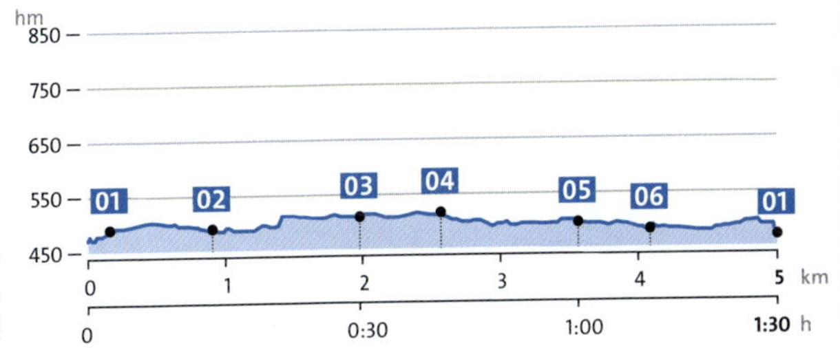

01 Parkplatz, 461 m; 02 Pappelwald, 495 m; 03 Botanikum, 507 m; 04 Pavillon Französischer Ahorn, 510 m; 05 Zentralpavillon, 500 m; 06 Zentralchina, 488 m;

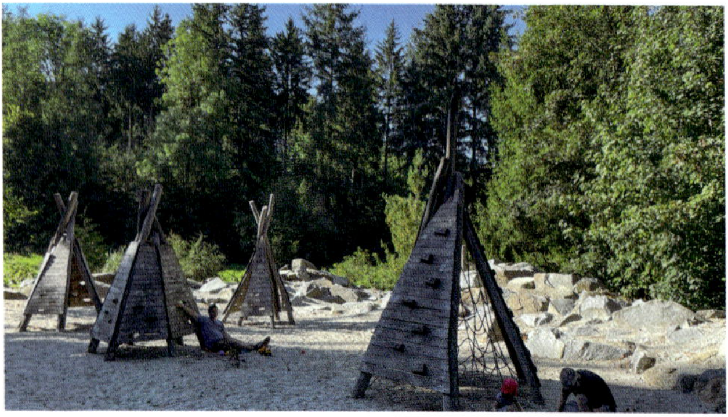

Indianerspielplatz im Weltwald

oder zu einem kleineren Spaziergang abkürzen. Erste Pflanzungen des Bayerischen Landesarboretums fanden 1987 statt. Mittlerweile ist das Areal auf über 300 Baum- und Straucharten angewachsen. Mehr als doppelt so viele sollen es einmal werden. Der Wald kann dabei über verschiedene Themenpfade erkundet werden oder mit der Weltwald-App. Sie leitet uns gezielt zu bestimmten Regionen oder Baumarten. So oder so wird der Besuch zu einem Erlebnis werden.

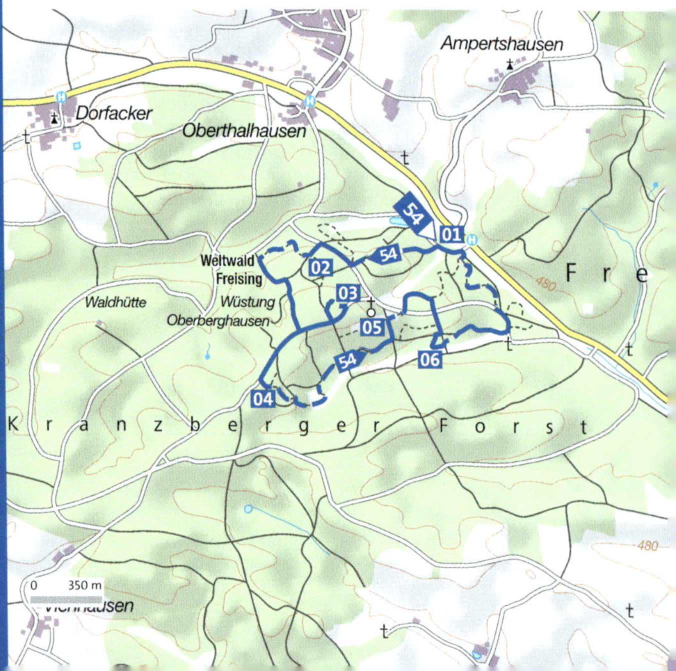

▶ Wir starten am **Parkplatz** 01 beim Zuckerahorn-Pavillon und folgen dem schmalen Schotterweg dem Themenpfad Europa und Vorderasien leicht aufwärts. Entlang dieses Themenpfades entdecken wir heimische Baumarten, aber auch winterharte Vertreter aus dem Mittelmeerraum bis hin zur Südküste des Kaspischen Meers. Wir halten uns stets westwärts, auf den kleinen Pfaden oder den breiten Waldwegen, durchstreifen einen **Pappelwald** 02 und wandern an verschiedensten Ahornen und Nadelhölzern vorbei. Nach dem Pappelwald machen wir eine Linksbiegung und wandern am Populetum, Kieferngewächsen und am Schluchtwald vorbei.

Wenig später erreichen wir die Höhepunkte dieser Region: Der Abstecher ins **Botanikum** 03 oder zu einer durch Baum- und Strauchpflanzungen angedeuteten Burganlage, dem Europagarten, der direkt neben dem Botanikum liegt. Dort spazieren wir dann weiter nach Südwesten. Dabei streifen wir die erste Vegetation der Himalaya-Region, bevor wir unter Buchen, Linden und Ulmen wandeln, um kurz darauf den **Pavillon Französischer Ahorn** 04 auf uns wirken zu lassen. Die Route dreht hier wieder nach Osten, an Rosengewächsen vorbei und schon bald tauchen wir – nochmals nach links gewandt Richtung Nordosten – vollends in die Wälder Mittel- und Ostasiens ein. Aus dem fernen Osten kommen einige besonders exotisch anmutende Baumarten z.B. der Urweltmammutbaum, die Sicheltanne oder der Hibalebensbaum. Hinter der Hengduan-Shan-Region kommen wir zum **Zentralpavillon** 05. Hier

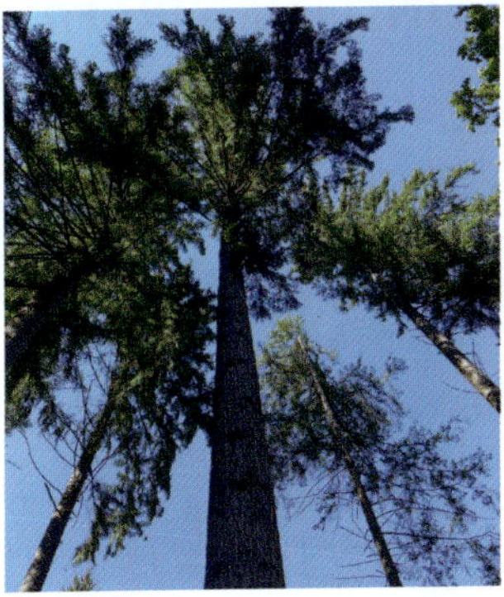

Bei manchen Baumriesen bleibt uns die Luft weg

laufen alle Themenpfade zusammen und mehrere Rundbänke laden zum Rasten ein. Ganz in der Nähe befindet sich die Waldkirche. Wir machen uns auf den Rückweg, der uns wieder Richtung Osten durch die östlichen und westlichen Regionen Nordamerikas und am Kinderspielplatz vorüberführt. Nach dem Spielplatz schwenken wir nochmal nach rechts und besuchen die Region **Zentralchina** 06. Auf schönem Waldweg wandern wir nach Westen, an einem kleinen Weiher biegen wir wieder links ab und streifen durch Nordamerika. Der Osten Nordamerikas besticht durch ein ausgedehntes Laubwaldgebiet, lediglich in den Hochlagen der Appalachen und nördlich der Großen Seen haben die Nadelwälder die Überhand. Auf dem Themenweg Nordamerika West sprießen die Wälder in den Bergregionen der Pazifischen Küstengebirge, der Sierra Nevada, den Kaskaden oder den Rocky Mountains. An imposanten Nadelbäumen wie Douglasie, Gelb-Kiefer oder Mammutbaum geht's dann zurück zum **Parkplatz** 01.

55

RUND UM KIRCHDORF AN DER AMPER

Idyllische Wanderung zu einem gruseligen Ort aus der Vergangenheit

14,2 km 3:50 h 120 hm 120 hm

START | Kirchdorf an der Amper. Parkmöglichkeiten am Rathausplatz. Bus Nr. 601 von Freising.
[GPS: UTM Zone 32 x: 696355 m y: 5370639 m]
CHARAKTER | Überwiegend Wald- und Feldwege, wenige breite Schotterstraßen.

Heute erkunden wir das nördliche Ampertal. Dabei streifen wir über sanfte Hügel und durch malerische Wälder. Im ersten Teil der Wanderung säumen viele Marterl unseren Weg, darunter auch das für die Riedlbäuerin. Es erinnert an eine schaurige Mordtat im Frühjahr 1751. Die Riedlbäuerin Ursula Floßmann wollte sich zu einer Wallfahrt nach Scheyern aufmachen. Auf dem Weg wurde sie von ihrer Magd erschlagen: Sie hatte ein Verhältnis mit dem Riedlbauern und lauerte ihrer Herrin als Mann verkleidet auf und enthauptete die arme Frau mit einem Schneiter. Magd und Riedlbauer wurden daraufhin in Landshut öffentlich enthauptet. Auf dem Rückweg geht es schon wesentlich ruhiger zu. In der idyllischen Atmosphäre der Amperauen mit herrlichem Blick und Rast an der Amperlände wandern wir zurück nach Kirchdorf an der Amper.

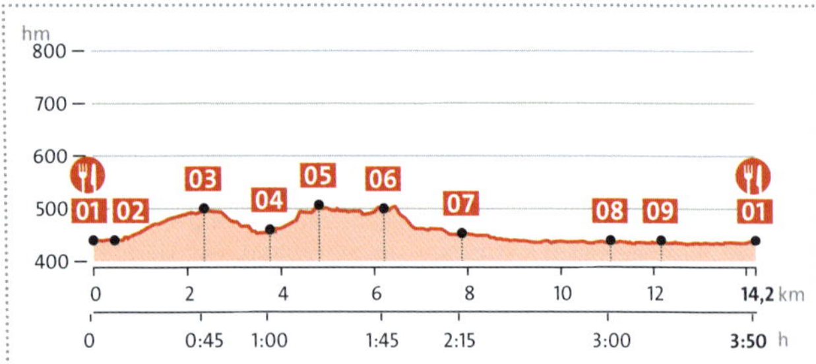

01 Rathausplatz, 444 m; **02** Pfarrhof, 443 m; **03** Linde mit Bank und Marterl, 491 m; **04** Aufham, 456 m; **05** Marterl Riedlbäuerin, 503 m; **06** Blick auf Aufham, 496 m; **07** Aiterbach, 452 m; **08** Amperlände, 436 m; **09** Amper Altwasser, 436 m;

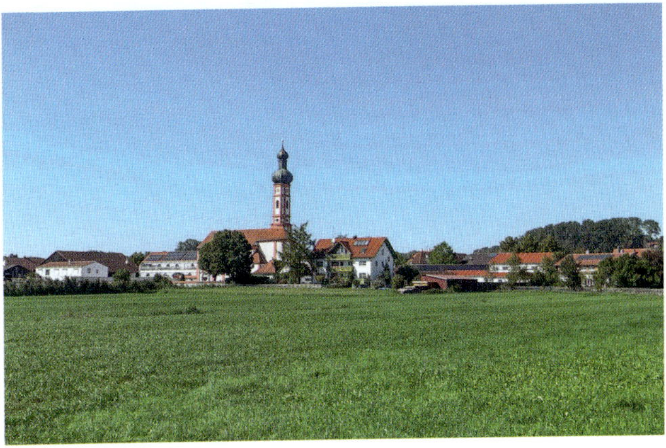

Blick auf Kirchdorf

Wir starten am **Rathausplatz** 01 in Kirchdorf an der Amper und folgen zunächst der Hauptstraße Richtung Ortsmitte. An der Linkskurve biegen wir rechts in die Sternstraße ab. Ca. 50 Meter später biegen wir links auf einen Schotterweg am **Pfarrhof** 02 vorbei ein. Bald kurz über Asphalt, dann wieder rechts herum auf den geschotterten Fußweg. Wir folgen ihm, halten uns dabei stetig rechts an verschiedenen Spielstationen vorbei bis zur Straße. Hier folgen wir nach links der Berghofstraße hinauf. Sie führt uns aus dem Ort hinaus. Am letzten Hof geht's rechts auf einem Schotterweg an Feldern vorbei. Am Querweg halten wir uns rechts bis zu einer Gabelung. Hier steht eine **Linde mit Bank und Marterl** 03.

Wir wandern weiter geradeaus zu den Hopfenfeldern. Kurz darauf treten wir in den Wald ein und gehen auf frisch geschottertem Weg hinab. Bei Waldaustritt begleitet uns wieder der Hopfen. An der folgenden Weggabelung mit den Koppeln halten wir uns links. Schließlich stehen wir an der Ortsstraße von **Aufham** 04. Wir biegen rechts ab und gehen bis zur Straße am Ried, der wir nach links folgen. Wir passieren die letzten Häuser und einen Pferdestall, dann geht's kurz über Asphalt und schließlich auf einem schönen Feldweg an Äckern und Wiesen vorbei. Nach einigen Minuten passieren wir ein Wegekreuz, kurz darauf erreichen wir am Hopfenfeld das **Marterl der Riedlbäuerin** 05.

Wir biegen links auf den Wiesenweg ab und spazieren einmal um das Wäldchen herum zu einem sandigen Feldweg, dem wir nach links folgen. Er schlängelt sich bald als deutlicher Wiesenweg zwischen den Feldern, Äckern und Wiesen hindurch, zwischendurch an einem Wäldchen entlang. An der Linkskurve, ca. 150 Meter vor den nächsten Hopfenfeldern, zweigen wir ab. Weiter auf einem Wiesenweg, kurz hinauf, dann leitet er uns in den Wald. Wir wandern ein paar Minuten durch den Wald und dann hinab an einen Querweg. Nach links eröffnet sich

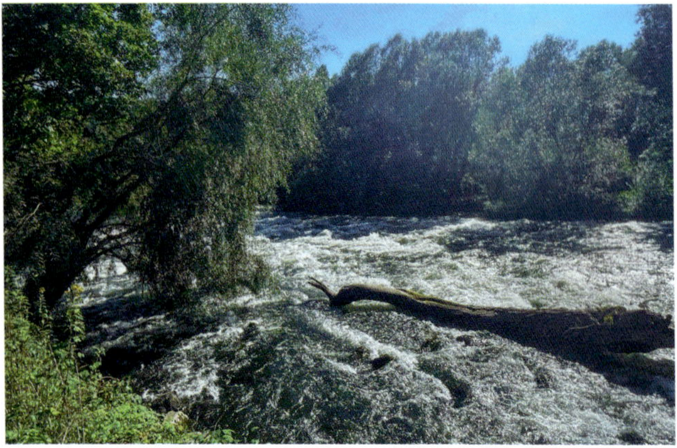

Wildwasser der Amper

uns der **Blick nach Aufham** 06. Wir wenden uns nach rechts und steigen den Weg kurz hinauf zu einem weiteren Querweg an einer Wiese. Diesem folgen wir wiederum nach rechts auf einen Waldweg an einem Maschendrahtzaun entlang. Am Ende des Zaunes schwenken wir nach links auf einen herrlichen Waldweg. Nach ein paar Minuten führt uns der Weg aus dem Wald heraus und über Felder hinab. Nach einer scharfen Rechtskurve stehen wir erneut an einem Querweg. Wir folgen ihm nach links, passieren einen Holzlagerplatz und spazieren kurz darauf nach **Aiterbach** 07 hinein.

An der Hauptstraße geht's nach links, und kurz bevor wir auf die Staatsstraße treffen, folgen wir, am Ortsschild links, am Ruhebankerl wieder rechts, dem Rad- und Fußweg aus Aiterbach hinaus Richtung Kirchdorf. 100 Meter später verlassen wir den Radweg nach rechts, queren die Staatsstraße und folgen einer breiten Schotterstraße zu den Ampeauen. Vor der Brücke biegen wir scharf links ab und folgen weiter der Schotterstraße. An der nächsten Gabelung halten wir uns rechts auf einen schmäleren Schotterweg. Er leitet uns kurz darauf an einem vom Blitz getroffenen Baum vorüber. Hier machen wir einen kurzen Abstecher rechts zur **Amperlände** 08. Dort gibt es eine tolle Bank, an der wir mit herrlichem Blick auf die wilde Amper rasten können. Für den Weiterweg kehren wir zum Schotterweg zurück. Es gibt zwar einen kleinen Steg, aber der ist sehr marode. Der anschließende Pfad, der uns auch auf den Schotterweg zurückführen würde, ist mit mannshohen Brennnesseln zugewachsen, sodass wir uns letztendlich für den schönen Wiesenweg an der Amper entlang entscheiden, der uns auch hierher geführt hat. Zurück auf der Route macht der Weg bald eine Rechtskurve, dann leitet er uns zu ein paar Armen von **Amper Altwasser** 09.

Wir gehen daran vorbei, weiter auf dem Hauptweg am Wäldchen entlang und passieren wenig später eine kleine Brücke. Kurz da-

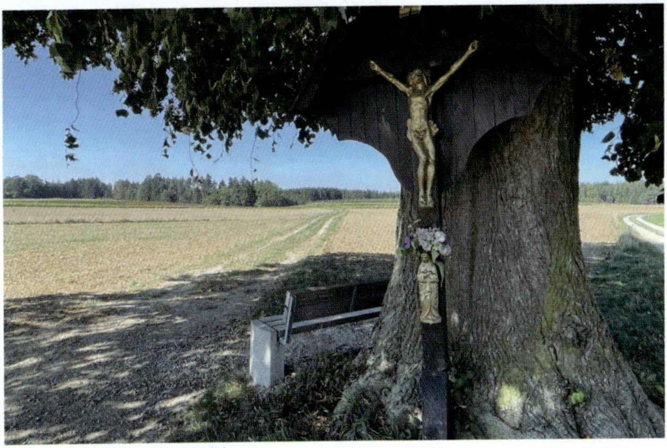

Schöne Rast an den Feldern

nach biegen wir rechts auf einen unscheinbaren Wiesenweg ab. Er scheint ins Nichts zu führen, also schreiten wir beherzt voran. Nach wenigen Minuten wird der Weg deutlicher und auch fester. Schließlich mündet er in einen Feldweg. Dieser mündet in ein Sträßchen, das uns zurück nach Kirchdorf und zum **Rathausplatz** 01 bringt.

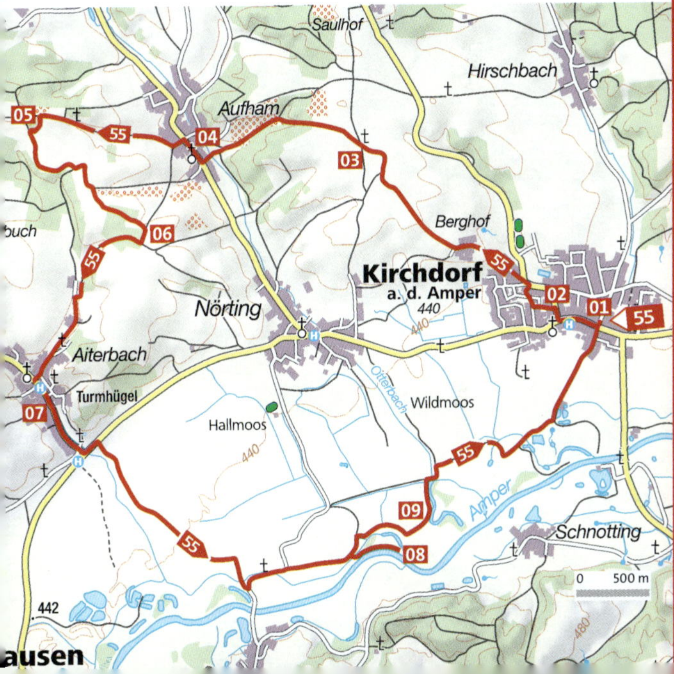

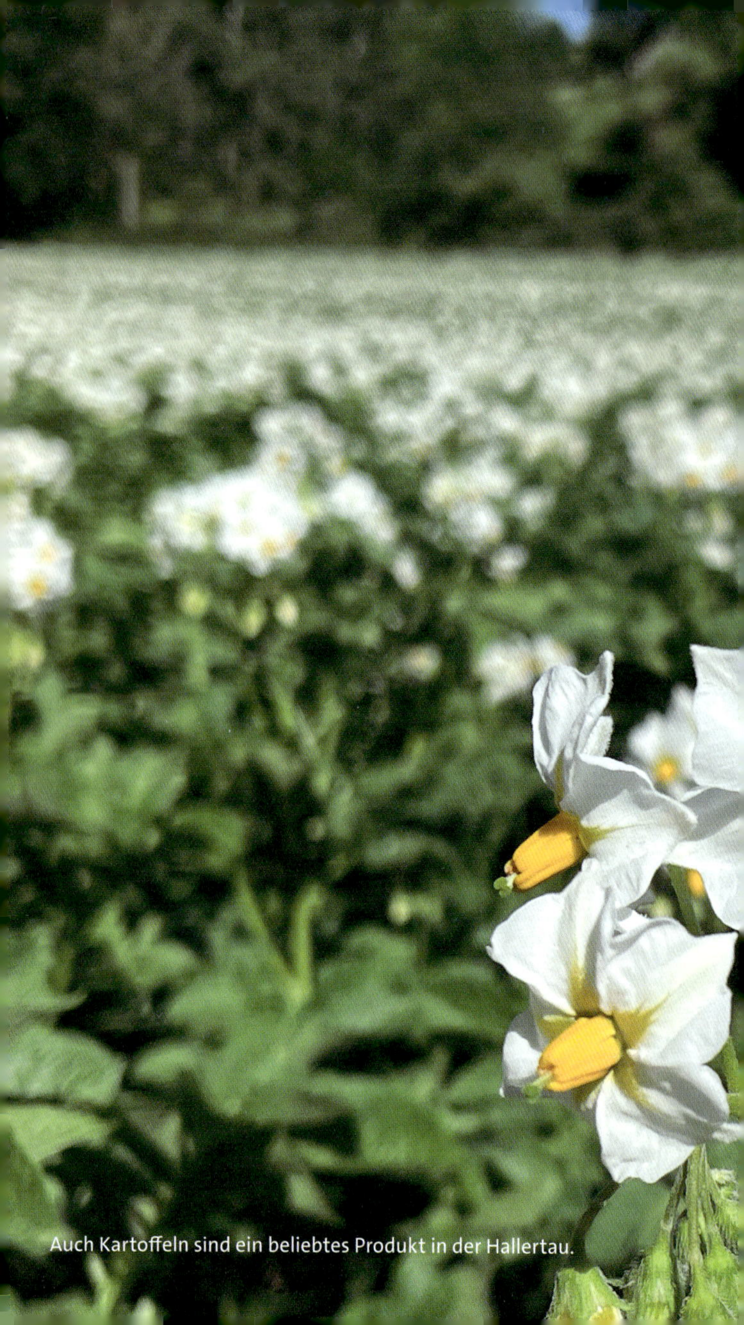

Auch Kartoffeln sind ein beliebtes Produkt in der Hallertau.

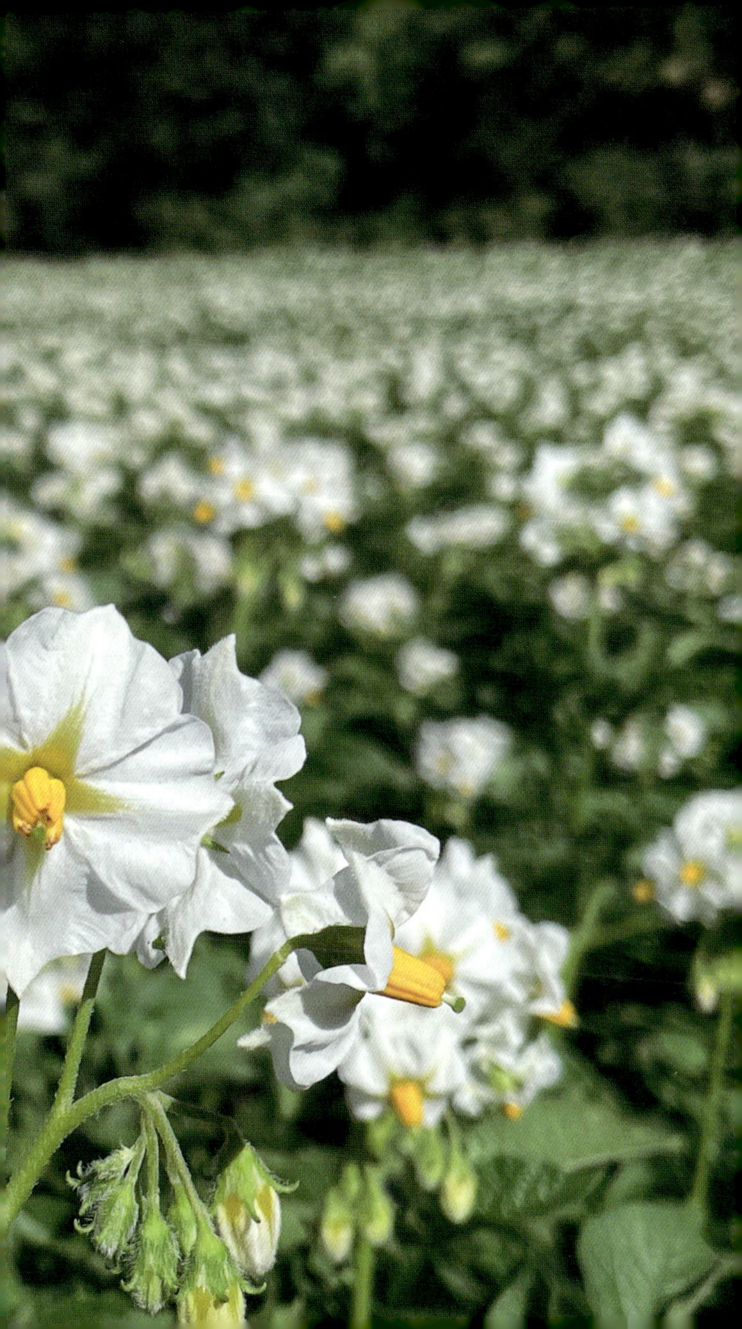

Europäisches Spargelmuseum Schrobenhausen

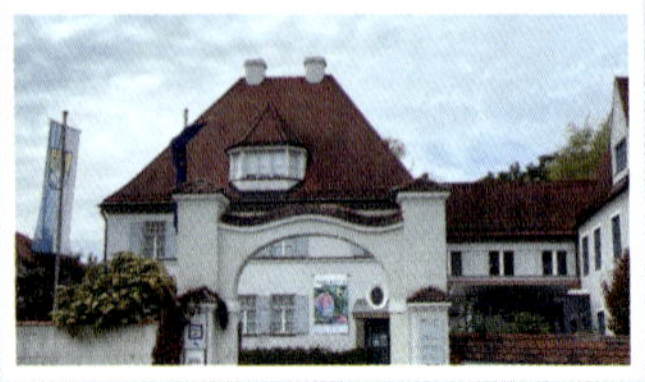

Alles rund um den Spargel finden wir in diesen Räumen. In seiner Art einmalig in Europa zeigt es Geschichte, Botanik, Anbau, Kunst und Kuriositäten.

Europäisches Spargelmuseum
Am Hofgraben 1a
86529 Schrobenhausen
Tel. 08252 90-2050
information@schrobenhausen.de

Deutsches Hopfenmuseum Wolnzach

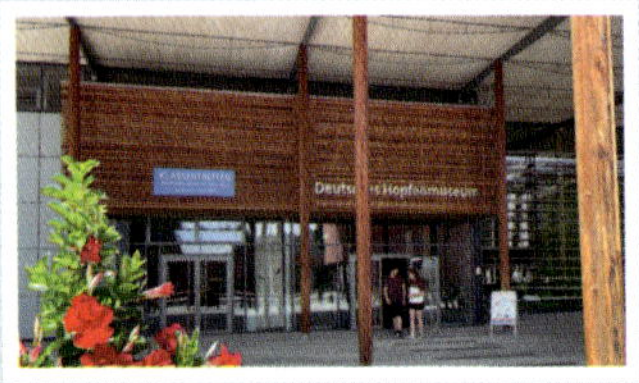

Alles Wissenswerte über den Hopfen: von der Botanik bis zum Bierbrauen, vom Anbau bis zum Hopfenhandel, von der Vergangenheit bis zur Gegenwart. Kinder erwartet eine spannende Hopfenralley und spielerisch erklärte Infos rund um den Hopfen.

Deutsches Hopfenmuseum
Elsenheimerstraße 2
85283 Wolnzach
Tel. 0 84 42 / 75 74
info@hopfenmuseum.de

Hallertauer Hopfen- und Heimatmuseum

Hier werden typische Handwerkszeuge der Hopfenbauern früherer Zeiten gezeigt. Schusterei, Kramerladen und eine Schmiede.
Öffnungszeiten nach Vereinbarung.

Hopfen- und Heimatmuseum
Weningstr. 1
85290 Geisenfeld
Tel. 08452 98-0
rathaus@geisenfeld.de

Sissi-Schloss Aichach

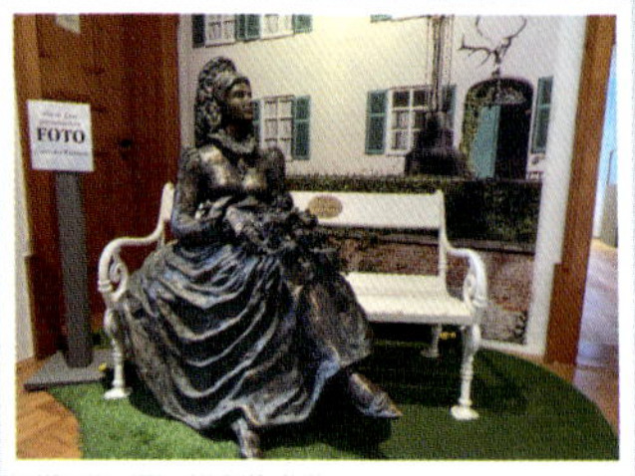

Hier flammt die Liebe der Kaiserin Elisabeth zu kostbarem Geschmeide, Kleidern und Modeaccessoires auf. Prachtvolles aus mehreren Epochen wird gezeigt. Im ersten OG befindet sich die Dauerausstellung und bietet facettenreiche Einblicke in Elisabeths Leben.

Unterwittelsbach
Klausenweg 1
86551 Aichach
Tel. 08251 891869
wasserschloss@aichach.de

Burg Trausnitz

Im Zuge einer Führung können die Besucher die mittelalterlichen Säle sowie die eindrucksvolle Gewölbehalle der Alten Dürnitz und die Burgkapelle mit ihrem bedeutenden

Skulpturenschmuck erkunden. Auch Themenführungen werden angeboten. Die Kunst- und Wunderkammer im Damenstock der Burg Trausnitz – ein Zweigmuseum des Bayerischen Nationalmuseums – erinnert an die große Sammeltradition der Wittelsbacher Herzöge.

Burgverwaltung Landshut
Burg Trausnitz 168
84036 Landshut
Tel. 0871 92411-0
burgverwaltung.landshut@bsv.bayern.de

Haus im Moos

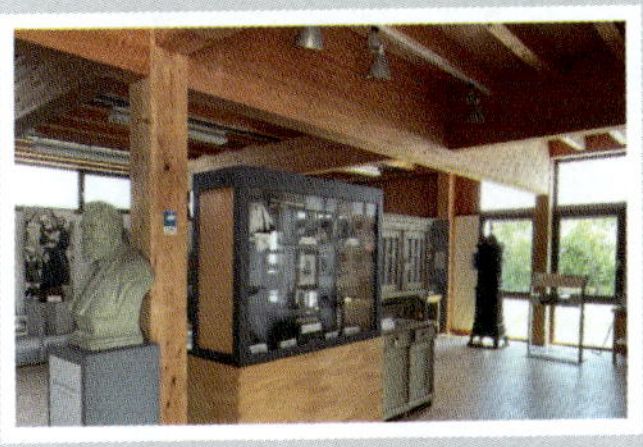

Die Umweltbildungsstätte Haus im Moos ist Freilichtmuseum und Tagungsstätte zugleich. Die Dauerausstellung „Menschen im Donaumoos“ in dem liebevoll eingerichteten Heimatmuseum lädt zu einem Rundgang ein. Besucher können die 200-jährige Besiedlungsgeschichte dieses einzigartigen Naturraumes erleben. Der Eintritt ist bis auf weiteres frei.

HAUS im MOOS
Kleinhohenried 108
86668 Karlshuld
Tel. 08454 95205
info@haus-im-moos.de

Stadtmuseum Mainburg

Hier erfahren wir allerlei Wissenswertes über die Stadtgeschichte und den Hopfenanbau in der Hallertau. Dabei werden u. a. auch die paläontologischen Funde aus Sandelzhausen sowie ein Abriss über die ersten Bauern von Mainburg thematisiert. Daneben gibt es jährlich wechselnde Sonderausstellungen.

Stadtmuseum Mainburg
Abensberger Straße 15
84048 Mainburg
Tel. 08751 704-611
stadtmuseum@mainburg.de

Wittelsbacher Museum Aichach

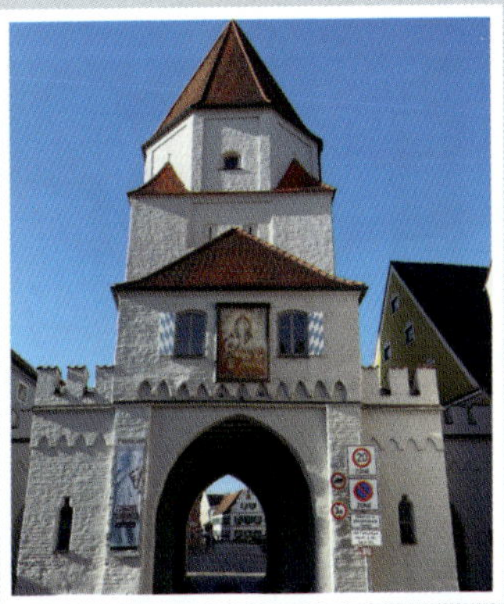

Im Wittelsbacher Museum im Unteren Tor gehen wir auf eine spannende Entdeckungstour von der Steinzeit bis ins Spätmittelalter. Es gibt zahlreiche Mitmachstationen, die die Methoden der Archäologie zeigen. Schwerpunkt liegt auf der wechselvollen Geschichte der Burg Wittelsbach.

Wittelsbacher Museum Aichach
Im Unteren Stadttor
Stadtplatz 2
86551 Aichach
Tel. 08251 827471
wittelsbachermuseum@aichach.de

TOURISMUSINFORMATION

Kommunalunternehmen Strukturentwicklung Landkreis Pfaffenhofen a. d. Ilm (KUS)

Spitalstraße 7
85276 Pfaffenhofen a. d. Ilm
Tel. 08441 40074-40
info@kus-pfaffenhofen.de

Stadt Schrobenhausen

Lenbachplatz 18
86529 Schrobenhausen
Tel. 08252 90-0
stadt@schrobenhausen.de

Kultur- und Tourismusbüro

Hauptplatz 47
85276 Pfaffenhofen a. d. Ilm
Tel. 08441 78 22 50
tourismus@stadt-pfaffenhofen.de

Markt Au in der Hallertau

Untere Hauptstraße 2
84072 Au i. d. Hallertau
Tel. 08752 178 0
info@markt-au.de

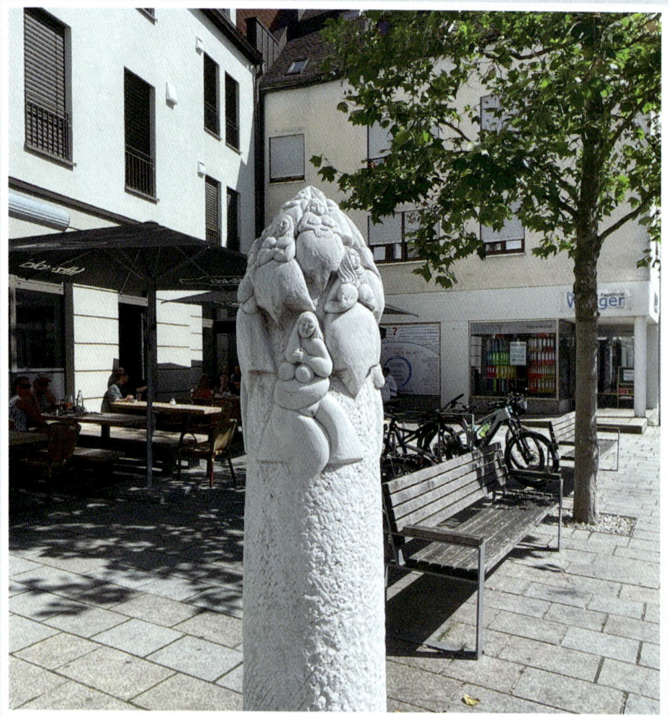

Spargelsäule in Schrobenhausen

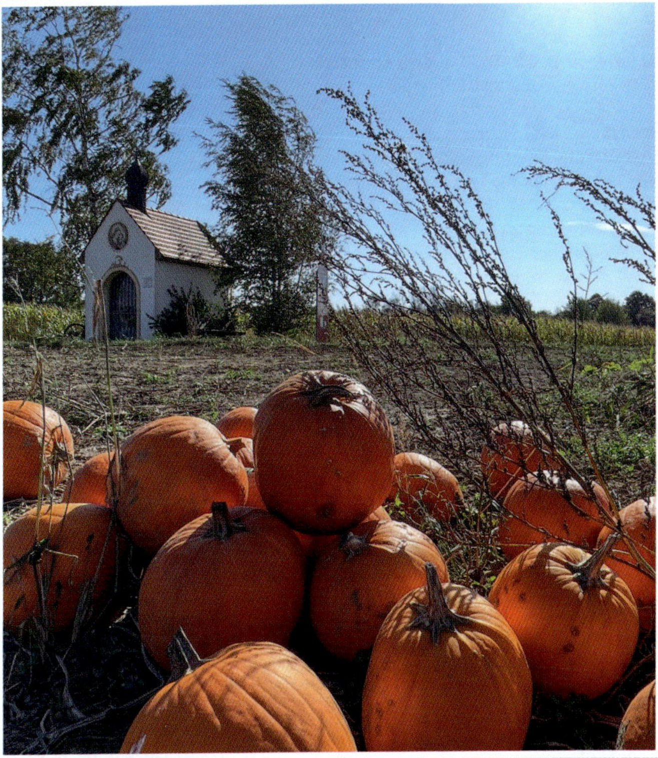

Kapelle am Kürbisfeld

Markt Wolnzach Rathaus

Marktplatz 1
85283 Wolnzach
Tel. 08442 65-0
info@wolnzach.de

Gemeinde Scheyern

Ludwigstraße 2
85298 Scheyern
Tel. 08441 80640
scheyner@scheyner.de

Stadt Moosburg an der Isar

Stadtplatz 13
85386 Moosburg
Tel. 08761 684 0
info@moosburg.de

Verkehrsverein Landshut e.V. – Amt für Marketing und Tourismus

Altstadt 315
84028 Landshut
Tel. 0871 922050
tourismus@landshut.de

ÜBERNACHTUNGSVERZEICHNIS

€ unter 50 €, €€ 50-80 €, €€€ über 80 €
(Pro Person / DZ / inkl. Frühstück)

Abensberg .... **Plz 93326, Tel. (0)9443**
Altstadthotel Kneitinger €€, Osterriedergasse 15, Tel. 91540, www.hotel-kneitinger.de
Hotel und Gasthof Jungbräu €€, Weinbergerstraße 8, Tel. 4083070, www.hotel-jungbraeu.de
Brauereigasthof Zum Kuchlbauer €€, Stadtplatz 2, Tel. 1484, www.zum-kuchlbauer.de

Aichach .... **Plz 86573, Tel. (0)8251**
Zur Friedenseiche €€, Martinstraße 31, Tel. 8949696, www.friedenseiche-aichach.de
Hotel Gasthof Specht €€, Stadtpl. 43, Tel. 87520, www.hotel-specht.de
Hotel & Gasthof Wagner €€, Harthofstraße 38, Tel. 89770, www.gasthof-wagner.de

Freising .... **Plz 85354, Tel. (0)8161**
Bayerischer Hof €€€, Untere Hauptstraße 3, Tel. 538300, www.bayerischerhof-freising.de
Hotel am Klostergarten €€, Alte Poststraße 97, Tel. 23920, www.hotel-am-klostergarten.de
Isar Hotel €€, Isarstraße 4, Tel. 8650, www.isarhotel.de

Geisenfeld .... **Plz 85290, Tel. (0)8452**
Geisenfelder Hof €€, Stadtplatz 6, Tel. 345
Gasthaus Glas €€, Marienplatz 5, Tel. 421, www.gasthaus-glas.de
Landgasthof Rockermeier GmbH €€€, Bachstraße 3, Tel. 608, www.landgasthof-rockermeier.de

Ingolstadt .... **Plz 85049, Tel. (0)8450**
Hotel Gasthof zum Anker €€, Tränktorstraße 1, Tel. 30050, www.hotel-restaurant-anker.de
Hotel Roomreich €€, Gundekarstraße 4, Tel. 49190, www.hotel-roomreich.de
Altstadthotel Ingolstadt €€, Gymnasiumstraße 9, Tel. 88690, www.altstadthotel-ingolstadt.de

Hohenkammer .... **Plz 85411, Tel. (0)8137**
Hotel Restaurant Café Waldhof €€, Niernsdorf 10, Tel. 939912, www.hotel-waldcafe.de

Landshut .... **Plz 84028, Tel. (0)871**
Hotel Lifestyle Landshut, Flurstraße 2, Tel. 97270, www.hotel-lifestyle.com
Hotel Amalia – Boutique Hotel Landshut €€€, Postpl. 395-397, Tel. 9656770, hotel-amalia.de

Hotel Goldene Sonne €€, Neustadt 520, Tel. 92530, www.goldenesonne.de
Hotel Fürstenhof €€, Stethaimerstraße 3, Tel. 92550, hotel-fuerstenhof-landshut.de

Mainburg a.d. Donau .... Plz 84048, Tel. (0)8751
Hotel Gasthof Seidlbräu €€, Liebfrauenstraße 3, Tel. 86290, www.seidlbraeu.de
Gasthof Bauer €€, Hauptstraße 16, Tel. 293,

Moosburg a.d. Isar .... Plz 85368, Tel. (0)8761
Hotel drei Rosen €€, Fronängerstraße 10, Tel. 334655, www.hoteldreirosen.de
Hotel & Restaurant Mythos im Moosburger Hof €€, Landshuter Str. 14, Tel. 9544, mythos-moosburg.de
Huber Hotel und Metzgerei €€, Viehmarktstraße 5,Tel. 76030, www.huber-hotel.de

Pfaffenhofen a.d. Ilm .... Plz 85276, Tel. (0)8441
Hotel Straßhof €€, Siebenecken 1, Tel. 7239, hotel-strasshof.de
Hotel Alea City €€, Joseph-Fraunhofer-Straße 18, Tel. 4799701, www.hotel-alea.de
Hotel Moosburger Hof €€, Moosburger Str. 3, Tel. 2770080, www.moosburgerhof.de
Hotel und Brauereigasthof Müllerbräu €€, Hauptpl. 2, Tel. 4009110, www.muellerbraeu.com

Scheyern .... Plz 85298, Tel. (0)8441
Hotel Schyrenhof €€, Schyrenpl. 1, Tel. 27890, klosterschenke-scheyern.de/hotel

Schrobenhausen .... Plz 86529, Tel. (0)8252
Bauern Bräu €€, In d. Lachen 2, Tel. 881200, www.altstadthotel-schrobenhausen.de
Pension Gästehaus Eder €€, Bernbacher Str. 3, Tel. 2415, www.gasthaus-eder.de
Hotel Sonderborg €€, Pettenkoferstraße 27, Tel. 881160, www.hotel-sonderborg.de
Grieser's Hotel zur Post €€€, Alte Schulgasse 3A, Tel. 89480, www.griesers-hotel-post.de

Wolnzach .... Plz 85283, Tel. (0)8442
Hotel Garni Hopfengold €€, Preysingstraße 53, Tel. 959555, hotel-hopfengold.de
Hotel Haimerlhof €€€, Preysingstraße 7, Tel. 956910, www.haimerlhof.de
Schloßhof anno 1743 €€, Schloßstraße 12, Tel. 985176, www.schlosshof-wolnzach.de
Gasthof zur Post €€€, Marktpl. 5, Tel. 60607, www.zur-post-wolnzach.de

IMPRESSUM

1. Auflage 2024 Verlagsnummer 5452 ISBN 978-3-99154-134-9

Titelbild: Hallertau (© Wolfgang Hauke - stock.adobe.com)

Text und Fotos (soweit nicht anders angegeben): Lisa Aigner
Bildnachweis S. 15: Spargelstechen auf dem Spargelhof Hainzlmair (© WBI)

Grafische Herstellung und
Wanderkartenausschnitte: © KOMPASS-Karten GmbH
Kartengrundlage für Gebietsübersichtskarte S. 10-11, U4:
© MairDumont, D-73751 Ostfildern 4

Wir aktualisieren unsere Karten und Touren in regelmäßigen Abständen. Dies kann unter Umständen dazu führen, dass sich die Inhalte der digitalen Version eines freigeschalteten Wanderführers bzw. einer Karte, von dem erworbenen Printprodukt unterscheiden. Diese Aktualisierungen sind aus rechtlichen oder sicherheitsrelevanten Gründen erforderlich und ein kostenloser Service mit Mehrwert für alle Nutzer.
Alle Angaben und Routenbeschreibungen wurden nach bestem Wissen gemäß unserer derzeitigen Informationslage gemacht. Die Wanderungen wurden sehr sorgfältig ausgewählt und beschrieben, Schwierigkeiten werden im Text kurz angegeben. Es können jedoch Änderungen an Wegen und im aktuellen Naturzustand eintreten. Wanderer und alle Kartenbenützer müssen darauf achten, dass aufgrund ständiger Veränderungen die Wegzustände bezüglich Begehbarkeit sich nicht mit den Angaben in der Karte decken müssen. Bei der großen Fülle des bearbeiteten Materials sind daher vereinzelte Fehler und Unstimmigkeiten nicht vermeidbar. Die Verwendung dieses Führers erfolgt ausschließlich auf eigenes Risiko und auf eigene Gefahr, somit eigenverantwortlich. Eine Haftung für etwaige Unfälle oder Schäden jeder Art wird daher nicht übernommen. Für Berichtigungen und Verbesserungsvorschläge ist die Redaktion stets dankbar. Korrekturhinweise bitte an folgende Anschrift:

KOMPASS-Karten GmbH
Karl-Kapferer-Straße 5, A-6020 Innsbruck
www.kompass.de/service/kontakt

FSC
www.fsc.org
MIX
Papier | Fördert gute Waldnutzung
FSC® C015829